Analoge und digitale Texte

Text und Textlichkeit

Schriftenreihe des Arbeitskreises
„Text und Textlichkeit"

Herausgegeben von
Andreas Kablitz, Christoph Markschies und
Peter Strohschneider

Redaktion:
Matthea Huerta Blanquez
Hannelore Rose

Band 6

Analoge und digitale Texte – Methoden und Institutionen

Herausgegeben von
Christoph Markschies und Peter Strohschneider

DE GRUYTER

Gedruckt mit freundlicher Unterstützung der Fritz Thyssen Stiftung

Fritz Thyssen Stiftung
für Wissenschaftsförderung

ISBN 978-3-11-222471-7
e-ISBN (PDF) 978-3-11-222472-4
e-ISBN (EPUB) 978-3-11-222473-1
ISSN 2626-9767

Library of Congress Control Number: 2025945484

Bibliografische Information der Deutschen Nationalbibliothek
Die Deutsche Nationalbibliothek verzeichnet diese Publikation in der Deutschen
Nationalbibliografie; detaillierte bibliografische Daten sind im Internet über
http://dnb.dnb.de abrufbar.

© 2026 Walter de Gruyter GmbH, Berlin/Boston, Genthiner Str. 13, 10785 Berlin
Einbandabbildung: Seite aus dem *Catalogus realis* mit Eintragungen zur Botanik.
Herzogin Anna Amalia Bibliothek, Foto: Michael Knoche
Satz: Dörlemann Satz, Lemförde
www.degruyterbrill.com

Fragen zur allgemeinen Produktsicherheit:
productsafety@degruyterbrill.com

Vorwort

Was verbindet den spanischen König Philipp II. und die Frage, welche Geltungskraft seine königlichen Schreiben eigentlich hatten, wenn man ihre Ausführung mit einem besonderen Ritual im Umgang mit dem Text verweigern konnte (einem „Ausführungswiderstand"), mit der Überlegung, welchen Habitus die Rezeption allegorischer Texte provoziert? Was haben eine digitale Edition eines umstrittenen Wittenberger Professors und die Indizierung einer analogen Ausgabe eines nicht weniger umstrittenen Wittenberger Professors im 16. Jahrhundert miteinander zu tun? Welche Folgen hat es, wenn in der Liturgie der römisch-katholischen Messe biblische Texte, spätantike Formulierungen und anlassbezogene Neukompositionen des 20. Jahrhunderts nebeneinanderstehen und aus dem Lateinischen ins Deutsche übersetzt werden sollen? Und was ist eigentlich der Kommentar zu einem Post eines Gesundheitsministers: ein Text? Ein Paratext?

Es geht in allen diesen hier knapp angerissenen Fällen um 'Formen des Textumgangs', des Gebrauchs von Texten, der Textpragmatik. Und alle diese Fälle werden in Beiträgen des hier vorgelegten Bandes ausführlich behandelt. Die auf den ersten Blick etwas eklektische Zusammenstellung der Beiträge ist dabei natürlich nicht zufällig; der Band vereinigt Beiträge, die auf zwei Tagungen des Arbeitskreises „Text und Textlichkeit" der Fritz Thyssen Stiftung zurückgehen. Diese Tagungen beschäftigten sich einerseits mit Textpraktiken in einem generellen Sinn und andererseits mit den Veränderungen von Textpraktiken durch die digitalen Produktions- und Publikationsformen. Sie fanden am 28. und 29. Oktober 2021 am Sitz der Stiftung in Köln beziehungsweise – bedingt durch die Corona-Pandemie – am 10. und 11. Februar 2022 im digitalen Raum statt; mit letzterer Tagung beendete zugleich auch der von Andreas Kablitz, Christoph Markschies und Peter Strohschneider geleitete Arbeitskreis seine aktive Phase.[1] Eine zentrale Komponente seiner Tätigkeit stellten Kolloquien dar, und die wesentlichen Beiträge dieser Zusammenkünfte sind in der Reihe „Text und Textlichkeit" veröffentlicht.

---

[1] Dem Arbeitskreis gehörten während seiner ganzen Laufzeit beziehungsweise zeitweilig – neben seinen Leitern Andreas Kablitz, Christoph Markschies und Peter Strohschneider – Maximilian Benz (damals Bielefeld), Georg Braungart (Tübingen), Klaus W. Hempfer (Berlin), Irmela Hijiya-Kirschnereit (Berlin), Ludwig Jäger (Aachen/Köln), Wolfgang Klein (Berlin), Michael Lackner (Erlangen-Nürnberg), Hanna Liss (Heidelberg), Stefan Maul (Heidelberg), Christoph Möllers (Berlin), Claus Pias (Lüneburg), Arbogast Schmitt (Marburg), Erhard Schüttpelz (Siegen), Hans-Georg Soeffner (Konstanz), Barbara Stollberg-Rilinger (Münster), Magnus Striet (Freiburg) und Hans Vorländer (Dresden) an. Als Mitarbeitende in Berlin und Köln betreuten den Arbeitskreis Mark Halawa-Sarholz und Hannelore Rose. Die Redaktion der abschließenden Veröffentlichungen betreuten gemeinschaftlich Matthea Huerta Blanquez und Hannelore Rose.

https://doi.org/10.1515/9783112224724-008

Da der Arbeitskreis in Zeiten abnehmender Aufmerksamkeit für das Phänomen 'Text' und dessen Theorie sowohl die Skylla der schrankenlosen Entgrenzung des klassischen Begriffs 'Text' (und damit einer radikalen Ent-Ontologisierung) ebenso vermeiden wollte wie die Charybdis einer ebenso problematischen, teilweise aggressiven Re-Ontologisierung von 'Text', lag es nahe, zum Abschluss der Kolloquienreihe *Textpragmatiken* in den Blick zu nehmen und nach Rückschlüssen auf das Phänomen 'Text' zu fragen, die aus verschiedenen Formen des Umgangs mit Texten in unterschiedlichen zeitlichen beziehungsweise institutionellen Kontexten sowie Textsorten zu gewinnen sind. Natürlich konnte die auch in den letzten beiden Tagungen sehr exemplarische Zugriffsweise des Arbeitskreises nicht die Fülle von Textpragmatiken erschöpfend behandeln, die – um zwei grundlegende Extreme zu wählen – von der nicht-hermeneutischen Magie bis zur (anti-hermeneutischen) Hermeneutik der Dekonstruktion reicht. Schon bei einer sehr oberflächlichen Betrachtung des Themas öffnet sich ein weites Feld von (unterschiedlichen) Formen des Textumgangs. Es reicht vom professionellen Ritual mit einem Zauberspruch oder der ebenso ritualisierten Bücherverbrennung über die fromme *ruminatio*, das monastische Meditieren einer biblischen Passage, ihre Verwendung im Gebet bis hin zur peniblen Aktenführung in einer Amtsstube (Gebet und Aktenführung werden daher auch in diesem Band behandelt). In das Feld gehören natürlich ebenfalls Fluch und Invektive, die Applikation von Norm-, Präzedenzfall- oder Anweisungstexten, aber auch die gelehrte Textpflege und theologische, juristische oder von anderen Stellen disziplinär verankerte Exegese normativer Texte. Die digitale Revolution hat das Feld nochmals erweitert, das nun von der Inszenierung von Wortlautfundamentalismen – sei es religiöser (biblizistischer oder islamistischer Prägung), juristischer (beispielsweise durch verfassungsrechtlichen Originalismus) oder technizistischer Provenienz (zum Beispiel durch Plagiatssoftware) – bis zum Liken und Retweeten von Kurznachrichten in den sozialen Medien samt einer schroffen Kommentierung reicht, die nun neben einer methodologisch hochreflektierten Interpretation eines Gedichts stehen und unter Umständen von ein und derselben Person im Kontext einer einzigen Institution verantwortet werden.

Diese durch die Digitalisierung noch einmal komplexer und bunter gewordene Fülle konnte natürlich weder mit zwei Tagungen noch mit einem Tagungsband eingefangen oder gar strukturiert werden: Alle Versuche einer schlichten Ordnung dieses Feldes können diese Fülle nicht erfassen; so sind beispielsweise die angedeuteten Formen viel zu komplex, als dass sich das Feld mittels einer binären Codierung nach dem Modell 'Präsenz/Repräsentation' sortieren ließe. Deswegen hatte sich der Arbeitskreis verständigt, auch hier wieder mit der gründlichen Analyse von maßgeblichen, teilweise aber auch unbekannten Einzelbeispielen zu arbeiten, die charakteristische Grundstrukturen von Textpragmatiken deutlich machen können. In den beiden Kolloquien, deren Vorträge hier auszugsweise und nach den Treffen selbstverständlich noch einmal ergänzt wie modifiziert vorgelegt werden, stand die gründliche Analyse der methodischen und institutionellen Aspekte einiger ausgewählter Textpraktiken im Zentrum. Texte und die Möglichkeiten des Umgangs mit ihnen unterliegen bekanntlich aus unterschiedlichen Gründen lebensweltlichen wie forschungsgeschichtlichen Verschiebungen. Diesen Veränderungen galt das besondere Interesse des Arbeitskreises „Text und Textlichkeit" mit den hier dokumentierten beiden Tagungen. Eine Voraussetzung, um diese bereits angedeuteten Verschiebungen verdeutlichen und differenzieren zu können, bildet eine Verfeinerung des historischen und systematischen Analyseinstrumentariums. Damit dies gelingen konnte, lag bei den Untersuchungen der einzelnen Beispielfälle der Fokus auf dem Zusammenhang von Methoden und Institutionen des Textumgangs.

So zeigt sich durch die Analyse der in diesem Band versammelten Beispiele von Textpragmatiken,[2] dass die Formen des Textumgangs sich mit je eigenen Konstellationen von Sprache und Sprachhandlung verbinden, aber auch mit sehr unterschiedlichen Konstellationen von Information, Mitteilung und Verstehen, von Textpragmatik und Textspeicherung, von Medialität und Materialität des Textes. Sie sind, in je eigener Art, methodisch: als Verfahren des Gebrauchs, der Aneignung, der Applikation, der Sinnfeststellung oder Dynamisierung von Text. Und sie operieren mit ganz unterschiedlichen Textpraktiken ritueller oder zeremonieller Dimension, alltagskonventioneller oder bürokratischer Art, mit Praktiken der Einverleibung, des Rezitierens, Memorierens oder Lesens, der philologischen Textsicherung und Edition, des Annotierens, Kommentierens, Verzettelns oder algorithmischer Textverarbeitung, der Bildung von Faszination, Kanonisierung oder sonstigen Normierung von Text. Zugleich haben solche Textpraktiken, die man als Weisen der 'Welterzeugung' ansprechen könnte,[3] eine jeweils institutionelle Dimension, sei es einen Habitus, eine soziale Rolle (Lehrerin, Schüler, Bibliothekar, Kritikerin) oder eine religiöse (etwa den Kult), juristische (wie das Gericht), schulische, administrative, akademische (wie etwa das Oberseminar) und eine staatliche (zum Beispiel das Parlament).

Bereits das erste, von *Arndt Brendecke* herangezogene Beispiel aus dem frühneuzeitlichen Spanien zeigt, welche Bedeutung stark zeremonielle Rituale der Referenz gegenüber einem Text und seinem Autor haben, wie aber gleichzeitig diese Referenz dem Inhalt gar nicht erwiesen werden muss, wenn ihm geradezu

---

2 Für die gemeinsame Vorbereitung der beiden Tagungen und viele inhaltliche Anregungen im Vorfeld wie auch bei den Tagungen danken wir sehr herzlich Andreas Kablitz, unserem Kollegen in der Arbeitskreisleitung.
3 Diese Dimension machen so unterschiedliche, zu Sentenzen geronnene Formulierungen wie *in principio erat verbum* (Johannes 1,1), die römische Rechtsmaxime *quod non est in actis non est in mundo* und dazu der Satz „Il n'y a pas des hors-texte" (Jacques Derrida) deutlich.

zuwidergehandelt wird. Die Textpragmatik ist nicht nur Ausdruck einer begrenzten Gehorsamspflicht gegenüber königlichen Anordnungen, sondern realisiert sie geradezu. *Maximilian Benz* zeigt an einem spätmittelalterlichen Marienlob, wie eine allegorische Entfaltung eines Tempelgebäudes und damit verbundene Zeitarchitekturen bei den Rezipienten einen Habitus konstituieren (wollen), der mit den Mitteln einer spätneuzeitlichen Literaturwissenschaft nicht leicht zu beschreiben und zu analysieren ist. *Michael Knoche* beschreibt am Beispiel der berühmten, heute nach Herzogin Anna Amalia von Sachsen-Weimar benannten und aus einem fürchterlichen Brand wieder auferstandenen herzogliche Bibliothek in Weimar, dass bei der Orientierung von Nutzenden einer Bibliothek auf ganz bestimmte Textpragmatiken durch die Bibliothek noch einmal zwischen Bibliotheksleitung (zu der bekanntlich der Geheimrat Goethe zählte) und den Bibliothekaren differenziert werden muss. Beide Gruppen wünschen unterschiedliches von der Leserschaft im Blick auf die Pragmatik – und dies dürfte bis heute, wenn nicht in Weimar, so doch in vielen Bibliotheken noch der Fall sein. *Benedikt Kranemann* behandelt mit der Kirche und ihrem Gottesdienst eine für lange Zeit mindestens so einflussreiche Institution wie die Bibliothek. Er zeigt, dass sich nach Stil und Herkunft ganz unterschiedliche Texte in den Gebeten des eucharistischen Gottesdienstes, der Messe, verbergen: biblische Texte, spätantike Formulierungen, aber auch Neubildungen des 20. Jahrhunderts, deren Übersetzungsprinzipien gerade gegenwärtig intensiv diskutiert werden. *Christoph Markschies*, der bereits mehrfach über die Textpragmatik der Kommentierung in der kaiserlichen und Spät-Antike gearbeitet hat,[4] beschäftigt sich hier mit den Problemen der Anfertigung von Registern am Beispiel einer magistralen Ausgabe der Werke Martin Luthers aus dem 19./20. Jahrhundert, deren explizite wie implizite Probleme auch *Thomas Kaufmann* verhandelt. Ein Index ist sowohl Textpragmatik als er auch zu einer bestimmten Textpragmatik anleiten will im Umgang mit Texten, aber auch mit ihren spezifischen Präsentationsformen.

Die zweite hier dokumentierte Tagung beschäftigte sich aus naheliegenden Gründen besonders mit den Folgen der digitalen Revolution, die nicht einfach in die Fülle der anderen Pragmatiken einsortiert werden sollten: Schließlich betreffen die kulturellen Veränderungen, die seit mehr als einem halben Jahrhundert mit der

---

4 Vgl. nur: Christoph Markschies, „Origenes und die Kommentierung des paulinischen Römerbriefs – einige Bemerkungen zur Rezeption von antiken Kommentartechniken im Christentum des dritten Jahrhunderts und ihrer Vorgeschichte", in: Glenn W. Most (Hrsg.), *Commentaries – Kommentare* (= *Aporemata*, Bd. 4), Göttingen: Vandenhoeck & Ruprecht, 1999, S. 66–94; ders., „Scholien bei Origenes und in der zeitgenössischen wissenschaftlichen Kommentierung", in: Sylwia Kaczmarek/ Henryk Pietras (Hrsg.), *Origeniana Decima. Origen as Writer. Papers of the 10th International Origen Congress, University School of Philosophy and Education. Ignatianum, Kraków, Poland, 31 August – 4 September 2009* (= *BEThL*, Bd. 244), Löwen: Peeters, 2011, S. 147–167.

zunehmenden Allgegenwart und Selbstverständlichkeit digitaler Technologien einhergehen,[5] sehr viele Dimensionen des Umgangs mit Texten und auch die gesamten Geisteswissenschaften, in denen diese Umgangsweisen thematisiert werden. Sie verändern die Geisteswissenschaften jedoch nicht nur dort, wo die Digitalisierung bereits programmatisch realisiert ist (beispielsweise in den disziplinären Auslagerungen der *Digital Humanities*), sondern zugleich auch in von digitalen Technologien scheinbar unberührten Gebieten, insofern auch diese bereits Teil digitaler Kulturen sind, sich durch die sie umgebende Digitalität wandeln und zu ihr beitragen.

Digitalität bildet in dieser Situation einen doppelten Reflexionsanlass: Einerseits im Hinblick auf die Versprechen und Anforderungen, die Methoden und Epistemologien sowie die institutionellen Umbauten, die im Zuge des programmatischen Einsatzes digitaler Technologien zu beobachten sind; andererseits aber im Hinblick darauf, wie sich Grundbegriffe und Konzepte, Gegenstände, Techniken und Methoden geisteswissenschaftlichen Arbeitens mit und in digitalen Kulturen selbst dort verändern, wo digitale Technologien bloß als Kommunikationsmittel zum Einsatz zu kommen scheinen. *Thomas Kaufmann* zeigt in seinem Beitrag, wie die noch nicht den digitalen Standards entsprechenden Ausgaben von Reformatoren oder Gruppen solcher Theologen aus dem 16. Jahrhundert, die bis in jüngste Zeit veröffentlicht worden sind, höchst problematische Implikationen solcher 'Klassiker-Editionen' aus dem 19. Jahrhundert fortsetzen.[6] Am Beispiel einer von ihm verantworteten kritischen Edition kann er zeigen, welche Implikationen nicht nur für die Textpragmatik, sondern auch für das ganze Verständnis von Text, Werk und Autor eine solche *digital born* Edition haben kann. *Johannes Paßmann* nimmt schließlich die in den digitalen Plattformen und Websites beobachtbare „Proliferation allographer Peritexte" zum Anlass, zu fragen, ob solche 'Texte' als Paratexte angesprochen werden können. Der klassische Begriff des 'Paratextes' scheint ihm insofern weniger deshalb relevant, weil er immer weitere Ausweitungen zu beschreiben hilft, sondern weil mit ihm die kontroversen Außengrenzen des Textes in den Blick geraten.

Im Hinblick auf die Frage digitaler Texte ergeben sich aus den beiden spezifischen Beiträgen zur Digitalität vier Problemfelder: *Erstens* eröffnet die Möglichkeit der maschinellen beziehungsweise algorithmischen Prozessierbarkeit von Text neue Gebrauchsmöglichkeiten und Textpraktiken, in deren Vollzug sich zugleich neue Institutionen und Expertenkulturen herausbilden. *Zweitens* zeichnen sich digitale Kulturen durch das Entstehen neuer Textgattungen aus (wie etwa KI-ge-

---

5 Vgl. etwa Felix Stalder, *Kultur der Digitalität*, Berlin: Suhrkamp, ²2017.
6 Christoph Markschies, „Erinnerungsarbeit durch Klassikeredition", in: Friedrich Wilhelm Graf (Hrsg.), *Geschichte durch Geschichte überwinden. Ernst Troeltsch in Berlin* (= Troeltsch-Studien. Neue Folge, Bd. 1), Gütersloh: Gütersloher Verlagshaus, 2006, S. 264–270.

nerierte Texte oder Programmcodes). *Drittens* intervenieren die medialen Eigenschaften digitaler Technologien in Fragen der Zeitlichkeit von Texten, das heißt, sie radikalisieren Probleme und Fragen hinsichtlich von Textstabilität, Überlieferung, Kommentar, Kanon und Autorschaft. Diese drei Felder können *viertens* in eine historische wie systematische Thematisierung der Begriffe, Konzepte, Institutionen und Methoden geisteswissenschaftlicher Forschung zu 'Text und Textlichkeit' in digitalen Kulturen anregen, die angesichts der Corona-Pandemie 2022 im entsprechenden Arbeitskreis nur sehr ansatzweise möglich war. Angesichts der Bedeutung dieses Feldes kann man sich aber sehr sicher sein, dass auch nach dem Ende des Arbeitskreises das Thema weiter bedacht wird. Trotzdem seien hier in drei Abschnitten Punkte für eine solche ausführlichere Behandlung zusammengestellt, die auch den Teilnehmerinnen und Teilnehmern der beiden Tagungen zur Verfügung gestellt wurden, bei der Erarbeitung der Beiträge anregen sollten und dort auch diskutiert wurden:

1 Praktiken und Institutionen

Ohne Zugriff auf digitale Datenbanken oder spezielle Computerprogramme sind linguistische Korpusanalysen, theologische Editionen oder stilometrische Vergleiche in den Literaturwissenschaften – um nur einige wenige Beispiele zu nennen – vielerorts schlicht nicht mehr möglich. Entscheidend ist, dass sich diese Entwicklung nicht allein auf methodischer Ebene niederschlägt, sondern auch systematische und institutionelle Implikationen nach sich zieht: Nur wer auf eine entsprechende Infrastruktur zurückgreifen kann, kann von den Methodenangeboten der *Digital Humanities* auch Gebrauch machen. In gleicher Weise lassen sich die systematischen Forschungsfragen, die durch eben diese Methoden oft aufgeworfen werden, ohne Berücksichtigung institutioneller Faktoren nicht adäquat beantworten.

Verdeutlichen lässt sich dieser Sachverhalt, indem man sich neben den offenkundigen Chancen gerade auch die Herausforderungen bewusst macht, die insbesondere für philologische Disziplinen mit der digitalen Transformation der Geisteswissenschaften einhergehen. Welche praktischen Nutzungskriterien sollten beispielsweise bei der Konzeption und Umsetzung digitaler Editionsvorhaben zum Einsatz kommen? Klar scheint, dass die schier unendlichen Möglichkeiten des digitalen Textgebrauchs theoretisch zwar durchaus faszinierend, forschungspraktisch aber nicht durchweg zielführend sind – etwa dann, wenn ein weitverzweigtes Universum an hypertextuellen Verweisungsoptionen den Blick auf den 'eigentlichen' Untersuchungsgegenstand (ein bestimmtes Manuskript, eine bestimmte Romanpassage, ein bestimmter Kommentar) zu verdecken droht. Die neue Technik kann zu

Entgrenzungen führen, die sich bislang mit den analogen Techniken aus Kapazitäts- und Finanzgründen nur schwer realisieren ließen.

2 Gattungen

Kaum weniger relevant ist im Kontext der *Digital Humanities* freilich die Frage nach den Auswirkungen der Digitalisierung auf die Kategorie des Textes. Texte digital aufzubereiten, zu archivieren und mit anderen Texten beziehungsweise Medien zu verknüpfen, umschreibt nur eine von vielen weiteren Seiten des jüngeren Digitalisierungsschubs; eine andere, philologisch nicht minder interessante Seite betrifft die Rolle und Form von Textpraktiken innerhalb einer digitalen Kultur. Angesichts hochgradig fluider Zitations-, Modifikations- und Distributionspraktiken tritt das Problem der Textstabilität hier gleichfalls rasch in den Blick. Aber auch neueste KI-Anwendungen innerhalb literarischer Textpraktiken laden dazu ein, klassische Probleme von 'Text und Textlichkeit' erneut aufzugreifen und systematisch zu reflektieren.[7] Zu verhandeln wären dabei nicht etwa nur traditionelle Fragen nach dem *Wesen* des Textes oder der Kategorie der *Autorschaft*, sondern auch und gerade solche Fragen, die der Spezifik genuin digitaler Textformen und -gattungen auf den Grund gehen. Was ist ein digitaler Text, was ein programmierter beziehungsweise berechenbarer Text? Lassen sich programmierte Texte überhaupt sinnvollerweise als 'Texte' begreifen? Und sind Programmcodes oder Algorithmen 'Texte'?

3 (In-)Stabilität und Archiv

Damit ist freilich nicht gesagt, dass der weitreichenden Begeisterung über die vielfältigen Potenziale der *Digital Humanities* mit Skepsis zu begegnen sei. Wohl aber gilt es sich vor Augen zu halten, wie eng die zunehmende Digitalisierung geisteswissenschaftlicher Forschung mit einer Praxis des Selektierens und Kuratierens von Daten verknüpft ist, über deren Ausmaß und Fokus insofern nicht selten gerade auf institutioneller Ebene verhandelt werden muss, als über den Umfang digitaler Forschungsvorhaben meist ökonomische Faktoren entscheidend mitbestimmen.

All dies sind Fragen, die auf die genuinen Anforderungen und Aufgaben geisteswissenschaftlicher Forschung im Zeitalter der *Digital Humanities* verweisen,

---

7 Vgl. beispielsweise Daniel Kehlmann, *Mein Algorithmus und Ich: Stuttgarter Zukunftsrede*, Stuttgart: Klett-Cotta, ²2021.

aber sie zugleich im Rahmen der klassischen Fragstellung der Textpragmatiken thematisieren. Zugleich richten die Fragen die Aufmerksamkeit nicht zuletzt aber auch auf das Problem der Textstabilisierung – ein Problem, das die verschiedensten Philologien seit jeher bewegt und das unter dem Eindruck der Digitalisierung neu zu reflektieren ist. Zwar ist die Frage nach einem produktiven Umgang mit fluiden Textpraktiken und -überlieferungen gerade den Fächern, die wie Theologie oder Rechtswissenschaft scheinbar fixierte, normative Texte als Grundlage ihrer Textpragmatiken haben, alles andere als fremd, jedoch stellt sich auch hier ebenso wie andernorts die Frage, wie die Möglichkeiten und Grenzen digitaler Archivierungs- und Editionsformate im Sinne einer möglichst nachhaltigen Forschungsinfrastruktur sinnvoll zu setzen sind.

4 Text und Textlichkeit in digitalen Kulturen

Die hier angesprochenen Praktiken berühren letztlich nichts Geringeres als das Selbstverständnis der Geisteswissenschaften. Welche Relevanzkriterien sollten in digitalen Editionen, Kommentaren und Archiven zum Tragen kommen? Wie ist das notwendigerweise überaus enge 'Arbeitsverhältnis' zwischen Geisteswissenschaften und Informatik zu bestimmen? Welche technischen Fertigkeiten gilt es in geisteswissenschaftlichen Studiengängen neben 'klassischen' Fachkompetenzen künftig zu vermitteln? Was folgt aus dem Umstand, dass selbstlernende Algorithmen inzwischen auch in philologischen Disziplinen zum Einsatz kommen, für die Idee der philologischen 'Erkenntnis'? Und noch grundsätzlicher und in Anlehnung an jüngere systemtheoretische Theorieentwürfe[8] gefragt: Welches Problem lösen die *Digital Humanities*? Es scheint uns angemessen, am Ende der Beschäftigung eines Arbeitskreises und der Dokumentation seiner letzten beiden Tagungen die Fragen zu notieren, die wir an andere weiterreichen. Der hier vorgelegte Band enthält sorgfältig historisch wie systematisch untersuchte Beispiele von Textpragmatiken auch im digitalen Zeitalter, die bei einer Beantwortung der aufgeworfenen Fragen helfen können.

Die Serie der Kolloquien des Arbeitskreises endet mit Fragen. Dass der Arbeitskreis überhaupt eine Reihe von Kolloquiums-Bänden und mit den Kolloquien in Zusammenhang stehenden Monographien vorlegen konnte, ist – neben den oben genannten Mitgliedern – vor allem der Fritz Thyssen Stiftung zu verdanken, die die ursprüngliche Idee der drei Arbeitskreisleiter sofort aufgriff und alle Unterstützung zu ihrer Realisierung bereitstellte. Natürlich merkt man insbesondere diesem

---

8 Armin Nassehi, *Muster. Theorie der digitalen Gesellschaft*, München: Beck, 2019.

letzten Kolloquiums-Band an, dass er in die Corona-Zeit fiel und damit eine letzte Abrundung des thematischen Zugriffs und der umfassenden Repräsentativität der ausgewählten Beispiele fehlt. Allerdings bieten insbesondere die Erkundungen im digitalen Raum einen Versuch, eine sich derzeit stark wandelnde Form des Umgangs mit Texten zu beschreiben.

Gerade angesichts der nicht einfachen Kontexte, in denen Kolloquien und Publikation erfolgen mussten, möchten wir die hervorheben, ohne die beides nicht zustande kommen wäre: Von Herzen möchten die beiden Herausgeber auch im Namen aller Autoren Matthea Huerta Blanquez und Hannelore Rose danken, die – dank äußerst großzügiger finanzieller Unterstützung der Fritz Thyssen Stiftung – auch noch nach dem offiziellen Abschluss der Arbeit unseres Kreises vor Jahr und Tag ihre wie gewohnt präzisen Arbeiten an den Manuskripten der zum Band Beitragenden fortsetzen konnten und nie verzagten, wenn anderweit beschäftigte Autoren und Herausgeber nicht in dem Tempo reagierten, das sie selbst vorgelegt haben. Der Vorstand der Stiftung, Frank Suder, und die zuständige Referentin, Ricarda Bienbeck, haben von Köln aus die Publikation dieses Bandes und überhaupt den ganzen Arbeitskreis nicht nur finanziell, sondern mit Rat und Tat gefördert und über Schwierigkeiten hinweggeholfen. Dafür sind ihnen alle Autorinnen und Autoren, aber nicht zuletzt die Herausgeber sehr dankbar. Nun hoffen sie, dass das Ergebnis aller Mühen dankbare Leserinnen und Leser findet.

Berlin und München, im Herbst 2025

Christoph Markschies und
Peter Strohschneider

Inhaltsverzeichnis

Arndt Brendecke
Wachsame Leser

Das *Obedezco, pero no cumplo* als Gehorsamsritual mit
Ausführungsvorbehalt im spanischen Reich der Frühen Neuzeit

„En lo que no es justa ley, no se ha de obedecer al rey"
Calderón de la Barca, *La vida es sueño*

Im März 1576 teilte König Philipp II. von Spanien seinem Sekretär mit, dass er unmöglich Zeit für ein Gespräch habe, weil noch 400 Unterschriften zu tätigen seien.[1] Dann packte ihn die Verzweiflung: 100.000 Papiere lägen vor ihm und er habe sich noch nicht von „diesen Teufeln, meinen Papieren" befreit. Das Aktenstudium Philipps II. war in der Tat bemerkenswert. Es trug ihm den Beinamen Papierkönig ein, *rey papelero*. In einem einzigen Monat hatte er gut 1.250 Petitionen bearbeitet.[2]

Um das alles zu bewältigen, las und schrieb Philipp II. ständig, auch wenn er in der Kutsche saß. Ab den 1580ern benutzte er eine Lesebrille und führte einen Stempel mit sich, der seine Unterschrift ersetzte, um das *yo, el Rey* – „Ich, der König" – leichter und rascher zu Papier zu bringen.[3] Er liebte das Geschriebene keineswegs, aber er zog es doch dem Gesprochenen vor. Denn Philipp konnte sich bei einem mündlichen Vortrag die Details nicht merken und wollte Zeit haben, über eine richtige Antwort nachzudenken.[4] Zeit aber gab es nicht, wenn jemand vor ihm stand.

---

1 Carlos Riba García (Hrsg.), *Correspondencia privada de Felipe II con su secretario Mateo Vázquez, 1567–1591*, Madrid: Consejo Superior de Investigaciones Científicas, Instituto Jerónimo Zurita, 1959, S. 36.

2 Geoffrey Parker, *The Grand Strategy of Philip II*, New Haven/London: Yale Historical Publications, 2000, S. 20 f. und S. 28.

3 Ebd., S. 21 und S. 28 f; Margarita Gómez Gómez, *Forma y expedición del documento en la Secretaría y del Despacho de Indias*, Sevilla: Secretariado de Publicaciones de la Universidad de Sevilla, 1993, S. 174. Der Arzt riet davon ab, nach dem Abendessen zu lesen, Philipp schämte sich für die Brille und war überzeugt, dass ihn die vielen Papiere husten ließen. Vgl. Geoffrey Parker, *The Grand Strategy of Philip II*, S. 44. Zu einer schon zeitgenössischen Bezugnahme auf Philipps Brille vgl. Benito Daza de Valdés, *Uso de los antojos para todo genero de vistas. En que se enseña a conocer los grados que a cada uno le faltan de su vista, y los que tienen qualesquier antojos. Y assi mismo a que tiempo se an de usar, y como se pediran en ausencia, con otros avisos importantes, a la utilidad y conservacion de la vista*, Sevilla: Diego Pérez, 1623, fol. 85v f.

4 Als Beispiel für die Abwägung zwischen mündlicher Audienz und Papierarbeit vgl. die Bemerkungen Philipps II. vom 6. April 1577 ediert in: Riba García, *Correspondencia privada de Felipe II con*

https://doi.org/10.1515/9783112224724-001

Die Zeitgenossen sahen das mit gemischten Gefühlen. Viele kritisierten, dass der König kaum zugänglich war, zumal er sich stark zurückzog – in seinen Palast in Madrid und schließlich in den Klosterpalast von San Lorenzo de El Escorial. Andere bewunderten ihn für dieses Maß an Aktenstudium, ja priesen die Neigung zur Schriftlichkeit als besonders effizient: als neue Form der Macht, ausgedehnt durch Tinte und Papier. Die Bewunderer kreierten das wirkungsreiche Bild eines Königs, der sich in einen Kloster-Palast zurückzog, um von dort aus die Geschicke seines Weltreiches zu lenken. Sie priesen ihn als einen Herrscher, der mittels der Papiere die Welt bewege und unterstellten, dass er mit Federstrichen so viel schaffe wie alle seine Vorväter mit der Spitze ihres Schwertes.[5]

Den Historikern des späten 19. Jahrhunderts gefiel die Idee eines vom Schreibtisch aus regierenden, lesenden und schreibenden Herrschers ganz besonders, auch wenn es irritierte, dass sie einen König aufgrund seines administrativ hochmodernen Regierungsstils loben mussten, den sie ansonsten ob seiner düsteren Katholizität geringschätzten. Unter dem Strich war Leopold von Ranke dennoch begeistert: Sein Philipp war zurückgezogen und wusste doch alles. Er „saß und laß".[6] Bei Fernand Braudel entstand dann das Bild einer Spinne im Netz, wobei er zwei Traditionen aufgriff: diejenige der antispanischen Propaganda, welche Philipp schon seit dem 17. Jahrhundert als 'Spinne' bezeichnete, und eben jene, welche im Sinne Rankes die Schrift als machtvollen Überwinder des Raumes pries, als Netz.[7]

Dieser Beitrag wendet sich der Frage zu, welche Geltungskraft königliche Schreiben eigentlich hatten. Er stellt die Frage, wie das Strippenziehen der 'Spinne

---

su secretario Mateo Vázquez, S. 104. Zur Bevorzugung der Schriftlichkeit weiter: Fernando Jesús Bouza Álvarez, „Guardar papeles – y quemarlos – en tiempos de Felipe II. La documentación de Juan de Zúñiga", in: *Reales sitios*, Jg. XXXIII (1996), H. 2, S. 2–15 und Jg. XXXIV (1997), H. 1, S. 18–33, vor allem S. 5.

5 Vgl. Luis Cabrera de Córdoba, *Historia de Felipe II. Rey de España*, Bd. 1, hrsg. von José Martínez Millán/Carlos Javier de Carlos Morales, Salamanca: Junta de Castilla y León, Consejería de Educación y Cultura, 1998, S. 368, und Lorenzo Vander Hammen y León, *Don Filipe el prudente, segundo deste nombre, rey de las Españas y nuevo mundo*, Madrid, 1632, fol. 129b. Dass Philipp II. mit der Feder leiste, was sein Vater mit dem Schwert errungen habe, findet sich schon sprichwörtlich im Bericht des venezianischen Botschafters Francesco Vendraminos von 1595: „Scrive indefessamente giorno e notte, e si dice che quello que acquistò il padre con la spada, egli l'ha conservato con la penna", vgl. Luigi Firpo (Hrsg.), *Relazioni di ambasciatori veneti al Senato. Tratte dalle migliori edizioni disponibili e ordinate cronológicamente*, Bd. 8, *Spagna (1497–1598)*, Turin: Bottega d'Erasmo, 1981, S. 890.

6 Leopold von Ranke, *Die Osmanen und die spanische Monarchie im sechzehnten und siebzehnten Jahrhundert*, Berlin: Duncker & Humblot, ³1857, S. 150.

7 Fernand Braudel, *La Méditerranée et le Monde méditerranéen à l'époque de Philippe II*, Paris: Colin, 1949, S. 523; vgl. weiter Jean-Frédéric Schaub, *La France espagnole. Les racines hispaniques de l'absolutisme français*, Paris: Éditions du Seuil, 2003, S. 56–66.

im Netz' funktionierte, wenn es doch im Kern um die Geltungskraft von Schriftstücken ging, die vom Hof in die Peripherie des Reiches gesendet wurden. Dass man nicht einfach voraussetzen kann, dass den darin enthaltenen Anordnungen gefolgt wurde, legt ein spätmittelalterlicher kastilischer Rechtssatz nahe, der dazu berechtigte, schriftliche Anordnungen des Königs *nicht* auszuführen. Es handelt sich um die berühmte Formel *obedecer, pero no cumplir* – gehorchen, aber nicht ausführen.

Diese Formel erlaubte es den Empfängern königlicher Schreiben, eine differenzierte Form des Widerstands zu praktizieren. Mit ihrer Hilfe ließ sich nämlich Gehorsam betonen, aber Folgsamkeit vermeiden. Dazu war allerdings ein zeremonieller Gebrauch des Textes vonnöten: Der Empfänger des Schreibens nahm den Brief des Königs oder der Königin in die Hände, hielt ihn über den Kopf und sprach mit lauter Stimme *obedecemos, pero no cumplimos*, also *wir gehorchen, führen aber nicht aus.* In Varianten des Rituals wurde das Dokument geküsst, bevor es niedergelegt wurde.[8] In jedem Fall war durch diesen zeremoniellen Gebrauch des Schreibens der prinzipielle Fortbestand des Gehorsams sichtbar geworden, ohne dass der Inhalt des Textes durch eine sich anschließende Handlung in Geltung gesetzt werden musste.

Ein solcher Gebrauch königlicher Schreiben stellt Max Webers Definition von Herrschaft auf eine harte Probe. Denn Webers „Chance, für [...] Befehle bei einer angebbaren Gruppe von Menschen Gehorsam zu finden" war gegeben, allerdings nur im Wortsinne und gerade nicht in Bezug auf eine sich anschließende Umsetzung des Befehls.[9] Es wird daher zu diskutieren sein, ob man diese Formel als einen rechtlichen Atavismus verstehen muss, als ein Indiz für unvollständige Herrschafts-

---

[8] Der zeremonielle Schriftkuss ist in diesem Zusammenhang vielfach dokumentiert. Um einige frühe Beispiele anzuführen, sei verwiesen auf *Segundo libro de las actas del cabildo de la ciudad de México*, Mexiko-Stadt: Imprenta y librería de Aguilar e hijos, 1889, S. 24 (29. November 1529), ebd., S. 52 (30. Mai 1530) oder das Schreiben aus Mexiko-Stadt, datiert auf den 2. Juli 1535, überliefert in der *Biblioteca del Monasterio de El Escorial* als *Ms. &. II. 7, 65*, fol. 363a–368b. Für Placencia vom 16. April 1572 vgl. Gloria Lora Serrano (Hrsg.), *Ordenanzas municipales de la Ciudad de Plasencia*, Sevilla: Secretariado de Publicaciones, Universidad de Sevilla, 2005, S. 314. Kussrituale zur Bekräftigung des Loyalitätsverhältnisses sind weit verbreitet, nur handelt es sich in der Regel um Handküsse. Vgl. dazu Andrea Merlotti, „Oath-taking and hand-kissing. Ceremonies of sovereignty in a ‚Monarchia composita', the states of the house of Savoy from the sixteenth to the nineteenth century", in: Anna Kalinowska/Jonathan Spangler (Hrsg.), *Power and Ceremony in European History. Rituals, Practices and Representative Bodies since the Late Medieval Age*, London u. a.: Bloomsbury Academic, 2021, S. 157–168, hier: S. 161. Auf eine lange Tradition des Schriftkusses als einer seltenen Variante des Sachkusses lässt sich nicht verweisen. Siehe zu einigen Ausnahmen Sylvia Harst, *Der Kuss in den Religionen der Alten Welt ca. 3000 v. Chr.–381 n. Chr.*, Münster: LIT, 2004, S. 180 (Küssen der Heiligen Schrift) und S. 516 f. (Küssen von Briefen).
[9] Max Weber, *Wirtschaft und Gesellschaft. Grundriss der verstehenden Soziologie. Studienausgabe*, Erster Halbband, hrsg. von Johannes Winckelmann, Köln/Berlin: Mohr, 1964, S. 157.

strukturen oder aber – umgekehrt – als eine funktionale Flexibilisierung politischer Praxis, wie sie einem sehr großen Reich wie dem spanischen angemessen war.[10] Auch ist zu klären, welche Rolle dem konkreten Gebrauch des Textes hier beikommt. Es ist schon deshalb angebracht, in dieser Angelegenheit mehr Klarheit zu schaffen, da das beiläufige Verweisen auf diese Formel zum Arsenal der Herabsetzung Spaniens und Spanischamerikas gehört, dem sich die nordeuropäische und anglophone Historiographie gelegentlich bedient. Ohne viele Worte lassen sich mit dem Verweis auf das *obedezco, pero no cumplo* scheinbar offensichtliche Mängel hispanischer Staatsbildung vor Augen stellen. Man markiert ein Anderssein und eine Defizienz, so als würden hispanische Länder über eine weniger effiziente politisch-administrative Kultur verfügen, auch gegen den offensichtlichen Befund, dass das spanische Kolonialreich deutlich länger als das englische oder französische Bestand hatte, nämlich über dreihundert Jahre lang.

Auch in Spanien selbst wurde die These eines politischen Sonderwegs gelegentlich am *obedezco, pero no cumplo* festgemacht, dann jedoch in einem positiven Sinne. So sind einige Versuche nachweisbar, die *obedezco*-Formel zu idealisieren. Besonders pointiert finden sie sich in Zeiten des demokratischen Aufbruchs. Im Jahr 1812, noch während die *Cortes* von Cádiz tagten, um eine demokratische Verfassung zu verabschieden, veröffentlichte beispielsweise 'der Bürger' Francisco Martínez Marina eine Theorie und Geschichte der *Cortes*, in der die Formel *obedezco, pero no cumplo* einen zentralen Platz in einem Kapitel über „die Wachsamkeit der Nation" – *la vigilancia de la nación* – einnahm. Diese Wachsamkeit gegenüber der Wahrung des Gesetzes habe Spanien geprägt, da es über die Macht anzweifelnde, besonders wachsame Leser verfüge. Indem diese rechtswidrige Texte erkennen und die Exekution verweigern, seien sie in der Lage, Autokratie einen Riegel vorzuschieben und über den geleisteten Ausführungswiderstand Mitsprache einzufordern.[11]

Im Folgenden gehe ich zuerst der Frage nach der Entstehung und den ursprünglichen Zwecken des *obedezco, pero no cumplo* nach, bevor ich mich in einem

---

10 Vgl. zu dieser Interpretation besonders John Leddy Phelan, „Authority and Flexibility in the Spanish Imperial Bureaucracy", in: Mark Burkholder (Hrsg.), *Administrators of Empire* (= *An Expanding World. The European Impact on World History 1450–1800*, Bd. 22), Singapur u. a.: Ashgate, 1998, S. 1–19.
11 Francisco Martínez Marina, *Teoría de las Cortes ó grandes juntas nacionales de los reinos de León y Castilla. Monumento de su constitución política y de la soberanía del pueblo. Con algunas observaciones sobre la lei fundamental de la Monarquía Española sancionada por las Cortes Generales y Extraordinarias, y promulgada en Cádiz a 19 de marzo de 1812*, Zweiter Teil, Bd. 2, Madrid: Imprenta de D. Fermín Villapando, 1813, S. 308–311. Zu einem anders gelagerten Fall wachsamer Leserschaft vgl. Baltasar Cuart, „Readers as censors. Translations, inhibitions, and manipulations of some history books in the mid-sixteenth century", in: Cesc Esteve (Hrsg.), *Disciplining History: Censorship, Theory and Historical Discourse in Early Modern Spain*, London: Routledge, 2018, S. 25–50.

zweiten Schritt dem Gebrauch der Formel und auch dem konkreten Textgebrauch zuwende, also dem Umgang mit dem Dokument. Ich gehe drittens auf den kolonialen Gebrauch der Formel und abschließend auf die Optionen der Einordnung dieser Textpraxis ein, auf die Frage also, wie diese Praxis gedeutet wurde und gedeutet werden kann.

1 Entstehung

Erste Zeichen eines Ausführungswiderstands gegen königliche Schreiben finden sich im späten 13. Jahrhundert, eine klare Politik so vorzugehen dann ab dem 14. Jahrhundert, also in einer Phase, in der sich die königliche Rechtssetzung intensivierte.[12] Insofern ist es plausibel, die Formel als Zeichen eines sich formierenden Widerstands gegen die wachsende Macht des Königs zu deuten. In dieses Bild passt auch, dass es die Städte als jene Instanzen eigener Macht waren, welche die Formel anzuwenden begannen. Sie taten es beispielsweise, wenn es um die Amtseinführung der sogenannten *corregidores* ging, also der in den wichtigsten Städten eingesetzten königlichen Amtsträger mit richterlichen und herrschaftlichen Aufgaben.[13] Schauplatz eines solchen Textgebrauchs waren auch die Ständetage, die sogenannten *Cortes*, auf denen sich die Vertreter der großen Städte versammelten.

Eine Nichtausführung, also ein *no cumplo*, ließ sich auf verschiedenen Wegen rechtfertigen, doch laufen die Rechtfertigungen auf die eine oder andere Weise auf das Argument hinaus, dass die Ausführung suspendiert werden müsse, um drohendes Unrecht oder einen drohenden Schaden abzuwenden.[14] Der Kern des Unrechtsproblems wurde schon in der Antike diskutiert. Er besteht darin, dass eine an sich nicht hinterfragte Autorität – etwa der König oder auch ein Vater – Personen, die dieser Autorität grundsätzlich Gehorsam schulden, zu Handlungen auffordern kann, welche im Widerspruch zu geltendem Recht oder Naturrecht stehen. Fordert beispielsweise ein Vater seinen Sohn dazu auf, die Mutter zu ermorden,

---

12 Frühe Beispiele finden sich verzeichnet bei Benjamín González Alonso, „La fórmula ‚obedezcase, pero no se cumpla' en el derecho castellano de la baja edad media", in: *Anuario de historia del derecho español* 50 (1980), S. 469–487, hier: S. 480 f.

13 Vgl. hierzu die genaue Rekonstruktion eines Falles aus Cuenca von 1420 bei José Antonio Jara Fuente, „Marcos de contestación y constitución urbana. La construcción de espacios de participación política en el concejo de Cuenca (siglo XV)", in: *Cahiers d'études hispaniques médiévales* 34 (2011), S. 44–54.

14 Das Problem eines drohenden Schadens lässt sich als Variante des Unrechtsproblems subsumieren, indem man unterstellt, dass eine Autorität qua *lex divina* einen Schaden nicht wirklich wollen kann.

so ergibt sich für den Betroffenen ein Zielkonflikt zwischen Ungehorsam gegenüber der Autorität des Vaters und dem Begehen eines Unrechts. Führt er nicht aus,
verletzt er die Gehorsamspflicht, führt er aus, verletzt er ein anderes, in diesem
Fall höheres Recht. Der Zielkonflikt verdeutlicht, dass aus dem Blickwinkel einer
Gerechtigkeitstheorie heraus Gehorsam gar nicht in allen Fällen geschuldet sein
kann. Es gilt daher in sehr vielen Bereichen ein faktisches oder sogar explizites *non
semper est obediendum*, auch wenn dessen Grad an normativer Ausformulierung
und praktischer Relevanz stark variiert. Entsprechende Grundsätze finden sich in
verschiedenen Schattierungen etwa im Bereich der Moralphilosophie (*Epikie*) und
der scholastischen Theorie über das Entscheiden und die Bedingungen moralischen
Zweifels, in Konzepten der Billigkeit (*aequitas*) sowie in diversen Einschränkungen
der Gehorsamspflicht von Amtsträgern und Befehlsempfängern, wie sie auch im
heutigen Beamten- und Militärrecht noch gegeben sind.[15] Auch aus politischer bzw.
vertragstheoretischer Perspektive gibt es eine lange Tradition des immer nur bedingten Gehorsams.[16] Doch geht es hier weder um die lange Geschichte der prinzipiellen Bedingtheit von Gehorsam noch um die umfangreichen Debatten über
Formen legitimen Widerstands im Staatsbildungsprozess, sondern um Spezifika des
spanischen Falls.[17]

In Kastilien wurde schon in der unter Alfons X. dem Weisen (1252–1284) ent-
standenen Rechtssammlung der *Siete Partidas* zwar die prinzipielle Geltung der
Gesetze betont, aber zugleich die Entbindungen von deren Geltung für den Fall
vorgesehen, dass Gesetze das Gute zu annullieren drohen, welches sie zu schaffen
haben.[18] Dafür werden als Beispiele der Verstoß gegen das Gesetz Gottes, aber auch
weitere Umstände genannt wie Verstöße gegen bestehende Herrschafts- oder Lokal-

---

15 Zur Regel des *quod dubites, ne feceris* vgl. Rudolf Schüßler, *Moral im Zweifel*, Bd. 1, *Die scholastische Theorie des Entscheidens unter moralischer Unsicherheit*, Paderborn: Mentis, 2003, S. 32
und S. 81; zur moralischen Unsicherheit weiter: Stefania Tutino, *Uncertainty in Post-Reformation
Catholicism. A History of Probabilism*, Oxford: Oxford University Press, 2018, insbesondere S. 33 f.
Auf moderne dienst- und beamtenrechtliche Regelungen komme ich im letzten Abschnitt zurück.
16 Schon Karl der Kahle räumte 856 den Untertanen das Recht ein, ihm im Falle seiner Nicht-
erfüllung geschuldeter Leistungen im Gegenzug den Gehorsam zu verweigern. Vgl. dazu Fritz
Kern, *Gottesgnadentum und Widerstandsrecht im früheren Mittelalter. Zur Entwicklungsgeschichte
der Monarchie*, unveränderter Nachdruck der 2. Auflage von 1954, Darmstadt: Wissenschaftliche
Buchgesellschaft, ⁷1980, S. 231 f.
17 Zur Bedingtheit des Gehorsams in frühen spanischen Theoriedebatten, vgl. u. a. José María
García Marín, *Materia de estado, ciencia de la política, arte de gobierno (1500–1660)*, Madrid: Centro
de Estudios Políticos y Constitucionales, 2020, S. 372–385 et passim; Pablo Font Oporto, *El derecho
de resistencia civil en Francisco Suárez. Virtualidades actuales*, Granada: Editorial Comares, 2018,
S. 80–90.
18 Vgl. *Partidas* 3.18.27–3.18.41.

rechte. Schon hier sieht man, dass an eine Mitwirkung an der Geltungskraft von neuen Gesetzen gedacht war. Sie konnte sich auf zwei Ebenen vollziehen, nämlich erstens durch Konsultation bei der Formulierung und Inkraftsetzung eines neuen Gesetzes, wie sie idealerweise in Form der Anhörung von Ständevertretern und der Verabschiedung auf den *Cortes* erfolgte. Zweitens war aber auch hier schon ein Ausführungsvorbehalt in der praktischen Anwendung denkbar, denn ein Gesetz ohne Geltungskraft stand außerhalb dessen, wozu man qua Eid verpflichtet war. Die Ausführenden schuldeten also einen zwar umfassenden, aber dennoch bedingten, ja reflexiven Gehorsam. Sie konnten den Text prüfen und kasuistisch die Ausführung dann aussetzen, wenn die Geltungsbedingungen nicht erfüllt erschienen.[19] Rechtshistorisch erscheint mir die Annahme plausibel, dass ein derart gestalteter Ausführungsvorbehalt aus dem kirchenrechtlichen *ius remonstrandi* entwickelt wurde, welches sich seit der ersten Hälfte des 13. Jahrhunderts nachweisen lässt. Es sah ebenfalls die legitime, das Gehorsamsverhältnis nicht störende Aussetzung der Ausführung päpstlicher Anordnungen vor, falls der jeweilige bischöfliche Empfänger einen hinreichenden Grund dafür erkennen konnte.[20]

Im kastilischen wie auch dann im kolonialherrschaftlichen Fall kommt ein weiterer Umstand hinzu. In Kastilien umfasste das Recht sowohl solche Texte, welche die *Cortes* bestätigt hatten, als auch andere, für die dies nicht galt. Schon unter Johann II. (1419–1454) etablierte sich aber die Option, dass der König Gesetze gleicher Rechtskraft als *pragmáticas* verfügen konnte.[21] Insbesondere in der kolonialen Praxis galten schließlich auch *cédulas* und *cartas* des Königs fast gesetzesgleich. Die Grenze zwischen Gesetz, Anordnung, Privileg und so weiter wurde damit unscharf. Schon in der spätmittelalterlichen kastilischen Situation stellte sich jedoch eine zutiefst politische Frage, war doch zu klären, ob und in welchem Maße der König in bestehende Ansprüche eingreifen konnte – seien es solche, die sich aus regionalem Recht ableiten ließen, aus dem *Ius Commune* oder auch aus dem Naturrecht. Für die Königreiche des vormodernen Spaniens hatte dies den Rang einer Verfassungsfrage, ging es doch um das Verhältnis zwischen der jeweiligen Zentraloder Königsgewalt und regionalen Autonomierechten einerseits und um das Verhältnis zwischen König und Vasall andererseits.[22]

---

19 Vgl. Alfonso García-Gallo, „La ley como fuente del derecho en Indias en el siglo XVI", in: *Anuario de historia del derecho español* 21–22 (1951–1952), S. 607–730, hier: S. 647.

20 Vgl. Hans-Jürgen Guth, *Ius remonstrandi. Das Remonstrationsrecht des Diözesanbischofs im kanonischen Recht*, Freiburg/Br.: Universitäts-Verlag, 1999, S. 8 f. et passim.

21 Francisco Tomás y Valiente, *Manual de historia del derecho español*, Madrid: Editorial Tecnos, ²1980, S. 244 f.

22 Es finden sich vielfach ganze Kaskaden der Bedingtheit der Königsgewalt auch im Königreich Aragonien. Vgl. hierzu José María Fernández Hevia, „El ejercicio de la fórmula ‚obedecer y no cum-

All dies ist gut an den Situationen ablesbar, in denen das *obedezco, pero no cumplo* zur Anwendung kam. Versuche des Königs in bestehende Privilegien einzugreifen, insbesondere in die lokalen Sonderrechte der Städte und Regionen, die sogenannten *fueros*, wurden beispielsweise regelmäßig zurückgewiesen. Sonderrechtswidrige Briefe des Königs wurden als ein *contrafuero* verstanden und mit einem eigenen Begriff versehen. Sie wurden als *cartas desaforadas* bezeichnet.[23]

Entsprechende Briefe einfach für nichtig zu erklären, war juristisch konsequent und wurde zu Beginn des 14. Jahrhunderts vorübergehend Praxis. Aber die Nachteile überwogen, denn politisch war dies für beide Seiten ungünstig: Die Krone störte daran, dass die Entscheidung über die Gültigkeit ihrer Texte beim Empfänger lag, und noch mehr, dass dies erkennbar wurde, etwa dann, wenn die Ständevertreter sie für ungültig erklärten, oder wenn Ständevertreter die Krone zwangen, solche Briefe selbst für nichtig zu erklären. Der politische Schaden ging dann über die Unwirksamkeit des Vorgangs weit hinaus. Denn so war sichtbar geworden, wer über die Geltung des Textes entschied: Die Vertreter der Städte, nicht der König.[24]

Es war König Sancho IV. (1284–1295), der auf den *Cortes* von Valladolid im Jahr 1293 erstmals eine andere Vorgehensweise forderte. Die beanstandeten Passagen sollten ihm zuerst gezeigt werden. Bis dahin sollte keine Ausführung vorgenommen werden. Ein ähnliches Verfahren wurde auf den *Cortes* seiner Nachfolger Ferdinand IV. (1295–1312) und Alfons XI. (1312–1350) von Kastilien und León angewandt. Nun also kam ein *no cumplir* ins Spiel, verstanden als vorübergehende Suspension der Ausführung.[25] Diese Vorgehensweise entschärfte den Moment des Briefempfangs und brachte den Ball zurück ins Feld des Königs. Die Verzögerung gab Gelegenheit zur Gesichtswahrung, und nicht nur dies. Sie eröffnete auch die Gelegenheit, einen Kompromiss zu finden, also vom Prinzipiellen und Rechtlichen ins Politische zurückzukehren. Genau so entwickelte sich der Gebrauch der Formel dann bis ins 16. Jahrhundert hinein weiter. Das *no cumplir*, der Ausführungswiderstand, wurde zur Eröffnungsfigur eines politischen Aushandlungsprozesses. Die Ständevertreter versicherten zu gehorchen, führten vorerst nicht aus, schon deshalb, weil sie stattdessen eine Supplikation mit ihren Einwänden einreichten.

---

plir' por parte de la Junta General del Principado durante el siglo XVI", in: *Boletín del Real Instituto de Estudios Asturianos* 157 (2001), S. 123–150, sowie Víctor Fairén Guillén, *Antecedentes aragoneses de los juicios de amparo*, Mexiko-Stadt: Universidad Nacional Autónoma de México, 1971, S. 46–49.
23 Vgl. González Alonso, „La formula ‚obedezcase, pero no se cumpla' en el derecho castellano de la baja edad media", S. 471.
24 Vgl. ebd., S. 481.
25 Die Suspension gilt, bis der Monarch, informiert über die Umstände, endgültig entschieden hatte. Vgl. dazu Tomás y Valiente, *Manual de historia del derecho español*, S. 291.

Erst wenn diese berücksichtigt waren, galt es zu gehorchen und auszuführen. Die spitzfindige Unterscheidung eines *obedezco, pero no cumplo* erwies sich nun als politisch äußerst nützlich: Sie unterstrich Königstreue und suspendierte den Vollzug seines Willens solange, bis im 'Willen des Königs' auch derjenige der Ständevertreter anteilig Berücksichtigung gefunden hatte.[26] Über diese Schritte der ostentativen Gehorsamsbekundung, der Verzögerung der Folgeleistung, der Supplikation um Berücksichtigung von Umständen oder Rechtsansprüchen der Empfängerseite ließ sich damit das Herrschaftsverhältnis aus der Vertikalität der reinen Unterwerfung ein ums andere Mal in jenes einer Anerkennung der für die Rechtsgeltung und Herrschaftsausübung notwendigen Aushandlung der Interessen zwischen Krone und Ständen überführen.[27]

2 Textgebrauch

Auffällig ist im Falle des *obedezco, pero no cumplo* zunächst der stark zeremonielle Gebrauch des Textes. Die Eröffnung des Zeremoniells erfolgte mit einer ostentativen Wertschätzung des Schriftstückes durch Berührung, Erhebung über den Kopf und gegebenenfalls auch durch den Kuss. Wie es in einigen Quellen explizit heißt, zeigte dies die einem Brief des Königs „geschuldete Referenz" an.[28] Das Schriftstück wurde also mit einer Verehrung behandelt, wie sie auch dem König entgegenzubringen wäre.[29] Besonders gut ist ein solcher, den Brief des Königs an seiner Stelle verehrender Textgebrauch für die koloniale Situation überliefert, der ich mich im nächsten Abschnitt noch ausführlicher zuwende. Dort war die Fragilität der Herrschaft eines dauerhaft abwesenden Königs besonders spürbar, am deutlichsten, wenn die Nachricht vom Tod des Monarchen und der Thronbesteigung seines Nachfolgers eintraf. Da es in diesem Moment galt, den Fortbestand des Gehorsams in unmissverständlicher Weise zu demonstrieren, aber auch den neuen König als solchen zu proklamieren, und da zugleich vom neuen König lediglich ein erstes Schreiben vorlag, rückte der Umgang mit diesem Schreiben ins Zentrum der Zeremonie. In ihr wurde das Schriftstück zum *alter ego* des Königs, gegenüber dem Gehorsam ausgesprochen, Herrschaft anerkannt und Unterwerfung performativ vollzogen

---

26 Vgl. González Alonso, „La formula ‚obedezcase, pero no se cumpla' en el derecho castellano de la baja edad media", S. 487.

27 Jara Fuente, „Marcos de contestación y constitución urbana", S. 46.

28 Vgl. ebd., S. 42.

29 Tomás Puñal Fernández, „Práctica y ceremonial de la comunicación escrita entre el rey y las ciudades castellanas en la Baja Edad Media", in: *Melanges de la Casa de Velázquez* 46 (2016), H. 2, S. 199–217.

wurde, auch durch das Berühren und Küssen des Briefes durch jeden einzelnen der anwesenden Amtsträger.[30]

Obwohl man Elemente eines feudalen Zeremoniells klar erkennen kann, in welches weitere Symbole der Macht einbezogen werden konnten – wie das königliche Banner oder (bei anderen Gelegenheiten) das königliche Siegel –, erschließt sich die Funktionalität eines solchen Textgebrauchs nicht vollständig aus der Logik eines Zeremoniells.[31] Besonders erklärungsbedürftig ist im Fall des *obedezco, pero no cumplo* die zeitliche Verzögerung eines Vollzugs des Herrscherwillens. Eine solche Verzögerung gelang über eine Unterscheidung zwischen Medium und Information, bei der zwar dem Medium Referenz geschuldet, aber die enthaltene Information dilatorisch behandelt wurde. Gut dazu passt, dass solche vorläufig suspendierten Texte als 'ungeweihte Hostien' bezeichnet wurden.[32] Durch die vorläufige Suspendierung der Ausführung eröffnet sich nämlich eine Phase, in der Gehorsam noch behauptet werden kann, ohne sich schon in Ausführung manifestiert haben zu müssen. Sie konnte, wie wir gesehen haben, politisch genutzt werden, etwa um nachzuverhandeln, nachzusteuern oder schlicht, um Zeit zu gewinnen. Der stark zeremonielle Umgang diente also auch dazu, den Beginn eines solchen Zeitrahmens klar erkennbar werden zu lassen. Das Ausrufen des Gehorsams, der fast schon theatralische Umgang mit dem königlichen Schreiben, ist also nicht bloß ein Akt der zeremoniellen Unterwerfung. Es wird damit auch die Bedingtheit von Gehorsam kommuniziert.

An mehreren Stellen der unter Alfons dem Weisen Mitte des 13. Jahrhunderts verfassten Rechtssammlungen wird ausgeführt, was 'einem Schriftstück zu gehor-

---

30 Bezüglich des spätmittelalterlichen Übergangs zu vermehrter Schriftlichkeit vgl. Miguel Rodríguez Llopis, „La escritura y el poder. La emisión de documentos en la sociedad murciana bajomedieval", in: *Áreas. Revista de ciencias sociales* 9 (1988), S. 11–24. Zur kolonialen Situation vgl. María Luisa Domínguez-Guerrero, „El poder del rey ausente. La proclamación de Felipe II en Cuzco en 1557", in: *Anuario de Estudios Americanos* 72 (2015), S. 605–629, hier: S. 612; Silvina Smietniansky, „De preeminencias, estilos y costumbres. Rituales y poder en los cabildos coloniales. Una aproximación etnográfica al análisis de materiales de archive", in: *Revista Colombiana de Antropología* 46 (2010), S. 379–408, hier: S. 391.
31 Vgl. dazu auch Ana Isabel Carrasco Manchado, „La ceremonia de obediencia regia. ¿un pacto estamental?", in: dies./François Foronda (Hrsg.), *El contrato político en la Corona de Castilla. Cultura y sociedad políticas entre los siglos X al XVI*, Madrid: Dykinson, 2008, S. 491–514; Jaime Valenzuela Márquez, „Rituales y ‚fetiches' políticos en Chile colonial. Entre el sello de la Audiencia y el pendón del Cabildo", in: *Anuario de Estudios Americanos* 56 (1999), S. 413–440. Bei der Feier anlässlich des Thronwechsels zu Philipp IV. im August 1621 in Mexiko-Stadt stand das königliche Banner im Zentrum. Vgl. ausführlich dazu Gibrán Bautista y Lugo, *Integrar un reino. La ciudad de México en la monarquía de España. 1621–1628*, Mexiko-Stadt: Universidad Nacional Autónoma de México, Instituto de Investigaciones Históricas, 2020, S. 52–68.
32 John A. Crow, *The Epic of Latin America*, Berkeley: University of California Press, 1980, S. 175.

chen' eigentlich meint: Einem Brief zu gehorchen, hieß demnach lediglich, ihn nicht geringzuschätzen, zu zerreißen oder zu Boden zu werfen.[33] Man erkennt daran, wie verkürzend und auch modernisierend verkürzend es ist, *obedecer* als 'Gehorchen' zu übersetzen, gewissermaßen mit der Logik des bloßen Befehlsempfangs der späten Moderne. Hilfreicher ist es, das auch im Lateinischen *oboedire* steckende Hören oder auch Anhören einzubeziehen, denn das *obedezco* wurde ausgerufen, um einen Dialog zu eröffnen. Ganz so, als wollte man sagen: Wir haben Dich gehört, nun höre auch uns. Der koloniale Gebrauch des *obedezco, pero no cumplo* wird noch einmal deutlicher machen, wie stark dieser Vorbehalt der notwendigen Anhörung galt.

2.1 Der koloniale Gebrauch

Auf der anderen Seite des Atlantiks gab es zunächst keinen König. Es gab keine alten und regionalen Rechtstraditionen, schon gar keine, auf die der König hätte schwören müssen. Aus der Perspektive spanischer Juristen heraus war es ein leeres 'Kastilien', ein Raum, scheinbar ohne bindende Vorgeschichten. Was also sollte sich dort dem königlichen Willen und der Gesetzeskraft seiner Briefe in den Weg stellen?

Die Antwort liegt auf der Hand. Die Menschen, welche den königlichen Willen umsetzen sollten, besaßen eigene Interessen. Sie beriefen sich auf ihre Leistungen und Rechte, immer wieder auch auf ihre im Vergleich zum Hof ungleich größere Kenntnis der Situation vor Ort. Der koloniale Raum wurde somit zu einem Schauplatz des Ausfechtens der rechtlichen und politischen Ordnung des entstehenden Imperiums. Auf diesem Schauplatz wurden Praktiken der Wahrung politischer und ökonomischer Eigeninteressen häufig mit starken Signalen der Loyalität gegenüber der Krone kombiniert. Die Formel des *obedezco, pero no cumplo* war besonders gut geeignet, diesen Spagat zwischen der Ostentation von Gehorsam auf der einen Seite und der Berücksichtigung von Eigeninteressen bei der Ausführung auf der anderen Seite zu leisten. Wir werden gleich sehen, dass die im Hintergrund bestehende Spannung dennoch enorm war und im Falle Perus zu kriegerischen Auseinandersetzungen führte, in denen der richtige Gebrauch des Textes ebenfalls eine Rolle spielte.

Zuvor muss man sich verdeutlichen, dass auch der koloniale Raum in Wirklichkeit voller Geschichte und daraus abgeleiteter Ansprüche war. Er war dies sogar in besonders ausgeprägter Weise, insofern das dort neu geltende Recht (*derecho*

---

33 González Alonso, „La formula ‚obedezcase, pero no se cumpla' en el derecho castellano de la baja edad media", S. 478.

indiano) der Kolonialherren überwiegend aus situativ geschaffenen Einzelregelungen mit zunächst eingeschränkter regionaler oder lokaler Geltung hervorgegangen war. Während also den Substituten und Symbolen der Königsgewalt, das heißt den Vizekönigen, dem königlichen Banner und Siegel, eine stark standardisierte, die prinzipielle Unterwerfung anzeigende zeremonielle Verehrung zukam, stießen konkrete königliche Anordnungen oder Gesetze in der Praxis auf lokal und regional je sehr unterschiedliche Resonanz.[34] Zwei Faktoren sind es im Grunde, die sich einer einheitlichen Durchsetzungskraft des königlichen Willens entgegenstellten: der Kenntnismangel des Königs einerseits und die Ansprüche der Eliten vor Ort andererseits.

Am Hof in Madrid bestand durchaus ein Bewusstsein dafür, dass das eigene Wissen über die Situation in den amerikanischen Territorien begrenzt war und Rücksichtnahmen auf Interessen lokaler Eliten geboten waren. Dies führte zumindest phasenweise dazu, dass in königlichen Anordnungen explizit darauf hingewiesen wurde, dass sie nicht unmittelbar auszuführen seien. Ein frühes Beispiel mag hier genügen. Es handelt sich um einen Brief König Ferdinands des Katholischen an Diego Colón, den Gouverneur Hispaniolas und Sohn des Christoph Kolumbus, von 1508. König Ferdinand schrieb darin:

> Weil es sein könnte, dass ich, weil ich nicht gut informiert wurde, angeordnet habe, einige Briefe für las Indias auszustellen: Falls daraus Eurem Dienst ein Schaden erwachsen würde, ordne ich Euch an, dass Ihr diese Briefe anseht und ihnen gehorcht (*obedezcais*). In Bezug auf die Ausführung (*cumplimiento*) gebt Ihr später Bescheid, damit ich diesbezüglich schicken kann, was zu machen ist. Sobald Ihr aber die zweite Anordnung empfangt, gehorcht (*obedecedlas*) und befolgt (*complidlas*) Ihr sie vollständig, so wie ich sie sende und ohne jegliche Verzögerung.[35]

---

34 Vgl. dazu das von Margarita Gómez Gómez herausgegebene Sonderheft der Zeitschrift *Revista de humanidades*: „Rey, sello y representación. El poder de la escritura y el documento en el gobierno de las Indias", in: *Revista de humanidades* 22 (2014).

35 „Porque podría ser que por Yo no ser bien informado, mandé despachar algunas cartas para las dichas Indias; en caso que viniese perjuicio a nuestro servicio, yo vos mando que véais las tales cartas y las obedezcais, y en cuanto al cumplimiento nos lo hagais luego saber para que sobre ello os envie a mandar lo que se haga. Pero en recibiendo nuestro segundo mandado, obedecedlas y complidlas enteramente como os lo enviare a mandar, sin poner en dilacion alguna". Real Cédula vom 13. Dezember 1508, vgl.: *Colección de documentos inéditos relativos al descubrimiento, conquista y organización de las antiguas posesiones españolas de ultramar*, Segunda serie, Bd. 39, Madrid: Tipografía Sucesores de Rivadeneyra, 1883, S. 185 f. Vgl. dazu auch Victor Tau Anzoátegui, „La ley ‚se obedece pero no se cumple'. En torno a la suplicación de las leyes en el Derecho indiano", in: ders., *La Ley en America Hispana. Del descubrimiento a la emancipación* (= *Colección del quinto centenario del descubrimiento de América*, Bd. 5), Buenos Aires: Academia Nacional de la Historia, 1992, S. 69–143, hier: S. 83. Zur unmittelbaren Nachgeschichte vgl. Miguel Malagón Pinzón, „Antece-

Empfängerseitig konnte das Argument, es mangele dem König an Information, ebenfalls vorgetragen werden, um die Ausführung einer Anordnung auszusetzen. Es wurde dann argumentiert, dass die Ausführung suspendiert sei, um auf diese Weise einen Schaden zu vermeiden. Da der König keinen Schaden wünschen könne, habe er offensichtlich in Unkenntnis der lokalen Umstände entschieden.[36] Erst wenn man den König auf diese Umstände hingewiesen hatte und er seine Anordnung in deren Kenntnis wiederholte, war diese auch auszuführen.[37]

Wir sehen also, dass der Ausführungsvorbehalt funktional sein konnte. Aber der Missbrauch ließ nicht lange auf sich warten. Amtsträger der Neuen Welt nutzten die Möglichkeit, die Ausführung von Anordnungen – etwa zum Schutz der Indios – zu verzögern oder ganz zu verschleppen, so dass Karl V. 1528 damit begann, die Regel enger zu fassen: Nur noch bei Gefahr eines „absehbaren Skandals oder irreparablen Schadens" dürfe die Ausführung einer königlichen Anordnung ausgesetzt werden.[38]

Zum eigentlichen Lackmustest für die Bereitschaft, königliche Gesetzgebung anzuwenden, wurde schließlich das Eintreffen der *Leyes Nuevas* von 1542. Diese 'Neuen Gesetze' waren abgefasst worden, nachdem Bartolomé de las Casas die Missstände der Kolonialpolitik angeprangert hatte und selbst die kastilischen *Cortes* an den König supplizierten, er solle endlich anordnen, die Grausamkeiten in Amerika zu beenden. Die *Leyes Nuevas* waren im Ansatz radikal: Einsetzung neuer Gerichtshöfe, Ernennung der Indios zu freien Untertanen der Krone Kastiliens, Verbote, sie gegen ihren Willen zu beschäftigen, vor allem aber: das faktische Ende der bisherigen Form ihrer Zwangsbeschäftigung qua *encomienda* durch deren Nicht-Vererbbarkeit.[39]

---

dentes hispánicos del juicio de amparo y de la acción de tutela", in: *Estudios socio-jurídicos* 5 (2003), S. 77–113, hier: S. 94 f.

36 Tau Anzoátegui, „La ley ‚se obedece pero no se cumple'", S. 79–81; als Beispiel einer Anwendung sei auf die Aussetzung des Encomienda-Verbotes durch Hernán Cortés verwiesen, vgl. Lesley Byrd Simpson, *The Encomienda in New Spain. The Beginning of Spanish Mexico*, Berkeley u. a.: University of California Press, 1982, S. 60–62.

37 Über einen Effekt des Ausführungsvorbehalts, nämlich die formelhafte Betonung in königlichen Schreiben, dass der König vollständig informiert sei, habe ich mich an anderem Ort geäußert. Vgl. dazu Arndt Brendecke, *Imperium und Empirie. Funktionen des Wissens in der spanischen Kolonialherrschaft*, Köln u. a.: Böhlau, 2009, S. 73–85.

38 „escándalo conocido o daño irreparable", zit. nach Tau Anzoátegui, „La ley ‚se obedece pero no se cumple'", S. 84 f. Zur Verschärfung in Neuspanien 1529 vgl. Simpson, *The Encomienda in New Spain*, S. 81.

39 Vgl. hierzu grundlegend: Antonio Muro Orejón, „Las Leyes Nuevas de 1542–1543. Ordenanzas para la gobernación de las Indias y buen tratamiento y conservación de los indios", in: *Anuario de Estudios Americanos* 16 (1959), S. 561–619.

Als der neu eingesetzte und das Land gerade erst erreichende Vizekönig Perus, Blasco Núñez de Vela, jedoch versuchte, diese *Leyes Nuevas* in Geltung zu bringen, löste dies eine Welle des Widerstands aus. Die Ex-Konquistadoren, die nun Encomenderos waren und die für sie in *encomienda* arbeitenden Indios zu verlieren drohten, erhoben sich unter der Führung von Gonzalo Pizarro und besiegten das Heer des Vizekönigs bei Iñaquito (18. Januar 1546). Noch auf dem Schlachtfeld wurde dem Vizekönig der Kopf abgeschlagen und anschließend, auf einem Spieß steckend, durch die Straßen Quitos getragen. Gonzalo Pizarro distanzierte sich zwar von diesem Umgang mit dem Leichnam, doch bewahrte ihn dies nicht vor dem Schicksal, gut zwei Jahre später selbst hingerichtet zu werden. In der Schlacht von Jaquijahuana (9. April 1548) waren Teile seines Heeres zu dem des königlichen Sondergesandten, Pedro de la Gasca, übergelaufen. Der peruanische Bürgerkrieg war damit weitgehend beendet.

Was in der Kurzfassung schlicht wie eine Rebellion aussieht, deren Niederschlagung zur Wiederherstellung von Kronloyalität führte, erweist sich bei genauerer Betrachtung als komplexer Prozess, innerhalb dessen lange Zeit unentschieden blieb, ob nicht Pizarro die besseren Argumente hatte, zumindest im juridischen Sinne. Die Einsetzung eines Vizekönigs hatte das Machtgefüge im ehemaligen Gouvernement Neukastilien erschüttert. Während sich die ebenfalls neu eingesetzten Richter des Obersten Gerichtshofs in Lima, die *oidores* der *Audiencia*, bereit zeigten, mit den Encomenderos über eine allmähliche Einführung der *Leyes Nuevas* zu verhandeln und die Situation vor Ort zu berücksichtigen, verfolgte der neue Vizekönig Blasco Núñez de Vela den Kurs einer unnachgiebigen Implementation der Gesetze. Die Obersten Richter und der Vizekönig repräsentierten damit zwei sehr unterschiedliche Modelle der Implementation eines neuen Rechts. Ebenso gut wie die zur Eskalation und schließlich zur Machtübernahme Gonzalo Pizarros nach der Schlacht von Iñaquito führenden Ereignisse sind die Argumente dokumentiert, die von jenen vorgetragen wurden, deren Privilegien durch die 'Neuen Gesetze' beschnitten zu werden drohten, also den Encomenderos und dem die Gruppe vertretenden Gonzalo Pizarro.

Pizarros Argument war das eines eklatanten Rechtsverstoßes seitens des Vizekönigs gegen das Recht eines Vasallen, gehört zu werden. Der unzugängliche Regierungsstil des Vizekönigs verhindere jede Partizipation und jeden Kompromiss. Sein Schreiben an den Vizekönig vom 2. August 1544 steigert sich entsprechend in eine Klage gegen autoritäre Willkür und ein in unserem Zusammenhang interessantes Plädoyer für Anhörungs-, Prüfungs- und Mitwirkungsmöglichkeiten von Seiten der Betroffenen:

> Der Grund, den wir für diesen Aufstand hatten, ist der, den uns Euer Ehren gaben [...], indem Sie alleine in dieses Reich kam, ohne die Obersten Richter, indem Sie dasjenige alleine gemacht haben, was alle zuvor sehen und erwägen müssen, bevor man zur Ausführung schreitet, und

ohne eine Ausnahme zuzulassen oder eine legitime Klage derjenigen zuzulassen, welche es betrifft, ohne rechtliche Ordnung vorgehend, nach Willkür, und, was das Schlimmste ist und uns besonders wütend macht, ohne irgendeine Supplikation zuzulassen, [...] was ein natürliches Recht ist, das kein Fürst nehmen noch verändern kann.[40]

Nur wenige Zeilen später unterstrich Pizarro seine Treue gegenüber dem eigentlichen König. Dieser müsse ihn hören, und die Ausführung der Neuen Gesetze bis dahin ruhen. Falls er angehört würde, so wäre er anschließend uneingeschränkt gehorsam *und* ausführungswillig:

> Wir sind seine Vasallen und Untertanen und er ist unser natürlicher Herr, dem wir gehorchen und dessen Anordnungen wir ausführen müssen. Es erscheint uns rechtens, unser Vermögen und unsere Gunsterweise zu nehmen. Es erscheint uns heilig, uns unser Leben zu nehmen und gut, unsere Freiheit zu beschränken. Denn wenn unsere Gründe gekannt und verstanden werden und wir darüber angehört wurden, dann wissen und verstehen wir, dass das, was seine Majestät entscheidet und anordnet, nicht ohne gerechten Grund ist.[41]

Am Tag darauf stellte sich Pizarro gegenüber den Richtern der Audiencia ebenfalls als treuer Diener der Krone dar, dem allerdings ein entscheidendes Recht verwehrt worden war:

---

40 „La causa que hemos tenido para esta alteración, es sola la que vuestra señoría nos ha dado entrando solo en este reino, sin los señores oidores, haciendo solo lo que todos habían de mirar y considerar primero que se procediese a execución, y no admitiendo exebcion ni causa legítima a ninguna de las personas a quien tocaba, procediendo sin orden de derecho, por sola voluntad, y lo que peor y que más nos exaspera, no admitiendo suplicación alguna que para ante Su Majestad se haya interpuesto por los cabildos y vecinos de las cibdades [...] antes denegándolas y procediendo de hecho a executar aquello de que tan justa y santamente se suplicaba, seyendo, como es, de derecho natural y que el príncipe no lo puede quitar ni admover." Gonzalo Pizarro an den Vizekönig, 2. August 1544, in: Juan Pérez de Tudela y Bueso (Hrsg.), *Documentos relativos a Don Pedro de la Gasca y Don Gonzalo Pizarro*, Bd. 2 (= *Archivo documental español publicado por la Real Academia de la Historia*, Bd. 21), Madrid: Real Academia de la Historia, 1964, S. 201; vgl. dazu auch Sergio Hernán Angeli, „Palabras que no fueron olvidadas'. La pervivencia del discurso jurídico medieval en el alzamiento de Gonzalo Pizzaro (Perú, 1544–1548)", in: *Revista jurídica de la Universidad Autónoma de Madrid* 26 (2012), S. 105–122, hier: S. 110.
41 „sus vasayos somos e subjetos y él es nuestro señor natural, a quien hemos de obedecer y cumplir sus mandamientos. Quitarnos y llevarnos las haciendas, revocarnos las mercedes oyéndonos, tenemos por justo; privarnos de la vida tenemos por santo, opremirnos nuetra libertad ternemos por bueno, porque sabiendo y entendiendo nuestras causas y sobre ellas oyéndonos, sabremos y entendemos que no será sin justa causa lo que Su Majestad hiciere y proveyese", Brief Gonzalo Pizarros an den Vizekönig vom 2. August 1544, in: Juan Pérez de Tudela y Bueso (Hrsg.), *Documentos relativos a Don Pedro de la Gasca y Don Gonzalo Pizarro*, Bd. 2, S. 202.

Wir? Worin haben wir seiner Majestät nicht gedient? Wie waren wir betrügerisch oder haben so schwer gesündigt, sodass wir es nicht verdienen würden, gehört zu werden?[42]

Dann folgte das Argument des Schadens, und zwar an einer Sache, die von den hier betroffenen Exkonquistadoren überhaupt erst hervorgebracht worden sei. Würde man diese Gesetze anwenden, erfolge eine

totale Vernichtung von all dem, was wir mit so viel Mühe, so hohem Einsatz unseres Vermögens gewonnen haben, unter dem Risiko des Todes, mit dem Blut und Verlust von Freunden und Verwandten, und ohne jegliche Kosten Seiner Majestät.[43]

Gegenüber den Richtern der Audiencia erläuterte Pizarro nochmals, was er über ein solches Anhörungsrecht erreichen wollte: „Was wir wollen und erbitten […] ist, dass die Anwendung [der Gesetze] in diesen Reichen suspendiert wird". Sie solle solang suspendiert bleiben, bis seine Majestät über die vorzubringende Supplik entschieden habe. Sobald – „nachdem wir gehört wurden" – die Entscheidung des Königs vorliege, werde man gehorchen und ausführen:

Und wenn das gemacht werde, gehorchen wir allem, was uns angeordnet wird und führen wir alles aus. Es wird in keiner Angelegenheit Mängel geben, sobald sie dem Recht entspricht.[44]

Das Beispiel zeigt, wie sehr es die zeitgenössische politische Situation und Kultur erforderlich machte, die faktische Erhebung eigener Ansprüche mit Signalen zu kombinieren, welche eine Anspruchshaltung negieren. In feudaler Logik bedingten sich Gunst und Unterwerfung und ließ sich ein Gunsterweis eben nur erbitten, nie erzwingen. Schon deshalb war die Bitte in Form der Supplik häufig das effizien-

---

42 „Nosotros, ¿en qué habemos deservido a su Majestad? en qué le habemos sido tan traidores o en qué habemos pecado tan gravemente, que no merezcamos ser oidos?", Gonzalo Pizarro an die Oidores der Audiencia von Lima, 3. August 1544, in: Juan Pérez de Tudela y Bueso (Hrsg.), *Documentos relativos a Don Pedro de la Gasca y Don Gonzalo Pizarro*, Bd. 2, S. 195.

43 „[…] de las ordenanzas que Su Majestqad nos invía, por ser como son, si se executasen, total destruición de todo él, el cual con tanto trabaxo, tanto gasto de nuestras haciendas, riesgo de nuestras vidas, sangre nuestra e pérdida de nuestros debdos y amigos, sin costa alguna de Su Majestad habemos ganado" (ebd.). Zur Risikoargumentation von Konquistadoren vgl. Arndt Brendecke, „Über den Risikobegriff der Konquistadoren", in: Benjamin Scheller (Hrsg.), *Kulturen des Risikos im Europa des Mittelalters und der Frühen Neuzeit* (= *Schriften des Historischen Kollegs*, Kolloquien 99), Berlin/Boston: De Gruyter, 2019, S. 67–85.

44 „siendo nosotros oidos […] E como esto se haga, todo lo que nos fuere mandado obedeceremos, todo lo cumpliremos, que en cosa ninguna haya falta, siendo conforme a justicia", Gonzalo Pizarro an die Oidores der Audiencia von Lima, 3. August 1544, in: Juan Pérez de Tudela y Bueso (Hrsg.), *Documentos relativos a Don Pedro de la Gasca y Don Gonzalo Pizarro*, Bd. 2, S. 196.

teste politische Instrument, auch wenn sie die Reziprozität des Gesprächs nur in der Asymmetrie einer mindestens symbolisch eindeutigen Unterwerfung erlaubte. Dieses Vorsprechen im Kleid der Fügung hatte Gonzalo Pizarros rhetorisch provokant auf die Spitze getrieben, um die einzig verbleibende *Conditio* umso deutlicher hervorzuheben. Formell betrachtet, bestand sie bloß darin, gehört zu werden. Politisch gingen Pizarros Ansprüche weit über das Formelle hinaus. Dies ist schon daran zu erkennen, wie deutlich er die eigenen Opfer, Taten und Risiken gegenüber einem König aufzählte, der 'ohne jegliche Kosten' agiert habe.

All dies verdeutlicht, welche Funktionen das *obedezco, pero no cumplo* zu erfüllen in der Lage war. Es gab Pizarro Gelegenheit, seinen faktischen Widerstand gegen die 'Neuen Gesetze' und die neuen Machtverhältnisse legitim zu halten. Und zwar über einen erheblichen Zeitraum hinweg, denn die kolonialen Verhältnisse streckten die politischen Beziehungen räumlich und zeitlich über die bekannten Maße hinaus. In diesem besonderen Fall gelang es Pizarro darüber hinaus, einen Keil zwischen den König und sein symbolisches *alter ego*, den Vizekönig, zu treiben. Blasco Núñez de Vela, der Vizekönig, hatte dies gewiss durch sein intransigentes Verhalten mit befördert. Er hatte sich noch auf dem Weg nach Peru mit den mitreisenden Oidoren der Audiencia zerstritten und hatte zwar durchaus Supplikationen gegen die Neuen Gesetze entgegengenommen, aber doch wesentlich auf deren kompromisslose Durchsetzung gesetzt.[45] Er habe, um es noch einmal mit den Worten Gonzalo Pizarros zu formulieren, „auf so grobe Weise exekutiert".[46] Er verkörperte damit das Dilemma, ein Gesetz durchsetzen zu müssen, dessen Autor er war und doch nicht war. Er implementierte einen Text, der keine Gegenrede duldete. Er war bloß Verkünder eines im fernen Spanien gemachten Gesetzes, bloß Stimme, kein Ohr.

3 Bewertung

Wie wir gesehen haben, entstand *obedezco, pero no cumplo* im Spätmittelalter im Zuge der Intensivierung des königlichen Herrschaftsanspruchs. Es entstand als eine Art 'Klammer', mit deren Hilfe man die prinzipielle Anerkennung der Königsgewalt betonen, aber fallweise ihrer Umsetzung widersprechen konnte. Die Klammer öffnet sich mittels der Unterscheidung zwischen 'gehorchen' und 'umsetzen', die

---

45 Angeli, „„Palabras que no fueron olvidadas"", S. 108 f.
46 „tan ásperamente lo executa", vgl. Brief Gonzalo Pizarros an den Vizekönig vom 2. August 1544, in: Juan Pérez de Tudela y Bueso (Hrsg.), *Documentos relativos a Don Pedro de la Gasca y Don Gonzalo Pizarro*, Bd. 2, S. 201.

keineswegs bloß künstlich ist, so als hätte ein spitzfindiger Jurist Pflichterfüllung in kleine Schritte zerlegt. Sie ist prinzipieller Natur, da sie die beiden gegebenenfalls in Widerspruch tretenden Verpflichtungen des Empfängers sprachlich und performativ differenziert: gegenüber der Autorität und gegenüber dem Recht. Gegenüber der Autorität wird Gehorsam geschuldet und betont. Gegenüber dem Recht hingegen sind eine prüfende Wachsamkeit und ein Ausführungsvorbehalt geschuldet.

Eintreffende Anordnungen oder Gesetze sind auf ihre Rechtskonformität zu prüfen. Im Falle hinreichender Bedenken sind diese vorerst nicht auszuführen. Hervorzuheben ist, dass das *no cumplo* eine die Ausführung bloß suspendierende Wirkung hat. Wird die Anordnung nach Kenntnisnahme des Einspruchs wiederholt, so ist sie auszuführen. Dann wird also Gehorsam über Rechtskonformität gestellt.

Das *obedezco, pero no cumplo* als Verfahren des Umgangs mit einem formalen Pflichtdilemma darzustellen, hieße seine enorme politische Dimension zu übersehen. Politisch betrachtet gibt die Formel den Empfängern solcher Texte nämlich ein Sagen über deren Rechtskonformität, ein Recht zur Suspendierung der Ausführung und häufig auch eine Chance zur Einbringung eigener Anschauungen und Interessen.[47] Aus einer imaginären Befehlskette wird damit der Ansatz eines Dialogs. Max Webers Chance, für einen Befehl 'Gehorsam zu finden', wird mit dem Recht der Empfänger gekontert, diesen Befehl zu prüfen und 'Gehör zu finden'. Es blitzt dabei die Idee eines Herrschaftsvertrags wie auch einer konsensualen Vorstellung von Recht auf.[48] In jedem Fall wird damit an die Bedingtheit der Unterwerfung unter die Königsgewalt erinnert. Sie besteht juristisch gedacht darin, dass der König selbst nicht gegen das (bestehende) Recht vorgehen kann. Er ist nicht absolut. Politisch gedacht besteht sie darin, dass sein Wille ohne Konsultation der Betroffenen keine Geltung erlangen kann.

So unterschiedlich die Motive für ein *obedezco, pero no cumplo* im Einzelfall auch waren: Die hauptsächliche Funktion bestand darin, Absolutismus zu negieren und Partizipation einzufordern, oft auch zu erreichen. Das Aussetzen der Ausführung spannte dabei den Zeitrahmen auf, innerhalb dessen der Rekurs erfolgen, die Betroffenen gehört und dann erneut entschieden werden konnte. Die Karriere der Formel im kolonialen Spanisch-Amerika ist noch nicht ausführlich untersucht worden und konnte auch hier nur, anhand eines besonders dramatischen Falles, kurz angesprochen werden.

---

47 Jara Fuente, „Marcos de contestación y constitución urbana", S. 52 f.
48 Zur Idee der konsensbedingten Geltung des Rechts vgl. Dieter Wyduckel, *Princeps legibus solutus. Eine Untersuchung zur frühmodernen Rechts- und Staatslehre*, Berlin: Duncker & Humblot, 1979, S. 155–163.

Es bleibt abschließend auf die Frage zurückzukommen, wie 'spanisch' das *obedezco, pero no cumplo* ist. Hier ist zunächst erheblich zu relativieren. Es gibt nämlich eine sehr lange, wenngleich noch ungeschriebene Geschichte vergleichbarer Verfahren des legitimen Ausführungsvorbehalts unter Wahrung von Gehorsam. Die meisten Beispiele finden sich bezüglich von Dienstverhältnissen mit hoher Weisungsgebundenheit, also im Militär- und Beamtenrecht.[49]

Bezüglich des Militärrechts mag die erste Assoziation die mit den Nürnberger Prozessen einsetzende moderne Verantwortungsdebatte sein. Aber Rechte der militärischen Befehlsverweigerung sind keineswegs erst eine Konsequenz der Exzesse des 20. Jahrhunderts. So kennen beispielsweise schon das schwedische und dann das kurfürstlich brandenburgische Kriegsrecht des 17. Jahrhunderts eine begrenzte Gehorsamspflicht.[50] Eine übergreifende Regelung für rechtswidrige Befehle befindet sich schließlich auch im Militärstrafgesetzbuch des Deutschen Reichs von 1872.[51]

Für das Beamtenrecht ist vor allem das Remonstrationsrecht zu nennen, auf dessen Vorläufer, das kirchenrechtliche *ius remonstrandi*, bereits hingewiesen wurde. Wie im *obedezco, pero no cumplo*, erlaubt das Remonstrationsrecht die Aussetzung der Ausführung von Anordnungen, falls deren Empfänger hinreichende Bedenken bezüglich deren Rechtmäßigkeit oder möglichen Schädlichkeit haben.[52] Wie der Name schon sagt, muss dazu allerdings der Fall dem Vorgesetzten erneut vorgetragen oder vorgelegt werden. Begründet wird diese Eingrenzung der beamtenrechtlichen Folgepflicht im geltenden Recht durch die volle und persönliche Verantwortung der Ausführenden für die Rechtmäßigkeit ihrer dienstlichen Handlungen.[53] Dieser Verantwortung kann man sich nur durch Remonstration bei der nächsthöheren vorgesetzten Person entledigen – zumindest weitgehend.[54] Auch hier sieht das Gesetz vor, dass nach einmaliger Remonstration und erfolgter Bestä-

---

49 Vgl. Helmut Holl, *Die Idee des Berufsbeamtentums und die Grenzen der Weisungsgebundenheit*, Dissertationsschrift, Universität Würzburg, 1965, S. 51–53.

50 Dietrich Joachim Daubitz, *Pflicht zur Nichtbefolgung von Kriegsbefehlen*, Dissertationsschrift, Universität Zürich, Luzern: Selbstverlag, 1979, S. 18 f.

51 Vgl. § 47, 2. Zu rechtstheoretischen Hintergründen wie auch historischen Beispielen vgl. Hilaire McCoubrey, *The Obligation to Obey in Legal Theory*, Aldershot u. a.: Dartmouth, 1997, S. 161–200. Systematisch zusammenfassend zu Regelungen individueller Verantwortung im internationalen Recht vgl. Jean-Marie Henckaerts/Louise Doswald-Beck (Hrsg.), *Customary International Humanitarian Law*, Bd. 2, *Practice*, Erster Teil, Kapitel 43, Cambridge: Cambridge University Press, 2012, S. 551–567.

52 Zum Begriff des *Bedenkens* und den Folgen des Bedenkens vgl. Dagmar Felix, *Das Remonstrationsrecht und seine Bedeutung für den Rechtsschutz des Beamten*, Köln u. a.: Carl Heymanns, 1993, S. 30–33.

53 Vgl. *BBG*, § 62.

54 Vgl. *BBG*, § 63.

tigung der Anordnung diese auszuführen ist.[55] Andere nationale Verwaltungsrechte kennen vergleichbare Regelungen wie etwa das französische Recht den *sursis à exécution*. Steckt man den Rahmen weiter, betrachtet man die Formel also als in die politische Praxis inserierte Gelegenheit kritischen Widerspruchs, so finden sich Parallelen bis in die Geschichte des frühen chinesischen Kaiserreichs, in dem es ebenfalls das Instrument einer Remonstration gab.[56]

Dass eine solche Aufspaltung zwischen Gehorsam und Vollzug in Spanien dennoch besonders markant formuliert und angewendet wurde, dürfte, historisch betrachtet, an mehreren Faktoren gelegen haben. Dazu zählen der schon angesprochene Einfluss kirchenrechtlicher Vorbilder, insbesondere des spätmittelalterlichen *ius remonstrandi*. Es zählen dazu auch die bürgerkriegsartigen Spannungen zwischen Städten und Krone im 15. und beginnenden 16. Jahrhundert, denn unter diesen Bedingungen war es opportun, Zeichen offenen Ungehorsams zu vermeiden, um politische Ansprüche nicht zugleich durch Signale des Ungehorsams zu belasten. Die Anwendung der Formel stand dann bereit, um einerseits Gehorsam gegenüber der Krone betonen und andererseits doch eigene politische Interessen einbringen zu können.

Die anfangs aufgeworfene Frage nach der Geltungskraft von Schriftlichkeit im überdehnten imperialen Raum ließe sich nur auf der Basis umfangreicher Studien erarbeiten. Aber eine vorläufige Antwort lässt sich geben. Mit dem Vokabular der Prinzipal-Agenten-Theorie kann man sagen, dass die Formel es den Agenten erlaubte, ihren in lokalem Wissen fußenden Informationsvorsprung auszunutzen und sich zugleich – durch das vorausgeschickte Gehorsamssignal wie auch die formale Rechtskonformität des Verhaltens – von dem Verdacht freizuhalten, dies aus niederen, eigenen Interessen heraus und zuungunsten des Prinzipals zu tun.[57] Dies erklärt, weshalb die Formel im Kolonialreich breite Anwendung fand. Ein ums andere Mal schwächte die Formel so zwar die Chancen auf die unidirektionale und unmittelbare Durchsetzung königlichen Willens. Indem sie aber Herrschaft flexibilisierte und Anreize zur Teilhabe und Mitsprache bereithielt, trug sie mittelbar zur Stabilität des Königreiches und dann des Imperiums bei.

Die bei Hinweisen auf die Formel häufig mitschwingende Dysfunktionalitätsunterstellung geht, wie schon zu sehen war, an der Pointe vorbei. Die Gehorsam und Widerstand verschmelzende Formel des *obedezco, pero no cumplo* schuf zunächst einen sowohl für den König wie auch für die Stände akzeptablen Rahmen für po-

---

55 Einschränkungen gelten dann nur noch mit Verweis auf Menschenwürde oder erkennbare Strafbarkeit.

56 Paul Fahr, *Remonstration als Institution. Ein Beitrag zum Herrschaftsverständnis im frühen chinesischen Kaiserreich*, Wiesbaden: Harrassowitz, 2021.

57 Cruz, *Political Culture and Institutional Development in Costa Rica and Nicaragua*, S. 56.

litische oder rechtliche Differenzen. Sie erwies sich aber auch über die spätmittelalterliche Situation hinaus als Mittel einer flexibilisierten Herrschaftspraxis. Sie hielt Mitwirkungs- und Anpassungsmöglichkeiten bereit und erlaubte es, lokalen Akteuren Anpassungen vornehmen und eigene Interessen einbringen zu können. Sie tat dies allerdings unterhalb der Anerkennung echter politisch-repräsentativer Mitwirkungsrechte und häufig auch im Rahmen eines Herrschaftskompromisses der Eliten, in dem es keineswegs um einen gleichrangigen Zugang zu politischen Partizipationsmöglichkeiten ging.

Es ist diese macht- und elitenstabilisierende Funktionalität des *obedezco, pero no cumplo*, welche es auch verfehlt erscheinen lässt, der Formel statt Dysfunktionalität eine Art protodemokratische Urkraft zu unterstellen, wie dies in Spanien nicht nur zu Zeiten der *Cortes de Cádiz* geschah. Zur mythischen Vorgeschichte Aragoniens gehören beispielsweise die schon im 16. Jahrhundert erfundenen Rechtssätze der angeblichen *Fueros de Sobrarbe*. Auf ihnen, so Jerónimo Blancas 1587, der diese lange nachwirkende Geschichte in aller Ausführlichkeit entwickelte, sei bereits ein Loyalitätseid entstanden, der die Bedingtheit der Unterwerfung unter die Königsgewalt klar anzeige. Der König höre demnach auf ein solcher zu sein, wenn er das Recht breche.[58] Der Befund ist hier der einer politisch plausiblen, aber historisch nicht an allen Stellen belastbaren Übertreibung. Der Befund einer in den mittelalterlichen und frühneuzeitlichen Reichen Spaniens tatsächlich besonders ausgeprägten Kultur des Ausführungsvorbehalts reicht eben nicht hin, um solchen Praktiken das immer gleiche und idealisierte Ziel der Rechtswahrung und Machtbegrenzung zu unterstellen.

Verzeichnis der zitierten Literatur

Angeli, Sergio Hernán, „Palabras que no fueron olvidadas'. La pervivencia del discurso jurídico medieval en el alzamiento de Gonzalo Pizzaro (Perú, 1544–1548)", in: *Revista jurídica de la Universidad Autónoma de Madrid* 26 (2012), S. 105–122.

Bautista y Lugo, Gibrán, *Integrar un reino. La ciudad de México en la monarquía de España. 1621–1628*, Mexiko-Stadt: Universidad Nacional Autónoma de México, Instituto de Investigaciones Históricas, 2020.

Bouza Álvarez, Fernando Jesús, „Guardar papeles – y quemarlos – en tiempos de Felipe II. La documentación de Juan de Zúñiga", in: *Reales sitios*, XXXIII (1996), H. 2, S. 2–15 und XXXIV (1997), H. 1, S. 18–33.

Braudel, Fernand, *La Méditerranée et le Monde méditerranéen à l'époque de Philippe II*, Paris: Colin, 1949.

---

58 Vgl. dazu v. a. Ralph E. Giesey, *If not, not. The oath of the aragonese and the legendary laws of Sobrarbe*, New Jersey: Princeton University Press, 1968.

Brendecke, Arndt, *Imperium und Empirie. Funktionen des Wissens in der spanischen Kolonialherrschaft*, Köln u. a.: Böhlau, 2009.

Brendecke, Arndt: „Über den Risikobegriff der Konquistadoren", in: Benjamin Scheller (Hrsg.), *Kulturen des Risikos im Europa des Mittelalters und der Frühen Neuzeit* (= *Schriften des Historischen Kollegs, Kolloquien 99*), Berlin/Boston: De Gruyter, 2019, S. 67–85.

Carrasco Manchado, Ana Isabel, „La ceremonia de obediencia regia. ¿un pacto estamental?", in: dies./ François Foronda (Hrsg.), *El contrato político en la Corona de Castilla. Cultura y sociedad políticas entre los siglos X al XV*, Madrid: Dykinson, 2008, S. 491–514.

Crow, John A., *The Epic of Latin America*, Berkeley/Los Angeles/London: University of California Press, ³1980.

Cuart, Baltasar, „Readers as censors. Translations, inhibitions, and manipulations of some history books in the mid-sixteenth century", in: Cesc Esteve (Hrsg.), *Disciplining History: Censorship, Theory and Historical Discourse in Early Modern Spain*, London: Routledge, 2018, S. 25–50.

Daubitz, Dietrich Joachim, *Pflicht zur Nichtbefolgung von Kriegsbefehlen*, Dissertationsschrift, Universität Zürich, Luzern: Selbstverlag, 1979.

Domínguez-Guerrero, María Luisa, „El poder del rey ausente. La proclamación de Felipe II en Cuzco en 1557", in: *Anuario de Estudios Americanos* 72 (2015), S. 605–629.

Fahr, Paul, *Remonstration als Institution. Ein Beitrag zum Herrschaftsverständnis im frühen chinesischen Kaiserreich*, Wiesbaden: Harrassowitz, 2021.

Fairén Guillén, Víctor, *Antecedentes aragoneses de los juicios de amparo*, Mexiko-Stadt: Universidad Nacional Autónoma de México, 1971.

Felix, Dagmar, *Das Remonstrationsrecht und seine Bedeutung für den Rechtsschutz des Beamten*, Köln u. a.: Carl Heymanns, 1993.

Fernández Hevia, José María, „El ejercicio de la fórmula ‚obedecer y no cumplir' por parte de la Junta General del Principado durante el siglo XVI", in: *Boletín del Real Instituto de Estudios Asturianos* 157 (2001), S. 123–150.

Font Oporto, Pablo, *El derecho de resistencia civil en Francisco Suárez. Virtualidades actuales*, Granada: Editorial Comares, 2018.

García-Gallo, Alfonso, „La ley como fuente del derecho en Indias en el siglo XVI", in: *Anuario de historia del derecho español* 21–22 (1951–1952), S. 607–730.

García Marín, José María, *Materia de estado, ciencia de la política, arte de gobierno (1500–1660)*, Madrid: Centro de Estudios Políticos y Constitucionales, 2020.

Giesey, Ralph E., *If not, not. The oath of the Aragonese and the legendary laws of Sobrarbe*, New Jersey: Princeton University Press, 1968.

Gómez Gómez, Margarita, *Forma y expedición del documento en la Secretaría y del Despacho de Indias*, Sevilla: Secretariado de Publicaciones de la Universidad de Sevilla, 1993.

Gómez Gómez, Margarita (Hrsg.), „Rey, sello y representación. El poder de la escritura y el documento en el gobierno de las Indias", in: *Revista de humanidades* 22 (2014).

González Alonso, Benjamín, „La fórmula ‚obedezcase, pero no se cumpla' en el derecho castellano de la baja edad media", in: *Anuario de historia del derecho español* 50 (1980), S. 469–487.

Guth, Hans-Jürgen, *Ius remonstrandi. Das Remonstrationsrecht des Diözesanbischofs im kanonischen Recht*, Freiburg/Br.: Universitäts-Verlag, 1999.

Harst, Sylvia, *Der Kuss in den Religionen der Alten Welt ca. 3000 v. Chr.–381 n. Chr.*, Münster: LIT, 2004.

Henckaerts, Jean-Marie/Louise Doswald-Beck (Hrsg.), *Customary International Humanitarian Law*, Bd. 2, *Practice*, Erster Teil, Kapitel 43, Cambridge: Cambridge University Press, 2012.

Holl, Helmut, *Die Idee des Berufsbeamtentums und die Grenzen der Weisungsgebundenheit*, Dissertationsschrift, Universität Würzburg, 1965.

Jara Fuente, José Antonio, „Marcos de contestación y constitución urbana. La construcción de espacios de participación política en el concejo de Cuenca (siglo XV)", in: *Cahiers d'études hispaniques médiévales* 34 (2011), S. 44–54.

Kern, Fritz, *Gottesgnadentum und Widerstandsrecht im früheren Mittelalter. Zur Entwicklungsgeschichte der Monarchie*. Unveränderter Neudruck der 2. Auflage von 1954. Darmstadt: Wissenschaftliche Buchgesellschaft, ⁷1980.

Malagón Pinzón, Miguel, „Antecedentes hispánicos del juicio de amparo y de la acción de tutela", in: *Estudios socio-jurídicos* 5 (2003), S. 77–113.

McCoubrey, Hilaire, *The Obligation to Obey in Legal Theory*, Aldershot u. a.: Dartmouth, 1997.

Merlotti, Andrea, „Oath-taking and hand-kissing. Ceremonies of sovereignty in a ‚Monarchia composita', the states of the house of Savoy from the sixteenth to the nineteenth century", in: Anna Kalinowska/Jonathan Spangler (Hrsg.), *Power and Ceremony in European History. Rituals, Practices and Representative Bodies since the Late Medieval Age*, London u. a.: Bloomsbury Academic, 2021, S. 157–168.

Muro Orejón, Antonio, „Las Leyes Nuevas de 1542–1543. Ordenanzas para la gobernación de las Indias y buen tratamiento y conservación de los indios", in: *Anuario de Estudios Americanos* 16 (1959), S. 561–619.

Parker, Geoffrey, *The Grand Strategy of Philip II*, New Haven/London: Yale Historical Publications, 2000.

Phelan, John Leddy, „Authority and Flexibility in the Spanish Imperial Bureaucracy", in: Mark Burkholder (Hrsg.), *Administrators of Empire* (= *An Expanding World. The European Impact on World History 1450–1800*, Bd. 22), Singapur u. a.: Ashgate, 1998, S. 1–19.

Puñal Fernández, Tomás, „Práctica y ceremonial de la comunicación escrita entre el rey y las ciudades castellanas en la Baja Edad Media", in: *Melanges de la Casa de Velázquez* 46 (2016), H. 2, S. 199–217.

Ranke, Leopold von, *Die Osmanen und die spanische Monarchie im sechzehnten und siebenzehnten Jahrhundert*, Berlin: Duncker & Humblot, ³1857.

Riba García, Carlos (Hrsg.), *Correspondencia privada de Felipe II con su secretario Mateo Vázquez, 1567–1591*, Madrid: Consejo Superior de Investigaciones Cientificas, Instituto Jerónimo Zurita, 1959.

Rodríguez Llopis, Miguel, „La escritura y el poder. La emisión de documentos en la sociedad murciana bajomedieval", in: *Áreas. Revista de ciencias sociales* 9 (1988), S. 11–24.

Schaub, Jean-Frédéric, *La France espagnole. Les racines hispaniques de l'absolutisme français*, Paris: Éditions du Seuil, 2003.

Schüßler, Rudolf, *Moral im Zweifel*, Bd. 1, *Die scholastische Theorie des Entscheidens unter moralischer Unsicherheit*, Paderborn: Mentis, 2003.

Serrano, Gloria Lora (Hrsg.), *Ordenanzas municipales de la Ciudad de Plasencia*, Sevilla: Secretariado de Publicaciones, Universidad de Sevilla, 2005.

Simpson, Lesley Byrd, *The Encomienda in New Spain. The Beginning of Spanish Mexico*, Berkeley u. a.: University of California Press, 1982.

Smietniansky, Silvia, „De preeminencias, estilos y costumbres. Rituales y poder en los cabildos coloniales. Una aproximación etnográfica al análisis de materiales de archivo", in: *Revista Colombiana de Antropología* 46 (2010), S. 379–408.

Tau Anzoátegui, Victor, „La ley ‚se obedece pero no se cumple'. En torno a la suplicación de las leyes en el Derecho indiano", in: ders., *La Ley en America Hispana. Del descubrimiento a la emancipación* (= *Colección del quinto centenario del descubrimiento de América*, Bd. 5), Buenos Aires: Academia Nacional de la Historia, 1992, S. 69–143.

Tomás y Valiente, Francisco, *Manual de historia del derecho español*, Madrid: Editorial Tecnos, ²1980.

Tutino, Stefania, *Uncertainty in Post-Reformation Catholicism. A History of Probabilism*, Oxford: Oxford University Press, 2018.
Valenzuela Márquez, Jaime, „Rituales y ‚fetiches' políticos en Chile colonial. Entre el sello de la Audiencia y el pendón del Cabildo", in: *Anuario de Estudios Americanos* 56 (1999), S. 413–440.
Weber, Max, *Wirtschaft und Gesellschaft. Grundriss der verstehenden Soziologie. Studienausgabe*, Erster Halbband, hrsg. von Johannes Winckelmann, Köln/Berlin: Mohr, 1964.
Wyduckel, Dieter, *Princeps legibus solutus. Eine Untersuchung zur frühmodernen Rechts- und Staatslehre*, Berlin: Duncker & Humblot, 1979.

Quellen

Alfonso X., *Las Siete Partidas*.
Biblioteca del Monasterio de El Escorial, Ms. &. II. 7, 65.
Colección de documentos inéditos relativos al descubrimiento, conquista y organización de las antiguas posesiones españolas de ultramar, Segunda serie, Bd. 39, Madrid: Tipografía Sucesores de Rivadeneyra, 1883.
Cabrera de Córdoba, Luis, *Historia de Felipe II. Rey de España*, Bd. 1, hrsg. von José Martínez Millán/ Carlos Javier de Carlos Morales, Salamanca: Junta de Castilla y León, Consejería de Educación y Cultura, 1998.
Daza de Valdés, Benito, *Uso de los antojos para todo genero de vistas. En que se enseña a conocer los grados que a cada uno le faltan de su vista, y los que tienen qualesquier antojos. Y assi mismo a que tiempo se an de usar, y como se pediran en ausencia, con otros avisos importantes, a la utilidad y conservacion de la vista*, Sevilla: Diego Pérez, 1623.
Firpo, Luigi (Hrsg.), *Relazioni di ambasciatori veneti al Senato. Tratte dalle migliori edizioni disponibili e ordinate cronológicamente*, Bd. 8, *Spagna (1497–1598)*, Turin: Bottega d'Erasmo, 1981.
Martínez Marina, Francisco, *Teoría de las Cortes ó grandes juntas nacionales de los reinos de León y Castilla. Monumento de su constitución política y de la soberanía del pueblo. Con algunas observaciones sobre la lei fundamental de la Monarquía Española sancionada por las Cortes Generales y Extraordinarias, y promulgada en Cádiz a 19 de marzo de 1812*, Zweiter Teil, Bd. 2, Madrid: Imprenta de D. Fermín Villapando, 1813.
Pérez de Tudela y Bueso, Juan (Hrsg.), *Documentos relativos a Don Pedro de la Gasca y Don Gonzalo Pizarro*, Bd. 2 (= *Archivo documental español publicado por la Real Academia de la Historia*, Bd. 21), Madrid: Real Academia de la Historia, 1964.
Segundo libro de las actas del cabildo de la ciudad de México, Mexiko-Stadt: Imprenta y librería de Aguilar e hijos, 1889.
Vander Hammen y León, Lorenzo, *Don Filipe el prudente, segundo deste nombre, rey de las Españas y nuevo mundo*, Madrid, 1632.

Maximilian Benz
Allegorische Aedificatio

Erkundungen im Textbau des 15. Jahrhunderts am Beispiel
des *Goldenen Tempels* Hermanns von Sachsenheim

Christian Kiening zum 30. Juli 2022

Wer kennt das nicht? Man wacht morgens auf, ist in Gedanken über die Schlechtig-
keit und Widerwärtigkeit der Welt, all den Neid und die Ungerechtigkeit, die man er-
tragen muss. Ein Blick in den klaren Himmel und die strahlende Sonne lassen einen
dann aber doch Dankbarkeit empfinden für die Erdentage, die Gott uns schenkt.
Um die positiven Gedanken zu steigern, hilft ein Morgenspaziergang. So macht das
auch schon der Ich-Erzähler, dem ich lose mit der eben vorgebrachten Skizze folgte,
in Leonhard Thurneyssers 1569 zum ersten Mal in Münster gedruckter *Archidoxa*.

Es ist ein Buch, das „beansprucht, das gesamte Naturwissen der Zeit und der
menschlichen Künste ‚reimenweis‘ zu vereinigen".[1] Diesem Ich-Erzähler begegnet auf dem Spaziergang – hier durch einen Wald – eine wunderschöne Dame,
die „ihm einen köstlichen Wein an[bietet], den er jedoch ablehnt, da er vor dem
Frühstück keinen Alkohol"[2] trinke. Zur Frage nach der Alterität und Modernität
des Texts gehört nun nicht, dass wir vielleicht umständehalber gelegentlich doch
geneigt wären, ein Gläschen auch vor dem Frühstück zu trinken, sondern dass die
Dame eine Allegorie weltlichen Wohlergehens ist. Der Ich-Erzähler weist ihr Dienst-
angebot, wie zu erwarten ist, zurück, wird sich auch einer Allegorie der Armut
nicht verpflichten, sondern wählt die dritte Dame – 'Frau Art', wie wir uns ja auch
für Künste und Wissenschaften entschieden haben, diese Wahl aber kaum so beschreiben würden.

Hans Robert Jauß hat in seinen Überlegungen zur Alterität und Modernität der
mittelalterlichen Literatur auf die besondere Bedeutung der Allegorie hingewiesen und nach dem spezifisch 'ästhetischen' Potential allegorischer Texte gefragt.[3]

---

1 Volkhard Wels, „Leonhard Thurneyssers Archidoxa (1569/75) und Quinta essentia (1570/74)",
in: Maximilian Benz/Gideon Stiening (Hrsg.), *Nach der Kulturgeschichte. Perspektiven einer neuen
Ideen- und Sozialgeschichte der deutschen Literatur*, Berlin/Boston: De Gruyter, 2022, S. 249–298,
hier: S. 250.
2 Ebd., S. 251.
3 Hans Robert Jauß, „Alterität und Modernität der mittelalterlichen Literatur", in: ders., *Alterität
und Modernität der mittelalterlichen Literatur. Gesammelte Aufsätze 1956–1976*, München: Fink,
1977, S. 9–47, bes. S. 28–34.

https://doi.org/10.1515/9783112224724-002

Mit Blick auf die Frage des Bandes nach 'Formen des Textumgangs' stelle ich diese Diskussion hier zurück, möchte aber wenigstens kurz andeuten, dass der in der ästhetischen Theoriediskussion des 18. Jahrhunderts vollzogene Wechsel weg von der Mimesis hin zur Einbildungskraft gerade mit Blick auf allegorische Texte eine 'vormoderne' Parallele kennt. Mir geht es im Folgenden allerdings um die alteritäre institutionelle Dimension, das heißt des Näheren den Habitus, den die Rezeption allegorischer Texte provoziert.

Die *Archidoxa* erschien genau ein Jahr vor der *Silva allegoriarum totius sacrae scripturae* des Hieronymus Lauretus, die Friedrich Ohly ein 'Schatzhaus eines guten Jahrtausends allegorischer Auslegung'[4] nannte, das bis ins 18. Jahrhundert auf Interesse stieß.[5] Sie zeigt, wie universell allegorische Verfahren angewandt wurden, die freilich zunächst aus dem religiösen Bezirk stammten. Entsprechend versuche ich, die Allegorie als bedeutenden Aspekt eines vormodernen Textumgangs an einem konkreten religiösen und nicht naturkundlichen Beispiel herauszuarbeiten, ohne übrigens auch nur mit einem Wort auf die (anti-hermeneutische) Hermeneutik der Dekonstruktion einzugehen, mit Blick auf deren Einschätzung der Allegorie ein Verweis auf das monumentale Gravamen von Andreas Kablitz genügt.[6]

Üblicherweise werden 'Handlungs-' oder 'Geschehens-Allegorien', zu denen auch das einleitende Beispiel gehört, von 'Konstruktions-' oder 'Beschreibungs-Allegorien' geschieden.[7] Mit meinem folgenden Beispiel, das – der Titel ('Textbau') verrät es – in zweitere Kategorie gehört, möchte ich aber durchaus auf einen beiden Typen der Allegorie gemeinsamen Textumgang hinweisen: die Konstruktion und die entsprechenden Zeitindices, die in produktiver Spannung zum Raum stehen; der Textbau als Handlung und Struktur.

Im 12. Jahrhundert bildet sich in der Exegese biblischer Bauwerke ein umfassender Textumgang heraus, der es ermöglicht, eine Kathedrale, die auf vielfältige Weisen mit der Arche Noah, der Stiftshütte, dem Tempel oder dem Himmlischen Jerusalem in Verbindung gebracht wird, als 'Zeitenraum' zu begreifen,[8] das heißt als Medium

---

4 Friedrich Ohly, „Einleitung", in: Hieronymus Lauretus, *Silva allegoriarum totius sacrae scripturae*, Barcelona, 1570. Fotomechanischer Nachdruck der zehnten Ausgabe Köln 1681, München: Fink, 1971, S. 5–12, hier: S. 7.

5 Vgl. den Hinweis in Jens Pfeiffers Besprechung zu Andreas Kablitz' Buch *Zwischen Rhetorik und Ontologie* im *Romanistischen Jahrbuch* 70 (2019), S. 283–291, hier: S. 284.

6 Vgl. Andreas Kablitz, *Zwischen Rhetorik und Ontologie. Struktur und Geschichte der Allegorie im Spiegel der jüngeren Literaturwissenschaft*, Heidelberg: Winter, 2016.

7 Vgl. Walter Blank, „Allegorie", in: *Reallexikon der deutschen Literaturwissenschaft*, Bd. 1 (1997), S. 44–48, hier: S. 45.

8 Friedrich Ohly, „Die Kathedrale als Zeitenraum. Zum Dom von Siena", in: *Frühmittelalterliche Studien* 6 (1972), S. 94–158.

zur Erfassung des raumzeitlichen Zusammenhangs der von Gott geschaffenen und geordneten Welt. Zugleich wird durch die nach allegorischem Muster etablierte Verknüpfung von Architektur- und Schöpfungsordnung ihrerseits ein Ausdrucksmedium geschaffen, das der pointierten Artikulation uneigentlicher Sachverhalte dienen kann. Dieses Wechselspiel von Ausdeuten und Aussagen zeigt, dass die alte Scheidung in entschlüsselnde und verschlüsselnde Allegorien gerade mit Blick auf die Verfahren wenig einträgt.[9] Es geht vielmehr um durch den allegorischen Zugriff geschaffene spezifische Aussagemöglichkeiten, die das Anliegen der Dichtung zu erfassen erlauben.

Dies möchten die folgenden Ausführungen an einem Text vorführen, der gerade in seinem einerseits konventionellen, andererseits idiosynkratischen Umgang mit den habitualisierten Textumgängen ein, wie ich meine, weiterführender Ausgangspunkt für die Frage nach den Funktionen und Transformationen eines allegorischen Texts im 'Herbst des Mittelalters'[10] sein dürfte: Hermanns von Sachsenheim *Goldener Tempel*. Hermann von Sachsenheim diente als württembergischer Rat, als Vogt von Neuenburg und Eichelberg sowie als Lehensrichter dem württembergischen Grafenhaus und wurde erst im hohen Alter, „im 8. bzw. 9. Lebensjahrzehnt literarisch tätig".[11] In der Literaturgeschichtsschreibung hat man diese späte Berufung des unter anderem 'provokanten Lustgreises'[12] innerhalb der Hofgesellschaft Mechthilds von der Pfalz gelegentlich bedauert – aber nicht deswegen, weil man sich von einem Frühwerk viel erhofft hätte. Wie dem auch sei: Hervorgetreten ist er vor allem auf dem Feld der Minnereden, die er im Fall der *Grasmetze* (möglicherweise um sich und sein Umfeld „gegenüber einer ungebrochenen kleinadligen bzw. stadtbürgerlichen Traditionshörigkeit und -pflege"[13] abzugrenzen) ins Derb-Obszöne verschoben hat. Hermann hat aber auch zwei dezidiert geistliche Dichtungen verfasst: neben dem zwanzigstrophigen Lied *Jesus der Arzt* den *Goldenen Tempel*.

Der *Goldene Tempel* soll – und es sind zunächst einige Anmerkungen zum Text selbst nötig, die rasch schon zur Frage der Allegorie führen – ein Marienlob sein,

---

9 Vgl. Katharina Mertens Fleury, *Zeigen und Bezeichnen. Zugänge zu allegorischem Erzählen im Mittelalter*, Würzburg: Königshausen und Neumann, 2014, S. 29.
10 Vgl. Johan Huizinga, *Herbst des Mittelalters. Studien über Lebens- und Geistesformen des 14. und 15. Jahrhunderts in Frankreich und in den Niederlanden*, Stuttgart: Kröner, [12]2012.
11 Dietrich Huschenbett, „Hermann von Sachsenheim", in: Wolfgang Stammler u. a. (Hrsg.), *Verfasserlexikon. Die deutsche Literatur des Mittelalters*, Bd. 3, Berlin: De Gruyter, [2]1981, Sp. 1091–1106, hier: Sp. 1092.
12 Vgl. Otto Neudeck, „Erzählerische Selbstinszenierung zwischen Kultur und Natur. Zur immanenten Poetologie des Sexuellen in Hermanns von Sachsenheim ‚Grasmetze'", in: Alan Robertshaw/Gerhard Wolf (Hrsg.), *Natur und Kultur in der deutschen Literatur des Mittelalters. Colloquium Exeter 1997*, Tübingen: Niemeyer, 1999, S. 201–213, hier: S. 202.
13 Neudeck, „Erzählerische Selbstinszenierung", S. 210.

zu dessen Verfertigung Hermann auf die Inspiration durch den Heiligen Geist angewiesen ist. Zu Beginn ruft er Gott an und bittet um Unterstützung, damit er

> Ein lob zymier nauch wisem raut, / Dins heiligen geistes ler: / Wann ich der edeln magt herr /
> Gern wölt buwen einen temmpel / Mitt fremder glos exempel / Vnd richer differencz.[14]
> (ein Lob ausschmücke gemäß weisem Rat, inspiriert von Deinem heiligen Geist. Denn ich will
> der erhabenen herrlichen Jungfrau einen Tempel mit Freude errichten – mit ungewöhnlichen
> Auslegungen und vielfältigen Details.)

Der kühn artikulierte Innovationsanspruch, einen Tempel „Mitt fremder glos exempel / Vnd richer differencz", also: „mit ungewöhnlichen Auslegungen und vielfältigen Details"[15] erbauen zu wollen, wird zunächst nicht weiter ausgeführt, zeigt sich allerdings schon in der Anlage des Tempels. Er ist ein kosmisches Heiligtum, das den gesamten Erdraum um- und überspannt sowie zugleich punktuell auf den Himmel ausgreift, sowohl im physischen wie im transzendenten Sinne.[16] Im Zuge der Beschreibung expliziert Hermann den Wechsel der Sphären durch konkret räumliche Bewegungsbilder von Auf- und Abstieg: „Nuo wil ich wider stigen / In disen tempel hoch"[17] („nun werde ich erneut in diesen Tempel hochsteigen") – „Nü wil ich fürbas gon / Herabher uff die erd"[18] („nun will ich weiter hinunter auf die Erde gehen"). Konsequenterweise folgt Hermann einem geozentrischen Weltbild; die Erde „swebt nach irem werd / Im centrum da mitten"[19] („schwebt ihrem Wert entsprechend dort mitten im Zentrum").

Zunächst scheint die Tempelkonstruktion, in Anlehnung an die Vorstellung des Himmlischen Jerusalem, auf die Beschreibung einer Stadt abzuzielen: Vier Tore im Osten, Westen, Süden und Norden werden verbunden durch vier Mauern, die für die vier Elemente stehen und je drei Türme haben, die ihrerseits – also insgesamt zwölf – die Monate des Jahrs bedeuten. Im weiteren Verlauf beschreibt Hermann Chor und Langhaus, denen das Dach fehle,[20] so dass die Mauern nun nicht mehr

---

14 Hermann von Sachsenheim, hrsg. von Ernst Martin, Tübingen: Litterarischer Verein, 1878, S. 232–271, V. 10–15. Die Übersetzungen stammen vom Verfasser.
15 Diese Übersetzung habe ich mir geborgt von Christian Kiening, *Fülle und Mangel. Medialität im Mittelalter*, Zürich: Chronos, 2016, S. 283.
16 Zum Aufbau des Tempels ist die Interpretation Walter Blanks äußerst instruktiv: Walter Blank, „Kultische Ästhetisierung. Zu Hermanns von Sachsenheim Architektur-Allegorese im ‚Goldenen Tempel'", in: Hans Fromm/Wolfgang Harms/Uwe Ruberg (Hrsg.), *Verbum et Signum*, Bd. 1, *Beiträge zur mediävistischen Bedeutungsforschung. Festschrift für Friedrich Ohly*, München: Fink, 1975, S. 355–383.
17 Hermann von Sachsenheim, V. 874 f.
18 Ebd., V. 920 f.
19 Ebd., V. 274 f.
20 Ebd., V. 640 f. (vor den Ausführungen zum Chor): „Er [sc. der Tempel] het kein obedach, / Das ist mir schwer und leit." Ebd., V. 852 f. (vor den Ausführungen zum Langhaus): „Es regnet durch das dach / Und ist noch ungebüwen."

als Stadt-, sondern als Tempelmauern erscheinen. Der Chor, verortet im Osten und gedeutet als irdisches Paradies, wird betreten über zehn Stufen, die für die zehn Gebote stehen, und abgeschlossen durch neun Gewölbe, die die neun Himmelschöre meinen. Die Sakristei wird mit Rom identifiziert. Die Lampen und Lichter des Langhauses stehen für die Gestirne. Die Altherren, die sich um den Tempel kümmern, sind Sonne und Mond sowie die (damals bekannten) Planeten; die Sterne *Polarticus* und *Antarcticus* sind die beiden Wächter. Der in die Mitte des Langhauses gesetzte Taufstein steht für das Heilige Grab, was nicht nur daran erinnert, dass es in der Mitte der Jerusalemer Grabeskirche lokalisiert wurde, sondern auch die Vorstellung Jerusalems als *umbilicus mundi* aufruft.[21] Die Kanzel steht für den Sinai, wohingegen die zehn Orgeln in zehn Universitätsstädten, beginnend mit Prag, stehen. Die vier Glocken stehen für die Kirchenväter Augustinus, Ambrosius, Hieronymus und Gregorius, die Schellen aber für Bernhard von Clairvaux und weitere Heilige.

Es ist offensichtlich, dass es Hermann weder auf Vollständigkeit ankommt, noch der Aufbau einer in sich kohärenten räumlichen Vorstellung angestrebt wird: Zahlreiche Unbestimmtheitsstellen verunmöglichen diese, die Allusionen auf den in über einhundert Strophen beschriebenen und von Titurel in einer Lehrrede partiell ausgelegten Graltempel aus dem *Jüngeren Titurel* oder die – damit ihrerseits verbundenen – aus der christlichen Tradition stammenden Allegoresen zwischen Stadt und Tempel, zwischen irdischem und Himmlischen Jerusalem[22] lassen das Ziel einer kohärenten Raumvorstellung zurücktreten. Insgesamt rücken die Elemente von Stadt, Chor und Langhaus so zusammen, dass man sie, wie Walter Haug bündig zusammengefasst hat,

> architektonisch nicht mehr auseinanderhalten kann. Das eine ist immer zugleich auch das andere, was heißt, dass das architektonische Ineinander von Stadt, Chor und Kirche letztlich die Identität von Himmlischem Jerusalem, Paradies und Glaubensgemeinschaft meint.[23]

---

21 Hermann von Sachsenheim war, wie die Forschung im Zusammenhang mit dem *Schleiertüchlein* herausgestellt hat (Huschenbett, „Hermann", Sp. 1103 mit weiterer Literatur), wohl mit Georgs von Ehingen Reisebericht vertraut, wobei beide Verfasser dem ritterlichen Aspekt gegenüber dem religiösen den Vorzug geben. Vgl. den Hinweis in meiner Anm. 51.

22 Vgl. Kiening, *Fülle und Mangel*, S. 273–280 (zu dem „42-strophigen Marienlob, das in einer Handschriftengruppe genau zwischen der Beschreibung des Tempels und Titurels Abschiedsrede steht", vgl. ebd., S. 280), und zur weitreichenden Akzentverschiebung vom irdischen auf das Himmlische Jerusalem im antiken Christentum Christoph Markschies, „Himmlisches und irdisches Jerusalem im antiken Christentum", in: Martin Hengel/Siegfried Mittmann/Anna Maria Schwemer, *La Cité de Dieu/Die Stadt Gottes*, Tübingen: Mohr Siebeck, 2000, S. 303–350.

23 Walter Haug, „Gebet und Hieroglyphe. Zur Bild- und Architekturbeschreibung in der mittelalterlichen Dichtung", in: *Zeitschrift für deutsches Altertum und deutsche Literatur* 106 (1977), S. 163–183, hier: S. 178.

Auch Bild- und Bedeutungsebene werden, wie es für die 'Spätform' der Allegorie nicht ungewöhnlich ist, keineswegs klar voneinander getrennt, sondern gehen ineinander über: Während es etwa heißt, „Zuo Land und ouch Parys / Da sind zwo orgeln rich"[24] („in London und auch Paris, dort sind zwei prächtige Orgeln"), während hier also die Orgeln des Tempels in den Universitätsstädten stehen oder „dise kanczel da / Uff dem berg Monte Sina"[25] („diese Kanzel dort auf dem Berg Sinai") prächtig leuchtet, man sich also die Kanzel auf dem Berg Sinai auch auf der Bildebene vorstellt, fügt Hermann am Schluss des Gedichts an, „Was yegklich sach bedüt"[26] („was eine jede Sache bedeutet"). Hier wird Elementen des Tempels eine allegorische Bedeutung zugewiesen nach dem etablierten Schema: „Die sacristy tuot Rom, / Der touff das heilig grab"[27] („die Sakristei bedeutet Rom, der Taufstein das Heilige Grab").

Die Sakristei, die neben dem Chor steht, *bedeutet* also Rom, während *in* London eine Orgel *ist*; Sonne, Mond, Mars, Jupiter, Venus, Merkur und Saturn *sind* die Altherren, „Ampeln und liechter vil"[28] („die zahlreichen Lampen und Lichter") hingegen „Bedütent das gestirn"[29] („bedeuten den Sternenhimmel"). Übergänge erscheinen dort, wo Bild- und Bedeutungsebene voneinander differenziert werden, wie im Falle Prags:

> Ein orgel was zuo Praug / Nauch allem wunsch geziert, / Die yetz vast dissoniert / Mit mangem valschen toun. / Küng Lasslaw, halt din kron / Das sie der welt behag! / An got ouch nitt verzag, / Daß ist min rautt der best. / Du solt beliben fest / An got dem schöpffer din. / Kein Huß soltu nit sin, / Das stet dim adel wol / Und hüt dich vor dem hol, / Der argen helle pfuol! / Blib stet an römschem stuol![30]
>
> („Eine absolut vollkommen ausgestattete Orgel stand in Prag, die nun sehr schief klingt wegen vieler falscher Töne. König Ladislaus, führe Dein Königsamt so aus, daß es der Welt Gutes bringt. Verzage auch nicht an Gott, das ist mein wichtigster Rat. Du sollst festhalten an Gott, Deinem Schöpfer. Du sollst kein Hussit sein – das fügt sich zu Deiner erlesenen Herkunft und schützt Dich vor dem Abgrund, dem schrecklichen Höllenschlund! Halte am Papst fest!")

In Prag steht demnach eine sehr schöne, momentan aber heftig verstimmte Orgel; die Orgel *ist* in Prag, *bedeutet* aber auch etwas angesichts ihrer Eigenschaft, verstimmt zu sein. Hermann ermahnt den damals fünfzehnjährigen König Ladislaus, sich gegen die in Böhmen dominierenden Hussiten zu stellen und rom-, das heißt papsttreu zu bleiben. Während Walter Blank meinte, dass hier das strenge allegorische System

---

24 Hermann von Sachsenheim, V. 962 f.
25 Ebd., V. 1017 f.
26 Ebd., V. 1093.
27 Ebd., V. 1096 f.
28 Ebd., V. 1104.
29 Ebd., V. 1105.
30 Ebd., V. 942–955.

gesprengt werde „aus unmittelbar lehrhafter Absicht",[31] kann man im Bild der 'verstimmten Orgel' auch eine besonders konsequente Fortführung des allegorischen Verfahrens sehen, das im Gesamttext keineswegs einheitlich gehandhabt wird. Ja, es entsteht der – mit Blick auf Fragen literarischer Wertung zunächst etwas ungünstige – Eindruck, dass die gewählte Aussageform und die Aussageabsicht nicht vollkommen deckungsgleich sind. Dieser erste Eindruck ist hingegen unzutreffend. Denn zwischen dem kosmischen Heiligtum und dem irdischen Text, der das Verfahren der Allegorie nicht konsequent anwendet, entsteht eine Kluft, die theologisch funktional ist. Für die Frage nach den Normen des Textumgangs ist dies entscheidend.

Die Uneinheitlichkeit des Texts lässt sich fassen als Diskrepanz zwischen Kult und Kunst, die Hermann allerdings deutlich hierarchisiert:[32] Im Zusammenhang einer noch näher zu besprechenden Stelle ruft Hermann die für das formvollendete Marienlob wichtige Instanz auf, „Von Würtzburg meister Conrad"[33] („Meister Konrad von Würzburg"), allerdings nur, um Konrad als den Meister des geblümten Stils zu preisen, dem er nicht gleichkommen kann – und will. Walter Blank hat bereits darauf hingewiesen, dass „es sich hierbei nicht um einen bloßen Demutstopos handelt, sondern diese Meinung grundsätzlicher Art ist",[34] da Hermann sich zwar stilistisch am Register geblümter Rede punktuell bedient, zugleich aber Ethik und Ästhetik gegeneinander ausspielt und der Ausrichtung auf einen geistlichen Sinn den Vorzug gibt:

> Hoher kunst bin ich ein gast. / Die hat min dienst verschworn / Als der edel einhorn / dem unküschen herczen tuot. / Maria, werde wünschelruot / Des stams von Jericho, / Geblümte magt und fro, / Ein überglast des sunnen, / Mit diner tugent brunnen / Soltu min synn begiessen / Und süße wort lan fliessen / Uß diner gnauden zell.[35]
> („Mit hoher Kunst habe ich nichts zu tun. Sie hat meinem Dienstangebot eine Abfuhr erteilt, wie es das edle Einhorn gegenüber einem befleckten Herz tut. Maria, edle Wünschelrute aus dem Stamm von Jericho, verherrlichte Jungfrau und Herrin, strahlender als die Sonne, aus dem Brunnen Deiner Vollkommenheit sollst Du meinen Verstand begießen und heilbringende Worte fließen lassen aus dem Tempel Deiner Gnade.")

'Geblümt' – zur Verherrlichung geschmückt – kann die Dichtung also nur insofern sein, als Maria geblümt ist. Die hohe Kunst wird mit der marianisch aufgeladenen

---

31 Blank, „Kultische Ästhetisierung", S. 371.
32 Diese Diskrepanz ist hier dezidiert nicht als Verlaufsform zu denken im Sinne einer Öffnung ritueller Texte (vgl. dazu Bruno Quast, *Vom Kult zur Kunst. Öffnungen des rituellen Textes in Mittelalter und Früher Neuzeit*, Tübingen/Basel: Francke, 2005), vielmehr ergibt eine avancierte Kunstproduktion nur insofern Sinn, als sie frömmigkeitspraktisch angebunden wird.
33 Hermann von Sachsenheim, V. 554.
34 Blank, „Kultische Ästhetisierung", S. 376.
35 Hermann von Sachsenheim, V. 86–97.

Einhornallegorie verbunden, der die Sündenbeflecktheit und Kunstlosigkeit Hermanns kontrastiv gegenüberstehen, wobei sich in der gnadenhaften Begabung durch Maria ein Vermittlungsweg auftut. Das übergeordnete Ziel Hermanns ist es also nicht, ein formvollendetes Kunstwerk zu schaffen, sondern mittels des Gedichts seinen Willen zu Reue und Umkehr adäquat zu bezeugen. Dass sich Hermann dabei der Manier zeitgenössischer Dichtung bedient, ist strikt funktional zu sehen in Hinsicht auf die Funktion des Lobs, das der Größe der gepriesenen Maria entsprechen soll, auch wenn – nicht zuletzt aufgrund autorseitig nicht ganz kontrollierbarer Effekte habitualisierter Dichtungspraxis – die 'schöne Form' punktuell auch für sich stehen kann.[36] Selbstaussagen hingegen werden in ostentativer Einfachheit geäußert, die die Demut des Bittenden ausdrücken.[37]

Der Text weist demnach eine heilsgeschichtliche Ausrichtung auf. Um diese genauer beschreiben und damit das Konstruktionsprinzip des Texts insgesamt erfassen zu können, ist eine Untersuchung der Gestaltung von Zeit weiterführend, die sich durch den Prozess, also die Sprachhandlung des Errichtens, vor das räumliche Organisationsmuster im Zeichen der Konstruktionsallegorie schiebt. Denn, so meine These, die performative Ebene des buchstäblichen Textbaus steht in einer produktiven Spannung nicht nur mit räumlichen Anschauungsformen, sondern auch mit zyklischen Zeitformen, die den Tempel als überzeitlich ausweisen und zugleich abgegrenzt sind von Gottes Ewigkeit, in die Maria auf komplexe Weise eingebunden erscheint.

Zur performativen Ebene der Zeit des Texts: Auf einer grundsätzlichen Ebene dient der Prozess der Dichtung, den Hermann mit einer ganzen Reihe hypertropher Ausdrücke zu fassen versucht – „ziborieren, historieren, polieren, sublimieren, temperieren, punzieren"[38] und so fort –, der Formulierung des Marienlobs, das

---

36 Susanne Köbele, „*aedificatio*. Erbauungssemantiken und Erbauungsästhetiken im Mittelalter. Versuch einer historischen Modellbildung", in: dies./Claudio Notz (Hrsg.), *Die Versuchung der schönen Form. Spannungen in 'Erbauungs'-Konzepten des Mittelalters*, Göttingen: Vandenhoeck & Ruprecht, 2019, S. 9–37, hier: S. 24, weist zu Recht auf den Reim „subtyln"/„kürtzwiln" (V. 101 f.) hin, „ein rarer Schlüsselreim für die gattungstypologisch angestrebte Kongruenz von *delectatio* und *aedificatio* in Form kurzweiliger Subtilität."

37 Hermann von Sachsenheim, V. 1160–1163: „Das ich kumm, frow, so spet, / Des laus mich nit engelten. / Ich dien dir leider selten. / Daß ist min unvernunfft." Blank, „Kultische Ästhetisierung", S. 382, fasst entsprechend zusammen: „Damit wird die ganze Dichtung für Hermann letztlich zu einer religiösen Handlung, die aus Bußgesinnung und Reue vorgenommen wird und durch die er das Heil seiner Seele erringen will."

38 Kiening, *Fülle und Mangel*, S. 283. Die Worte lassen sich nicht direkt übersetzen – entscheidend scheint mir im Sinne der Hypertrophie zu sein, dass sie aus heterogenen Bildbereichen stammen: 'ziborieren' geht wohl zurück auf *'ciborium'* im Sinne von 'baldachinartiger Krönung' (vgl. Matthias

vor dem Hintergrund der Heilssorge des Verfassers geäußert wird. Verschiedene Aspekte von *aedificatio* – 'Erbauung' – greifen hier ineinander: Die Errichtung des Tempels allegorisiert den Aufbau des Marienpreises und dient schließlich der Aufrichtung der Seele Hermanns. Zusammengebunden erscheinen diese Aspekte in der Performanz des Vortrags: „Er [sc. der Tempel] möcht wol vallen nider, / Wölt ich zuo lange schwigen."[39] („der Tempel könnte gut einstürzen, sollte ich zu lange schweigen."). Diese Aussage kann man zum einen konkret verstehen, indem der noch nicht fertiggestellte Bau zu verfallen droht, wenn Hermann nicht in der Konstruktion voranschreitet; zugleich lenkt sie den Blick aber auch darauf, daß der Tempel nur insofern 'existiert', als Hermann dichtet. Hervorgehoben wird also in den Worten Christian Kienings, dass „der allegorische Modus [...] immer auch das Augenmerk auf sich selbst lenkt."[40]

In Spannung zu dieser an die Zeit der Performanz gebundenen Existenz des Tempels stehen die zyklischen Zeitformen, die dem Tempel eignen – dies ist insofern nicht ganz selbstverständlich, als in den Auslegungen des Kirchenraums als eines Zeitenraums beispielsweise, ich zitiere Friedrich Ohly, „von der Patristik bis ins hohe Mittelalter wohl ziemlich ausnahmslos [...] die Raumdimension der Länge als Zeitenlänge ausgelegt wird".[41] Bei Hermann findet sich hiervon keine Spur. Die Türme auf den Mauern symbolisieren die Monate, die ebenso wie die Tierkreiszeichen, die den Akzent auf die kosmische Einbindung des Bauwerks legen, in ihrem geregelten Ablauf die Ordnung der geschaffenen Natur darstellen. Wie die in den Mauern allegorisierten vier Elemente verweisen sie auf die Einrichtung der Welt durch Gott in einem Zyklus von Werden und Vergehen, in den sich auch die Gedenktage einzelner Heiliger – etwa der des hl. Matthias[42] – einfügen. Die 364 Fenster des Chors nehmen den Gedanken des Jahrs auf, ohne eigens ausgelegt zu werden.

Räumliche Aspekte erhalten in diesem Zusammenhang neue Geltung. Die mit einem heilszeitlichen Index versehenen Elemente des Tempelbaus – beispielsweise die zehn Stufen zum Chor, die auf die Offenbarung der Zehn Gebote an Moses verweisen – zielen weniger auf einen spezifischen Moment innerhalb der Heils-

---

Lexer, *Mittelhochdeutsches Handwörterbuch*, 3 Bde., Leipzig: Hirzel, 1872–1878, hier: Bd. 3, S. 1100), 'sublimieren' zielt diesseits einer sich im 15. Jahrhundert durchsetzenden chemischen Bedeutung allgemein auf Verherrlichung, 'temperieren' meint das richtige Mischen von Elementarem und ist in diesem Sinne mit Blick auf Schöpfungsprozesse – und insbesondere auch für den Menschen – einschlägig, 'punzieren' wiederum stellt eine handwerkliche Tätigkeit dar („in Metallblech getriebene Arbeit machen", ebd., Bd. 2, S. 310).

39 Hermann von Sachsenheim, V. 872 f.
40 Kiening, *Fülle und Mangel*, S. 284.
41 Ohly, „Die Kathedrale als Zeitenraum", S. 101.
42 Hermann von Sachsenheim, V. 576–581: „Bis uff des merczen zil / So zögt sich das gelencz, / Das aller wasser sprencz / Erlöset von dem ys. / Der heilig sant Mathis / Der kan es wol gefuegen."

geschichte ab, sondern interessieren in ihrer universellen Geltung für die Kirche. Ich übersetze: In den Chor respektive das Paradies kommt nur, wer sich an die Zehn Gebote hält. Es bildet sich hier eine allegorisch fundierte Aussageform heraus, die konkrete Formen von Raum und Zeit transzendiert. Der in der Zeit des Texts errichtete Bau ist seinerseits überzeitlich, er fasst mit Blick auf die bleibende Geltung heilsgeschichtlicher Ereignisse ebendiese synchron. Es entsteht in der *Zeit* des Textverlaufs ein architektonisch nicht exakt fassbarer, eschatologisch getönter *Raum* göttlicher Ordnung, dessen einzige zeitliche Markierung ist, dass er nicht ewig ist.

Jenseits des Baus steht die Ewigkeit Gottes, in der die Konstruktion des Baus vorgebildet erscheint[43] und in die Maria eingeschlossen wird. Hermann hebt dabei aber vor allem auf ihre Bedeutung als *consolatrix* ab, die wiederum mit dem Preis koordiniert wird:

> Din lob oun alles meil / Unsträfflich all der welt: / An dir haut nit gevelt / Fiat das wort der schöpffer sprach. / E dich keins menschen ougen sach, / Da werdt in got verschlossen, / Uß dem du bist entsprossen / Zuo droust uns armer diet. / Von dir sich nie geschiet / Gott vatter, sun und geist.[44]
> („Dein unbeflecktes, vor aller Welt tadelloses Lob. Auch Du wurdest durch das Schöpfungswort Gottes geschaffen. Bevor Dich aber menschliche Augen sehen konnten, warst Du in Gott verschlossen, aus dem Du uns armem Volk zum Trost entsprossen bist. Gottvater, Sohn und Heiliger Gast haben sich nie von Dir getrennt.")

Damit lässt sich der allegorisch-heilsgeschichtliche Textbau folgendermaßen zusammenfassen: Im Prozess seiner Dichtung nähert sich Hermann dem Geheimnis der Schöpfung an, das seinerseits einen sachlichen Bezug zu Maria aufweist, die dann in der geschaffenen Welt vor allem als Mittlerin und Trösterin fungiert. Der zyklischen Einrichtung der Welt wird, gerade weil die Welt konsequent als postlapsarisch erscheint, die Linearität des einzelmenschlichen Lebens mit seinem Richtungssinn auf die Entscheidung zwischen Heil und Verdammnis entgegengesetzt, die dem Verlauf der Dichtung entspricht.

In der Kluft zwischen Zyklik und Linearität, zwischen Raum und Zeit, zwischen gottgewollter Ordnung und einzelmenschlicher Kontingenz, zwischen in sich geschlossener Perfektion und offenem Prozess scheint die Erlösungsbedürftigkeit des Subjekts Hermann auf, das sich gerade durch seine Dichtung, die auf die Inspiration durch den Heiligen Geist und auf die Hilfe der Gottesmutter Maria angewiesen ist, zum Objekt göttlichen Heilshandelns wandeln möchte. Die Konstruktionsallegorie als Handlung ermöglicht es, die Diskrepanz zwischen göttlicher Perfektion (in

---

43 Ebd., V. 480–485: „Als es der küng Sabaoth / In siner majestaut / Vor im gebildet haut / Ee das kein sach yt wardt, / Als noch sin götlich art / Gar meisterlichen kan."
44 Ebd., V. 326–335.

Gestalt der Idee des Tempels) und menschlichem Stückwerk (erkennbar in Hermanns Errichtung des Tempels) anschaulich werden zu lassen. Sowohl die Hypertrophie des Tempels als auch die Unzulänglichkeit von Hermanns Bau erscheinen so begründet, und was man als mangelnde dichterische Perfektion begreifen könnte, wird zum theologischen Argument. Gerade die Unzulänglichkeit des Texts, die der Vollendung des hinter dem Text stehenden Konzepts nichts anhaben kann, weist den Verfasser als hilfsbedürftig aus.

Nun ist die Heilsgeschichte ihrerseits natürlich kaum zyklisch zu begreifen, und mehr noch als die einzelnen bereits erwähnten Aspekte eines im Verlauf der Heilsgeschichte verortbaren Geschehens weisen die im Chor realisierte typologische Gegenüberstellung von Altem und Neuem Testament in Form eines in unterschiedlichen Schriften beschriebenen Bilds[45] sowie der mit Szenen des Alten Testaments bemalte und beschriebene Wandvorhang auf einen komplex linearen Verlauf hin – denn die Typologie steht ja asymmetrisch zwischen Linearität und Zyklik –, wobei zumindest das Tauwunder Gideons[46] von Hermann in seinem typologischen Bezug auf Maria herausgestellt wird. Letztere Form der 'rein' linearen Heilsgeschichte, derer man in der Abfolge der Patriarchen ansichtig wird, erscheint als Kunstwerk eigenen Rechts in den Tempelbau inseriert, ohne die oben skizzierte Spannung zwischen der Zyklik als Ausdruck gottgewollter Ordnung und der Linearität als Emphase heilsgeschichtlicher Dramatik aufnehmen zu können, deren Dichotomie in typologischer Perspektive bereits zugunsten eines allumfassenden Ganzen aufgehoben wird.

Deren Verbindung leistet Hermann zunächst auf formal-struktureller, vor allem aber auf konzeptioneller Ebene. Formal-strukturell koordiniert er den Prozess des Tempelbaus mit der heilsgeschichtlichen Ordnung, indem er, sowohl was die Ausrichtung der Stadt als auch was den Chor betrifft, jeweils im Osten anfängt. In diesem Sinn bedeutet „die port zuo orient / [...] den anfangk"[47] („das östliche Tor [...] den Anfang") gleich im doppelten Sinne, denn dies meint zum einen den Anfang seines Baus, zum anderen aber den Anfang des linearen Verlaufs der irdischen Heilsgeschichte mit den Geschehnissen im Paradies: Der Sündenfall wird, seiner Bedeutung für die heilsgeschichtliche Ausrichtung des Tempels entsprechend, bei der Charakterisierung des Elements 'Erde' der Erschaffung der Welt vorangestellt.[48]

---

45 Ebd., V. 710–713: „Von aller zung buochstaben / Gemalt die alten ee, / Das gen einander ste / Die nw in der figur."
46 Ri 6, 36–40.
47 Hermann von Sachsenheim, V. 1108 f.
48 Vgl. ebd., V. 264–271: „Der in dem paradis / Vom schlangen ward betrogen, / Der ist daruff erzogen / Und ward daruß gemacht. / Des manig heiden lacht / Und hautt es fur ein spott. / Wir dancken billich gott / Das es uns ist bekant."

Während Hermann sich mit seinem Text, verstanden als Ausdruck seiner bußfertigen Gesinnung, in die göttliche Heilsordnung hineinschreibt, ja die Möglichkeit der Erlösung suggeriert, leistet die Integration der unterschiedlichen Zeitebenen, von Gottes Werk und Hermanns Beitrag, in konzeptioneller Sicht gerade kein poetisches Mittel, sondern ein heilsgeschichtliches 'Mikrosubstrat', das Hermann in der Einleitung seines Texts wohl als „schönr figur hystorien"[49] – also Geschichten mit einer tiefen, heilbringenden Bedeutung – bezeichnet und das den Text noch präziser gliedert als die Marienanrufungen allein.[50] Mit 'Mikrosubstrat'[51] möchte ich eine (hier heilsgeschichtliche) Ereignisfolge bezeichnen, die zahlreiche Implikationen aufweist und den Text im Ganzen zusammenhält, aber in rechter Kürze formuliert wird. Es handelt sich also um etwas anderes als den 'Erzählkern', der gerade auf narrative Entfaltung drängt. Im Gegensatz zum 'Erzählkern' ist das 'Mikrosubstrat' nicht narrativer, sondern diskursiver Natur. Es kann, aber muss nicht entfaltet werden, da es auch als Spolie kondensierter Wahrheit fungieren kann: Das 'Mikrosubstrat' hat Zitatcharakter und öffnet den Text hin auf eine ihn zugleich übersteigende wie fundierende Wahrheit. Die Bindung der Poetik eines Texts an einen außerliterarischen Gehalt, in diesem Fall an ein 'Mikrosubstrat', erscheint als charakteristisch für einen vormodernen Textbau und den durch ihn provozierten Textumgang.

An drei Stellen seines Gedichts geht Hermann auf das Kreuzesgeschehen ein,[52] das jeweils in eine charakteristische Struktur eingebunden ist. Diese besteht aus einer Marienanrufung, auf die eine Reminiszenz an das Kreuzesgeschehen folgt,[53] woraufhin auf eine Passage des Alten Testaments rekurriert wird. Die drei Stellen finden sich am Anfang des Tempelbaus, im Übergang von der Stadtdarstellung zur Erbauung des Chors – und zwar genau in der Mitte des Gedichts –, und schließlich am Schluss bei Vollendung des Baus.

---

49 Ebd., V. 30.
50 Dies war der Vorschlag von Blank, „Kultische Ästhetisierung", S. 380 f.
51 Vgl. Jan-Dirk Müller, *Höfische Kompromisse. Acht Kapitel zur höfischen Epik*, Tübingen: Niemeyer, 2007, S. 6–41.
52 Von hier aus könnte auch ein Blick auf Konrads von Würzburg *Goldene Schmiede* instruktiv sein, die im Bild des dreifachen Sprungs Christi eventuell auch ein Mikrosubstrat enthält. Die Texte unterscheiden sich aber darin, dass Konrad den Aspekt des Preises stark betont und auf die Vielzahl der Attribute Mariens eingeht, nicht aber die Ordnung göttlicher Schöpfung fokussiert, zu der sein eigenes Tun in einer Spannung stünde.
53 Die Bedeutung dieses Mikrosubstrats liegt einerseits auf der Hand, andererseits aber erfährt es gerade mit Blick auf die Allegorie des Taufsteins als Heiliges Grab eine besondere Bedeutung: In seinem *Schleiertüchlein*, das von der Pilgerfahrt eines Minnenden nach Jerusalem handelt, dessen Angebetete während seiner Abwesenheit stirbt, hatte Hermann das Heilige Grab noch nicht in seiner soteriologischen Wichtigkeit betont. Damit wäre das Mikrosubstrat gerade im allegorischen Modus Teil einer tatsächlichen *revocatio*.

In der ersten Entfaltung dieses Mikrosubstrats, also des marianisch rückge-
bundenen, typologisch vertieften Rekurses auf das Kreuzesgeschehen,[54] erscheint
Maria als die Mutter des gekreuzigten Jesus, die vom Engel Gabriel als „gnaden
vol"[55] („voller Gnade") bezeichnet wurde. Wer diese Heilsbotschaft nicht glaubt,
wird mit Absalom verglichen. Instruktiv für die Frage nach dem Spannungsverhält-
nis von Kunst und Kult ist die zweite Stelle: Hier wird Maria angerufen, nachdem
das Stichwort „jüngst gericht"[56] gefallen ist. Jesus, „dem ich klag / Min kummer
und min not / Und der den scharpffen tod / Durch mich am krücze leit"[57] („dem ich
meine Bedrängnis und meine Not klage und der den bitteren Tod um meinetwillen
am Kreuz erlitt"), hat sie in ihrem jungfräulichen Leib getragen, wie es unter Rekurs
auf einen 'propheten'[58] heißt. Dies bereitet ihre Anrufung als *mediatrix* vor: „Den
schöpffer bit für mich! / Er tuot geweren dich."[59] („Bitte den Schöpfer für mich!
Er gewährt es Dir.") Das nun ist die Stelle, an der Hermann auf die größeren Fähig-
keiten Konrads von Würzburg hinweist, zugleich aber zeigt, daß die Schlichtheit
der heilsgeschichtlichen Wahrheit jeden artistischen Anspruch übertrifft. Hermann
resümiert nochmals das zyklische Geschehen in der von ihm beschriebenen Stadt,
ehe er erneut darauf zu sprechen kommt, „Wie Cristus leid den toud / Durch mich
und alle suender"[60] („wie Christus den Tod erlitt um meinet und aller Sünder
willen"), und schließlich den salomonischen Tempel als Vorbild ausweist, von dem
sich sein Bau dadurch unterscheidet, dass er „Von synnwerck, nit von stein"[61] („ein
Verstandes-, kein Steinbau") ist.

Einerseits sind die Geschehnisse von der Verkündigung bis zum Kreuzestod
punktuelle Momente in einer linear ablaufenden Heilsgeschichte, andererseits sind
Christus und Maria, nach Hermanns Darstellung, in Gott ewig. Der Tempelbau, der
die Ordnung der göttlichen Schöpfung bedeutet, die ihrerseits in Ewigkeit von Gott
vorhergedacht wurde – wenn man denn hier mit den irdischen grammatischen
Tempora noch hinkäme –, hat deshalb im Sinne einer Hypostase des heilsgeschichtlichen Substrats in seiner Mitte den Taufstein stehen, der im Zusammenhang der
dritten Stelle als das Heilige Grab gedeutet wird; die alttestamentliche Rückbindung
erfolgt hier über Adam und Eva. Dies aufgreifend kann Hermann die Zeitebenen
schließlich verschränken:

---

54 Vgl. Hermann von Sachsenheim, V. 210–229.
55 Ebd., V. 220.
56 Ebd., V. 528.
57 Ebd., V. 538–541.
58 Wohl Jes 7, 14.
59 Hermann von Sachsenheim, V. 549 f.
60 Ebd., V. 610 f.
61 Ebd., V. 632.

Yedoch so sag ich danck, / Zart frow, den gnauden din / Daß du das leben min / So lang zitt haust gefrist, / Sit du des muoter bist / Der mich uß nichten schuoff, / Und der 'Hely' sinen ruoff / Durch mich am crütze tet.[62]
(„Allerdings danke ich, teure Dame, Deiner Hilfe, daß Du mein Leben so lange beschützt hast, weil Du die Mutter desjenigen bist, der mich aus nichts erschuf und der 'Eli' rief am Kreuz um meinetwillen.")

Hermanns von Sachsenheim *Goldener Tempel* lässt damit weniger eine heilsgeschichtliche Ordnung von Raum und Zeit in der Allegorie ansichtig werden, sondern ist eher sprachlich angemessener Ausdruck sowohl der Heilssorge des Verfassers, der am Ende des Texts doch auch selbstbewusst das Wappen der Sachsenheimer blasoniert, als auch der Gründe für seine Zuversicht. Hermann ordnet sich als reumütiger Sünder in ein Panorama ein, das als äußerste Pole einerseits die Ewigkeit vor aller Schöpfung kennt, andererseits aber im Jahr 1455 kulminiert, in dem Hermann im Vollzug des Texts seinen Tempel errichtet. Zum einen fasst er im Modell eines geozentrischen Weltbilds eine nach Maß, Zahl und Gewicht geordnete Schöpfung, die die Immanenz und die sie bedingende Transzendenz als miteinander verbunden denkt. Zyklik und Linearität, die im Text mittels des allegorischen Modus als Spannung von vollendeter Ordnung und offenem Prozess dargestellt werden, lassen sich allerdings durch poetische Mittel allein nicht aussöhnen (allenfalls lässt sich ihre Verbindung suggerieren), sondern erscheinen aufgehoben durch das zentrale Heilsgeschehen am Kreuz, in das in verschiedenen Hinsichten Maria eingebunden ist.

So dient der allegorische Text einer Problemexposition, deren Lösung diesseits aller Kunst im Glauben zu finden ist.[63] Diese 'Wahrheit' lässt sich nicht durch die Darstellung erzeugen, wohl aber kann auf sie in Form des in der Mitte des Tempels platzierten Taufsteins verwiesen werden. Gerade auch dieser hochartifizielle Text führt also nicht zu einer wie auch immer gearteten poetischen Konzeption, sondern verdeutlicht, dass der Status religiösen Heilswissens poetischen Darstellungsverfahren letztlich inkommensurabel ist; und zugleich erweisen sich allegorische Modi als in vielfältigen Hinsichten geeignet, um gerade außerliterarisches Wissen anschaulich werden zu lassen, also Naturwissen – man denke an den eingangs erwähnten Thurneysser – ebenso darzustellen wie religiöse Wahrheiten, die sich auf frömmigkeitspraktische Anschlüsse hin öffnen.

Für die Frage nach dem vormodernen Textumgang mag das aufschlussreich sein: Der allegorische Textbau fordert einen Rezipienten, der für Kunst empfäng-

---

62 Ebd., V. 1152–1159.
63 Der Text ist mit Blick auf das Modell literarischer Kommunikation als 'fideal' zu charakterisieren, vgl. Elke Koch, „Fideales Erzählen", in: *POETICA* 51 (2020), S. 85–118.

lich ist. Dabei handelt es sich indes um eine Kunst, der eine Emanzipation von Fragen des Kults höchst suspekt erschiene. Die Rezipienten wissen habituell mit dem Kunstanspruch und mit der diesen transzendierenden Wahrheit umzugehen. Eine solche Gemengelage ist für die 'historische Textwissenschaft', die sich wie etwa die Altgermanistik als dezidiert säkulare Wissenschaft zu wesentlichen Teilen mit religiöser Textkultur und den sie umschließenden frömmigkeitspraktischen Anschlüssen befasst, eine konstitutive Herausforderung.[64]

Verzeichnis der zitierten Literatur

Hermann von Sachsenheim, hrsg. von Ernst Martin, Tübingen: Litterarischer Verein, 1878.

Blank, Walter, „Kultische Ästhetisierung. Zu Hermanns von Sachsenheim Architektur-Allegorese im ,Goldenen Tempel'", in: Hans Fromm/Wolfgang Harms/Uwe Ruberg (Hrsg.), *Verbum et Signum*, Bd. 1, *Beiträge zur mediävistischen Bedeutungsforschung. Festschrift für Friedrich Ohly*, München: Fink, 1975, S. 355–383.

Blank, Walter, „Allegorie", in: *Reallexikon der deutschen Literaturwissenschaft*, Bd. 1 (1997), S. 44–48.

Hasebrink, Burkhard/Strohschneider, Peter, „Religiöse Schriftkultur und säkulare Textwissenschaft. Germanistische Mediävistik in postsäkularem Kontext", in: *POETICA* 46 (2014), S. 277–291.

Haug, Walter, „Gebet und Hieroglyphe. Zur Bild- und Architekturbeschreibung in der mittelalterlichen Dichtung", in: *Zeitschrift für deutsches Altertum und deutsche Literatur* 106 (1977), S. 163–183.

Huizinga, Johan, *Herbst des Mittelalters. Studien über Lebens- und Geistesformen des 14. und 15. Jahrhunderts in Frankreich und in den Niederlanden*, Stuttgart: Kröner, ¹²2012.

Huschenbett, Dietrich, „Hermann von Sachsenheim", in: Wolfgang Stammler u. a. (Hrsg.), *Verfasserlexikon. Die deutsche Literatur des Mittelalters*, Bd. 3, Berlin: De Gruyter, ²1981, Sp. 1091–1106.

Jauß, Hans Robert, „Alterität und Modernität der mittelalterlichen Literatur", in: ders., *Alterität und Modernität der mittelalterlichen Literatur. Gesammelte Aufsätze 1956–1976*, München: Fink, 1977, S. 9–47.

Kablitz, Andreas, *Zwischen Rhetorik und Ontologie. Struktur und Geschichte der Allegorie im Spiegel der jüngeren Literaturwissenschaft*, Heidelberg: Winter, 2016.

Kiening, Christian, *Fülle und Mangel. Medialität im Mittelalter*, Zürich: Chronos, 2016.

Koch, Elke, „Fideales Erzählen", in: *POETICA* 51 (2020), S. 85–118.

Köbele, Susanne, „*aedificatio*. Erbauungssemantiken und Erbauungsästhetiken im Mittelalter. Versuch einer historischen Modellbildung", in: dies./Claudio Notz (Hrsg.), *Die Versuchung der schönen Form. Spannungen in 'Erbauungs'-Konzepten des Mittelalters*, Göttingen: Vandenhoeck & Ruprecht, 2019, S. 9–37.

Lexer, Matthias, *Mittelhochdeutsches Handwörterbuch*, 3 Bde., Leipzig: Hirzel, 1872–1878.

Markschies, Christoph, „Himmlisches und irdisches Jerusalem im antiken Christentum", in: Martin Hengel/Siegfried Mittmann/Anna Maria Schwemer, *La Cité de Dieu/Die Stadt Gottes*, Tübingen: Mohr Siebeck, 2000, S. 303–350.

---

64 Vgl. Burkhard Hasebrink/Peter Strohschneider, „Religiöse Schriftkultur und säkulare Textwissenschaft. Germanistische Mediävistik in postsäkularem Kontext", in: *POETICA* 46 (2014), S. 277–291.

Mertens Fleury, Katharina, *Zeigen und Bezeichnen. Zugänge zu allegorischem Erzählen im Mittelalter*, Würzburg: Königshausen und Neumann, 2014.

Müller, Jan-Dirk, *Höfische Kompromisse. Acht Kapitel zur höfischen Epik*, Tübingen: Niemeyer, 2007.

Neudeck, Otto, „Erzählerische Selbstinszenierung zwischen Kultur und Natur. Zur immanenten Poetologie des Sexuellen in Hermanns von Sachsenheim ,Grasmetze'", in: Alan Robertshaw/ Gerhard Wolf (Hrsg.), *Natur und Kultur in der deutschen Literatur des Mittelalters. Colloquium Exeter 1997*, Tübingen: Niemeyer, 1999, S. 201–213.

Ohly, Friedrich, „Einleitung", in: Hieronymus Lauretus, *Silva allegoriarum totius sacrae scripturae*, Barcelona, 1570. Fotomechanischer Nachdruck der zehnten Ausgabe Köln 1681, München: Fink, 1971, S. 5–12.

Ohly, Friedrich, „Die Kathedrale als Zeitenraum. Zum Dom von Siena", in: *Frühmittelalterliche Studien* 6 (1972), S. 94–158.

Pfeiffer, Jens, „Rez. Andreas Kablitz, *Zwischen Rhetorik und Ontologie*", in: *Romanistisches Jahrbuch* 70 (2019), S. 283–291.

Quast, Bruno, *Vom Kult zur Kunst. Öffnungen des rituellen Textes in Mittelalter und Früher Neuzeit*, Tübingen/Basel: Francke, 2005.

Wels, Volkhard, „Leonhard Thurneyssers *Archidoxa* (1569/75) und *Quinta essentia* (1570/74)", in: Maximilian Benz/Gideon Stiening (Hrsg.), *Nach der Kulturgeschichte. Perspektiven einer neuen Ideen- und Sozialgeschichte der deutschen Literatur*, Berlin/Boston: De Gruyter, 2022, S. 249–298.

Michael Knoche

Textpraktiken in der Weimarer Bibliothek am Ende des 18. Jahrhunderts

Die Oberaufsicht über die Herzogliche Bibliothek Weimar oblag seit 1786 dem Geheimen Rat Christian Friedrich Schnauß. Als er 1797 starb, hatte Herzog Carl August von Sachsen-Weimar und Eisenach (1757–1826) Gelegenheit, den Bibliotheksbetrieb grundlegend zu reformieren. Zu diesem Zweck setzte er die Geheimen Räte Johann Wolfgang von Goethe (1749–1832) und Christian Gottlob von Voigt (1743–1819) gemeinsam als Nachfolger von Schnauß ein.

In ihrem Ernennungsdekret vom 9. Dezember 1797 beschrieb der Herzog die Aufgabe der neuen Oberaufsicht konkret: Sie sollten

> die bisherige von dem dabey angestellten Personal besorgte Verwaltung der Bibliothek revidieren, alle zu Erhaltung einer guten innern und äußern Einrichtung nötige Anordnungen treffen, bey der Anschaffung neuer Bücher in Verhältnis gegen den dazu bestimmten Fond planmäßig zu Werke gehen und sonst alles, was der Zweck erfordert, anordnen und verfügen.[1]

Die beiden Geheimräte hatten in dieser Situation also nicht nur die Rolle einer Rechtsaufsicht auszufüllen, wie es bis dahin üblich war, sondern sollten auch aktiv in den Geschäftsbetrieb eingreifen. In der Folge kam es schnell zu einem latenten, dabei höchst aufschlussreichen Konflikt mit den Bibliothekaren über die Frage, welches der richtige Umgang mit dem Buch in der Bibliothek sei.

Diesen Konflikt zu umreißen, gehe ich im Folgenden den Fragen nach,
1. welche Personen bei der Bibliothek angestellt waren,
2. welche Tätigkeiten sie konkret ausübten,
3. wie die Weimarer Praktiken in den zeitgenössischen Diskurs über die Aufgaben des Bibliothekars einzuordnen sind,
4. worin der Widerspruch zwischen den Erwartungen der Oberaufsicht und der subjektiven Einstellung die Bibliothekare bestand.

Eine Anstellung an der Herzoglichen Bibliothek war begehrt. Wer es einmal geschafft hatte, in der Bibliothek Fuß zu fassen, verließ nur selten wieder seine Arbeitsstelle, sondern harrte dort bis zum Lebensende aus. Der Tod ereilte den Bibliothekar gewöhnlich im Dienst. Einer starb bald nach dem Schlossbrand 1774 an

---

1 Zitiert nach Irmtraud und Gerhard Schmid, *Kommentar*, in: Johann Wolfgang Goethe, *Amtliche Schriften*, Teil 2, Frankfurter Ausgabe Bd. 27, Frankfurt a. M.: Klassiker-Verlag, 1999, S. 1055 f.

https://doi.org/10.1515/9783112224724-003

Erschöpfung und 'Steckfluss' (Johann Christian Bartholomäi), einer brach auf dem Weg zur Bibliothek vor dem Haus der Frau von Stein zusammen (Friedrich Wilhelm Riemer), wieder einer fiel von der Bibliotheksleiter wie Reinhold Köhler.

Wir wissen, dass sich Christian August Vulpius, der Bruder von Goethes späterer Ehefrau Christiane, 14 Jahre lang vergeblich um eine Stelle bemüht hatte. Doch war die Entlohnung für die Bibliotheksarbeit mäßig. Die 100 Taler, die Vulpius anfänglich bekam, reichten allenfalls für einen bescheidenen Lebensunterhalt. Von den höheren Beamten wie dem Ersten Bibliothekar wurde entweder erwartet, dass sie von Haus aus begütert waren und kein (bedeutendes) Gehalt brauchten, oder dass sie sich nebenbei als Autor etwas hinzuverdienten.[2] Das tat auch Vulpius schon vor seinem Eintritt in die Bibliothek im März 1797. Er hatte sich bereits einen Namen als Schriftsteller und Librettist gemacht.

1 Personal der Bibliothek um 1800

Der *Hochfürstl. S. Weimar- und Eisenachscher Hof- und Adreß-Calender auf das Jahr 1798*[3] führt im Hofetat (die beiden anderen Posten waren Ziviletat und Militäretat) nach der 'Hof-Capelle' unter der Überschrift 'Bibliothek, Münz- und Medaillen-Cabinet' folgende Namen auf:
- die Geheimen Räte Johann Wolfgang von Goethe und Christian Gottlob Voigt, welche beyde die Ober-Aufsicht haben
- Christoph Ferdinand Spilker, F. S. Rath und Bibliothecarius
- Ernst August Schmid, Secretarius
- Christian August Vulpius, Registrator
- Johann Christoph Rudolph, Hof-Cantor, welcher die Schreiberei besorgt
- Johann Nikolaus Dornberger, Aufwärter

---

2 Goethe war sich darüber im Klaren, dass die Besoldung der Bibliothekare zu knapp bemessen sei: „Es ist wohl keine Frage und von uns schon länger eingesehen, daß die beyden Bibliothekare, Schmid und Vulpius, sowohl in ihren frühern als auch spätern Zeiten, gleichsam nur provisorisch besoldet waren und man Ursache hatte, sie auf bessere Tage zu vertrösten. Auch wäre es nicht möglich gewesen, daß sie sich mit ihrem Gehalt hätten durchbringen können, hätten sie nicht außer ihrem Bibliotheksgeschäft mit andern literarischen Arbeiten bey der Lebhaftigkeit des Buchhandels nicht unbedeutende Summen verdienen können." *Brief Goethe an Voigt vom 09.01.1809*, Nr. 5886a, in: Johann Wolfgang Goethe, *Werke*, Weimarer Ausgabe, *Nachträge und Briefe zur IV. Abt.*, Bd. 1, hrsg. von Paul Raabe, München: Deutscher Taschenbuchverlag, 1990, S. 268.
3 Der *Hochfürstl. S. Weimar- und Eisenachscher Hof- und Adreß-Calender auf das Jahr 1798*, S. 91 f., ebenfalls abrufbar unter https://digital.staatsbibliothek-berlin.de/werkansicht?PPN=PPN1012161900&PHYSID=PHYS_0096&DMDID=DMDLOG_0001 (zuletzt abgerufen: 11.04.2025).

Abb. 1: Georg Melchior Kraus: Herzogliche Bibliothek, Ausschnitt aus einem Aquarell um 1800. Bestand: Museen der Klassik Stiftung Weimar

Die wichtigste Stellung hatte der geschäftsführende Fürstlich Sächsische Rath und Bibliothecarius Spilker, der von Haus aus Theologe war.

Gearbeitet wurde an sechs Tagen die Woche. Das Personal war verpflichtet, wöchentlich etwa 25 bis 30 Stunden anwesend zu sein. Zweimal – nämlich an den Markttagen mittwochs und sonnabends von 9 bis 13 Uhr – wurden Bücher ans Publikum ausgeliehen. Für Standespersonen und Gelehrte galten diese Zeiten nicht. Sie wurden immer bedient.

Ein bestimmtes Reformprogramm wurde von Goethe und Voigt bei Amtsantritt nicht formuliert.[4] In ihrem internen Briefwechsel wird aber schnell sichtbar, dass sie

---

4 Eine gewisse Ausnahme bildet die Idee eines Gesamtkatalogs der Bibliotheken in Weimar und Jena, den Goethe in einem *Brief an Schiller am 09.12.1797* ansprach. „Unser guter alter College Schnauß hat sich denn endlich auch davon gemacht. Vielleicht habe ich bei Bibliotheksachen künftig einigen Einfluß. Sagen Sie, ob Sie die Idee vor thunlich halten mit der ich mich schon lange trage: die hiesige, die Büttnerische und Akademische Bibliothek, virtualiter, in Ein Corpus zu ver-

mit zwei Punkten unzufrieden waren. Einerseits beklagten sie die Gemächlichkeit des Betriebs. „Die größte Schwierigkeit wird immer sein, eine zweckmäßige Tätigkeit, an die das Personal keineswegs gewohnt ist, nach und nach einzuleiten," schreibt Goethe an Voigt.[5] Und: „Unser guter Spilker hat, bei seinen übrigen Vorzügen, die böse Eigenschaft, dass Raum und Zeit ihm niemals breit und lang genug sind."[6]

Der andere Punkt, der ihr Missfallen erregte, war die Tatsache, dass Bücher der Bibliothek zum Teil schon seit Jahren ausgeliehen und gleichsam zum festen Bestand von privaten Bibliotheken geworden waren. Insgesamt waren 1.200 Bücher nicht im Hause, davon war fast ein Drittel allein auf Johann Gottfried Herder verbucht.[7]

Die Klärung von Benutzungsfragen setzten Goethe und Voigt daher ganz oben auf ihre Agenda. Gleich zu Beginn ihrer Amtsübernahme erließen sie eine neue Bibliotheksordnung und banden Bibliothekare wie Benutzer an bestimmte Verfahren.[8] Indirekt verbrieften sie damit auch einem weit gefassten Kreis der Bevölkerung einschließlich Frauen und Schülern des Gymnasiums das Recht auf Benutzung der Bibliothek. Sie öffneten also Bestand und Gebäude gegen die überkommenen ständischen Beschränkungen. Als die ersten Aufforderungen zur Bücherrückgabe nicht den gewünschten Erfolg zeitigten, zögerten sie nicht, eine drastische öffentliche Warnung auszusprechen. Per Annonce im Weimarer Wochenblatt verfügten sie im März 1799, dass alle vor Jahresbeginn ausgeliehenen Bücher spätestens bis April wieder zurückgegeben sein müssten. Andernfalls würden die Entleiher „unverzüglich deshalb in Klage genommen"[9].

Um den eingeleiteten Maßnahmen Geltung und Dauer zu verleihen, kam Goethe auf den Gedanken, die fünf Bediensteten der Bibliothek zur genauen Proto-

---

einigen und über die verschiedenen Fächer, so wie über einen bestimmtern und zweckmäßigern Ankauf Abrede zu nehmen und Verordnungen zu geben. Bei der jetzigen Einrichtung gewinnt niemand nichts; manches Geld wird unnütz ausgegeben, manches Gute stockt, und doch sehe ich Hindernisse genug voraus die sich finden werden, nur damit das rechte nicht auf eine andere Art geschehe als das unzweckmäßige bisher bestanden hat." (zitiert nach Johann Wolfgang Goethe, *Werke*, Weimarer Ausgabe, *IV. Abteilung*, Bd. 12, Weimar: Böhlau, 1893, S. 374). Doch Goethe gab das Projekt nach einigen vergeblichen Anläufen in den Jahren 1802/1803 wieder auf.

5 *Brief Goethe an Voigt vom 26.02.1798*, in: *Goethes Briefwechsel mit Christian Gottlieb Voigt*, bearb. u. hrsg. von Hans Tümmler, Bd. 2 (= *Schriften der Goethe-Gesellschaft*, Bd. 54), Weimar: Böhlau 1951, S. 49.

6 *Brief Goethe an Voigt vom 30.03.1798*, in: ebd., S. 54.

7 Gottfried Günther, „Herder als Benutzer der Weimarer Bibliothek", in: Walter Dietze (Hrsg.), *Herder-Kolloquium 1978. Referate und Diskussionsbeiträge*, Weimar: Böhlau, 1980, S. 410–415, hier: S. 412. Herder „präsentierte" seine ausgeliehenen Bücher am 09.06.1798, so Vulpius an Goethe vom 10.06.1798, in: Christian August Vulpius, *Eine Korrespondenz zur Geschichte der Goethezeit*, Bd. 1, *Brieftexte*, hrsg. von Andreas Meier, Berlin: De Gruyter, 2003, S. 37.

8 Konrad Kratzsch, *Die Benutzungsordnung der Weimarer Bibliothek von 1798*, Weimar: Nationale Forschungs- und Gedenkstätten der Klassischen Deutschen Literatur in Weimar, 1990.

9 „Bekanntmachungen", in: *Weimarische Wöchentliche Anzeigen*, 27. März 1799, S. 103.

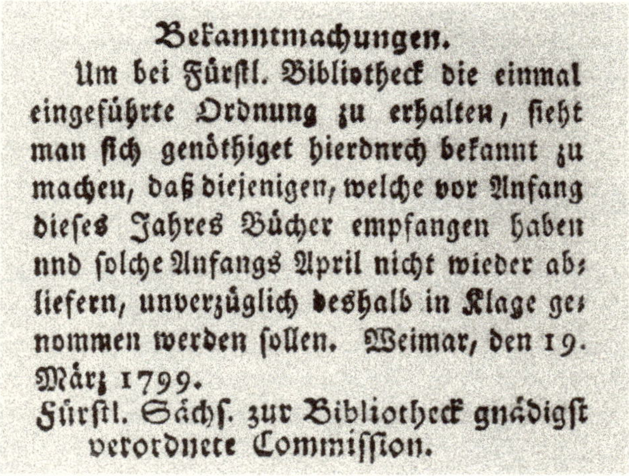
Bekanntmachungen.

Um bei Fürstl. Bibliotheck die einmal eingeführte Ordnung zu erhalten, sieht man sich genöthiget hierdnrch bekannt zu macheu, daß diejenigen, welche vor Anfang dieses Jahres Bücher empfangen haben nnd solche Anfangs April nicht wieder abliefern, unverzüglich deshalb in Klage genommen werden sollen. Weimar, den 19. März 1799.

Fürstl. Sächs. zur Bibliotheck gnädigst verordnete Commission.

Abb. 2: Anzeige in den Wöchentlichen Weimarischen Nachrichten vom 27. März 1799. Bestand: Herzogin Anna Amalia Bibliothek

kollierung ihrer Tätigkeiten in einem Diensttagebuch aufzufordern. Dass ihn dabei weniger teilnehmendes Interesse als Disziplinierungsabsichten und der Effizienzgedanke leiteten, wird deutlich, wenn man die Anordnung auf dem Vorblatt des *Diariums* liest:

> Da man es für nöthig erachtet, das was bey fürstl. Bibliothek geschieht künftig besser zu übersehen, so hat man beschlossen, ein Diarium einzuführen, zu welchem Entzweck gegenwärtiges Buch bestimmt ist. Die in den Columnen rubricirte Personen haben jedes Mal, ehe sie von der Bibliothek gehen, aufzuzeichnen, womit sie sich des Tages beschäftigt. Sollte ein oder der andere dieses unterlassen, so erhält der Registrator Vulpius hiermit den Auftrag die fehlenden Notizen nachzubringen, wie man von demselben die Vollständigkeit gedachter Tabellen fordern wird. Weimar, den 15. April 1799. J. W. v. Goethe C. G. v. Voigt[10]

Die Einführung dieses Instruments einer herrschaftlichen Verwaltung verschafft uns heute, zumal wenn noch der Briefwechsel zwischen Goethe und Voigt und die teilweise noch vorhandenen Bibliotheksakten herangezogen werden, einen genauen Einblick in die Funktionsweise der Bibliothek und die Praktiken der einzelnen Bibliotheksmitarbeiter am Ende des 18. Jahrhunderts. Das *Diarium Über Die*

---

10 *Diarium über die bei der fürstlichen Bibliothek gangbaren Geschäfte*, angefangen im April 1799, Signatur HAAB Loc. A:30.1. Komplettdigitalisierung: http://nbn-resolving.de/urn:nbn:de:gbv:32-1-10000878140 (zuletzt abgerufen: 08.06.2025).

Beÿ Fürstlicher Bibliothek Gangbaren Geschäfte liegt in fünf Foliobänden für den Zeitraum vom 22. April 1799 bis 21. Juli 1827 vor, wobei es lange Zwischenzeiten gab, in denen keine Eintragungen erfolgten.

2 Tätigkeiten der Bibliothekare

Da wir uns hier nicht weiter für die textologischen Besonderheiten des Diensttagebuchs interessieren,[11] sondern nur für das, was die Bibliothekare darin als ihre tägliche Beschäftigung eingetragen haben, beschränke ich mich auf die Eintragungen der ersten drei Wochen. Schon in diesem Zeitraum werden nicht alle, aber die wichtigsten Praktiken ihres Umgangs mit Texten sichtbar. Was in den ersten drei Wochen nicht vorkam, waren Tätigkeiten wie: Gäste zu führen, die die Bibliothek nur besichtigen wollten, ungebundene Bücher für den Buchbinder zusammenzustellen, Neuanschaffungen vorzubereiten, den Ofen im Expeditionszimmer zu heizen und einiges mehr.

Neben der oft mangelnden Aussagekraft der Tätigkeitsbeschreibungen fällt das Gleichmaß der Arbeit auf. Um den Alltag etwas farbiger darzustellen, behalfen sich die Bibliothekare mit Varianten von „ebenso", „desgleichen" oder „wie gestern". Später jedoch erhielten mehrere Tage, ja ganze Wochen eine zusammenfassende Klammer mit „desgl." oder zur Abwechslung einmal mit „Dito".[12] Vielleicht kann man die implizite Behauptung von der Wiederkehr des Immergleichen auch als subtiles Zeichen der Insubordination der Bibliothekare gegen die mit Eifer agierende neue Oberaufsicht verstehen. Die etwas widerspenstige Art, mit der das *Diarium* geführt wurde, zeigt einen Konflikt an.

Versuchen wir die Arbeiten etwas zu systematisieren und den Grad der Arbeitsteilung herauszuarbeiten, so ergibt sich folgendes Bild: Der Rat und Bibliothekar Christoph Ferdinand Spilker (1746–1805) war außer mit der Gesamtleitung hauptsächlich mit Katalogarbeiten beschäftigt. In erster Linie galt seine Aufmerksamkeit dem Nominalkatalog, der nach dem Alphabet der Autoren gegliedert und um einen Extrakatalog für die anonymen Schriften ergänzt wurde. Beide Kataloge zusammen umfassten 55 Foliobände. Die Ansetzung einer Publikation unter dem Verfasserna-

---

11 Vgl hierzu etwa Andreas Meier, „Das Weimarer ‚Dienst-Diarium'. Textologische Überlegungen zu amtlichen Schriften als elektronischem Faksimile", in: Jochen Golz (Hrsg.), *Edition von autobiographischen Schriften und Zeugnissen zur Biographie. Internationale Fachtagung der Arbeitsgemeinschaft für Germanistische Edition an der Stiftung Weimarer Klassik*, Tübingen: Niemeyer, 1995, S. 205–217.

12 Vgl. auch Konrad Kratzsch, „Staatsbeauftragter für die Weimarer Bibliothek.", in: Karl-Heinz Hahn (Hrsg.), *Goethe in Weimar. Ein Kapitel deutscher Kulturgeschichte*, Leipzig: Edition, 1986, S. 171.

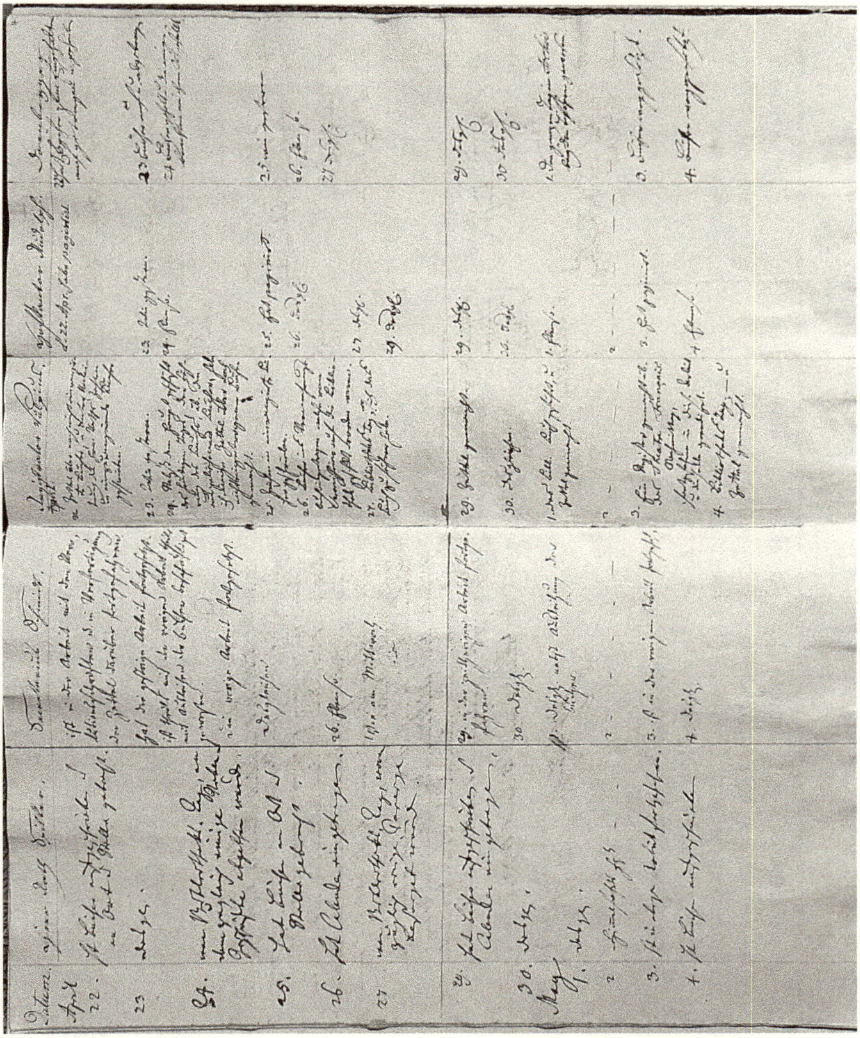

Abb. 3: Eintragungen im *Diarium* vom 22. April bis 4. Mai 1799. Bestand: Herzogin Anna Amalia Bibliothek

Tag April 1799	Herr Rath Spilker	Secretarius Schmidt	Registrator Vulpius	Hofkantor Rudolph	Dornberger
22	Ht Bücher aufgeschrieben u. an Ort u. Stelle gebracht	ist in der Arbeit mit den Revolutionsschriften u. in Verfertigung der Zettel darüber fortgefahren	Zettel über noch nicht einrangirte Bücher, u. unter Anleitung des Hrn. Raths Zahlen in einzurangierende Bücher geschrieben.	Habe paginirt	Hat Bücher zum Einstellen aufgetragen u. geschrieben
23	desgl.	Hat die gestrige Arbeit fortgesetzt, ist theils mit der vorigen Arbeit, theils mit Ausleihen der Bücher beschäftigt gewesen	Wie gestern	Wie gestern	Bücher auf- und abgetragen
24	war Bibliotheks-Tag, an dem zugleich einige Nebengeschäfte abgethan wurden	Die vorige Arbeit fortgesetzt	Nebst dem Hauptgeschäft des heutigen Tages, der Führung des Buches, üb. die ausgeliehenen Bücher, habe ich einige Zettel über noch nicht eingetragene Bücher gemacht	Ebenso	Bücher geholt u. die eingebrachten an ihren Ort gestellt.
25	Hat Bücher an Ort u. Stelle gebracht	Desgleichen	Zeichen in einrangierte Bücher gemacht	Hat paginirt	wie gestern
26	Hat Calender eingetragen	Ebenso	Bücher ins Vermehrungsbuch eingetragen, welche von Serenissimo auf die Bibliothek geschickt worden waren.	desgl.	Eben so
27	war Bibliotheks-Tag, waren zugleich einige Parerga besorgt worden	Wie am Mittwoch	Bibliothekstag, wo ich das Buch zu führen habe.	desgl.	desgl.
29	Hat Bücher aufgeschrieben u Calender eingetragen	in der zeitherigen Arbeit fortgefahren	Zettel gemacht	desgl.	desgl.

Tag April 1799	Herr Rath Spilker	Secretarius Schmidt	Registrator Vulpius	Hofkantor Rudolph	Dornberger
30	desgl.	desgl.	desgl.	desgl.	desgl.
May 1	desgl.	desgl. nebst Ausleihung der Bücher	das Bibl. Buch geführt, u. Zettel gemacht	Ebenso	Den ganzen Tag im Archiv bey den Tischern gewesen
2	Himmelfahrts Tag				
3	ist in obiger Arbeit fortgefahren	ist in voriger Arbeit fortgefahr.	Ein Register gemacht üb. das Theatre Français. Nachmittag, fortgefahren u. diese Arbeit u. dieselbe geendigt.	Hat paginiert	Bücher weggesetzt.
4	ht Bücher aufgeschrieben	desgl.	Bibliothekstag; – und Zettel gemacht	Ebenso	Bücher weggesetzt.
6	ht Bücher aufgeschrieben	hat die vorige Arbeit fortgesetzt	ich habe einzurangirende Bücher zusammen gesucht u gestellt	paginirt	Bücher vorgesetzt u. Linien zum Auctions Catalogo gezogen
7	ht in die Herzogl. Catalogos eintragen lassen.	desgl.	Zettel gemacht	Zeddel eingetragen in den Militairischen Catalog.	wie gestern
8	desgl.	ist theils wie gestern, theils mit Ausleihung usw. Büchern beschäftiget gewesen.	Bibliotheks Tag; u Zettel gemacht	Ebenso	Linirt an dem Auctions Catalogo
9	hat Bücher an Ort u Stelle gebracht, u Briefe geschrieben	die zeitherige Arbeit fortgesetzt	Zeichen in einrangirte Bücher, u Zettel gemacht	desgleichen	den Vor und Nachmittag in dem Gewölbe bey den Handwerks Leuten gewesen
10 Pfingsten	desgl.	desgl.	Wie gestern	Ebenso	in dem Gewölbe gewesen

men und die Festlegung des Ordnungswortes bei anonymen Schriften wurden für so wichtig gehalten, dass der ranghöchste Bibliothekar diesen Akt vornehmen musste. Zu diesem Zweck verschaffte er sich an seinem Schreibpult an Hand des Titelblatts, des Inhaltsverzeichnisses und gegebenenfalls weiterer Bestandteile des Buches eine Anschauung davon, wer der Verfasser war und wovon das Buch handelte. In den Katalog eingetragen wurden in der linken Spalte: der Verfassername, in der Hauptspalte: der Vorname des Verfassers, der Sachtitel des Werks mit Erscheinungsort und -jahr, Bandangaben und Buchformat, in der rechten Spalte: die Signatur.

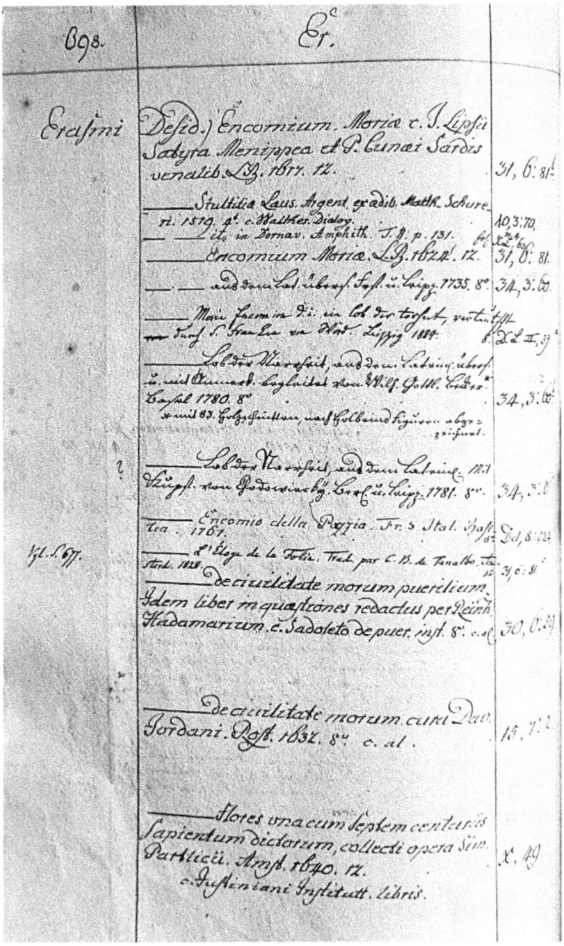

Abb. 4: Seite aus dem *Catalogus nominalis* mit Titeln von Erasmus von Rotterdam. Bestand: Herzogin Anna Amalia Bibliothek

Neben dem Nominalkatalog war auch eine Eintragung im Realkatalog vorzunehmen. Obwohl in der Bodleian Library in Oxford bereits 1620 der erste Biblio-
thekskatalog gedruckt worden war, der nach dem Alphabet der Autoren angelegt
war, bevorzugte man in Deutschland zunächst den systematisch nach Fächern an-
gelegten „Realkatalog". Auch in Weimar war dieser als zeitlich erster und lange Zeit
wichtigster Katalog vom Vorgänger Spilkers, Johann Christian Bartholomäi (1708–
1776), in 60 Großfoliobänden zusammengestellt worden. Die Einteilung, immer mit
lateinischen Bezeichnungen, erfolgte nach sieben Hauptabteilungen, 200 Klassen
und zahllosen weiteren Differenzierungen der Klassen, zum Teil bis in die fünfte
Gliederungsebene. Die Hauptabteilungen und ihre Umfänge sind
- *Bibliotheca theologica* (Klassen 1–60, 6 Bände)
- *Bibliotheca iuridica* (Klassen 61–82, 12 Bände)
- *Bibliotheca physico-medica* (Klassen 83–100, 5 Bände)
- *Bibliotheca historica* (Klassen 101–162, 29 Bände)
- *Bibliotheca philosophica* (Klassen 163–170, 2 Bände)
- *Bibliotheca philologico-critica* (Klassen 171–192, 4 Bände)
- *Bibliotheca technica et opificiaria* (Klassen 193–200, 2 Bände)

Aus den Umfangsangaben kann man die Dominanz der historischen Fächer
im alten Bibliotheksbestand ablesen. Bartholomäi hat an diesem bibliographischen
Wunderwerk achtzehn Jahre gearbeitet.[13]

Der Realkatalog kann über die Verwirrung der Weimarer Buchaufstellung
durchaus hinwegtrösten. Die im Regal fehlende Bücherordnung wurde im fein ge-
gliederten Katalog hergestellt. Im Grunde war die konsequente Trennung von Auf-
stellung und Katalog die modernere Methode, den Überblick über die Bücherflut
zu behalten, und praktikabler als weiterhin den Versuch zu machen, den rasant
wachsenden Bestand auf Regalebene systematisch in den Griff zu bekommen. Man
hätte sonst einen Bibliothekar ausschließlich für das Bücherversetzen einstellen
müssen und sehr viel großzügigere Platzverhältnisse gebraucht. Außerdem bliebe
der Zwiespalt unauflösbar, an welchem Standort ein Buch aufzustellen sei, das von
seinem Inhalt her mehrere Zuordnungen erlaubt. Da ihr Stellenwert als Ordnungs-
instrument so hoch war, mussten die Kataloge besonders sorgfältig geführt werden.

Streng verpönt war, dass sich der Bibliothekar bei der Katalogisierung in der Lektüre
verlor. Die Neuzugänge drängten nach und mussten zügig bearbeitet werden. Alle

---

13 Vgl. Siegfried Seifert, „„Niemand wird läugnen, daß ein Real-Catalog das Fundament einer jeden
Bibliotheks-Anstalt sey'. Bemerkungen zum historischen Realkatalog der Weimarer Bibliothek",
in: ders./Konrad Kratzsch (Hrsg.), *Historische Bestände der Herzogin Anna Amalia Bibliothek zu
Weimar. Beiträge zu ihrer Geschichte und Erschließung* (= *Literatur und Archiv*, Bd. 6), Berlin/Boston:
K. G. Saur, 1992, S. 55–92.

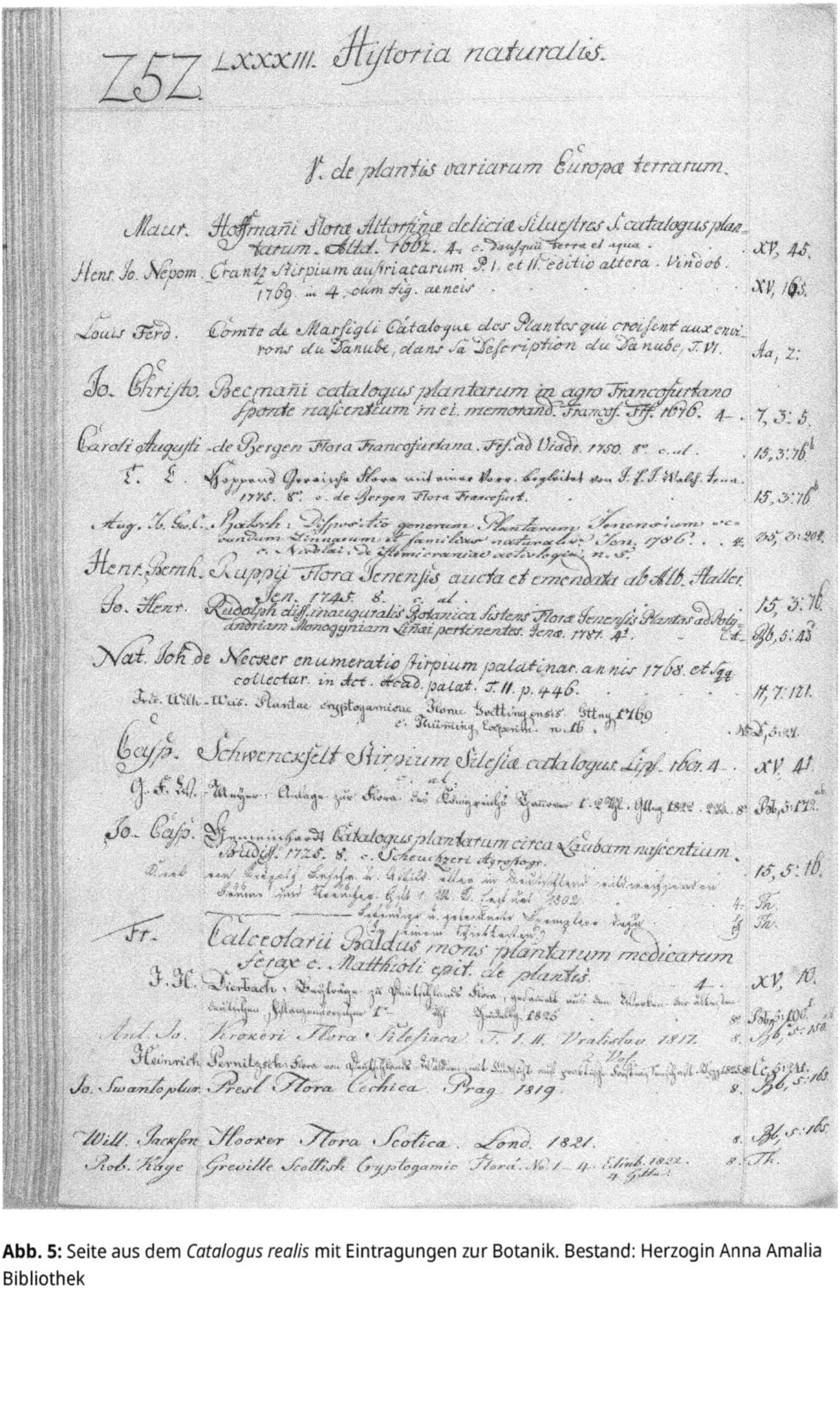

Abb. 5: Seite aus dem *Catalogus realis* mit Eintragungen zur Botanik. Bestand: Herzogin Anna Amalia Bibliothek

arbeiteten im selben Dienstzimmer. Der Bibliothekar wird das Buch also ein paar Mal von allen Seiten betrachtet, aufgeschlagen und wieder zugeklappt, vielleicht noch einen Gang zum Regal mit den Gelehrtenlexika und Enzyklopädien gemacht haben, bevor er die Feder ins Tintenfass getunkt und den Zettel ausgeschrieben hat. Anschließend hat der Schreiber die Angaben mit Schönschrift in die Kataloge eingetragen, mindestens in den Nominalkatalog und den Realkatalog, gegebenenfalls in weitere Spezialkataloge.

Es ist ein einseitiges Wissen, das der Bibliothekar aus den Texten destilliert. Er erhebt bloß wenige Schlüsseldaten, die die Zuschreibung zu einem Autor und die Einordnung in einen Sachkontext erlauben. Eine persönliche Kenntnisnahme des Werkes durch den Bibliothekar ist kontraproduktiv. Sie wird durch das Medium Katalog und die Kennzeichnung der Bücher nur vorbereitet und bleibt anderen Gelegenheiten oder anderen Lesern überlassen.

Unter Spilkers Bibliotheksarbeiten findet sich ebenfalls recht häufig die Bemerkung: „Hat Bücher an Ort u. Stelle gebracht". In diesen Fällen wird er Standespersonen und Gelehrte bedient haben, die außerhalb der Publikumszeiten Bücherwünsche hatten. Bedienen hieß: im Expeditionszimmer, in dem die Besucher eintrafen und die Bibliothekare ihren Arbeitsplatz hatten, den Wunschzettel entgegennehmen, der wohl oft nur ungefähre Angaben enthalten haben dürfte, die Kataloge konsultieren, die dem Publikum nicht zugänglich waren, im Dialog mit den Benutzern herausfinden, ob man das Gewünschte identifiziert hatte, sodann im positiven Fall die Signatur, das heißt die Standortnummer des einzelnen Buches notieren. Die Signatur setzte sich aus verschiedenen sinntragenden Bestandteilen zusammen; doch schon von der obersten Ordnungsebene gab es so viele unterschiedliche, dass niemand bei damals etwa 50.000 Büchern im Rokokosaal mit seinen beiden Galerien auswendig wissen konnte, auf welchem Regalbrett genau das Buch gesucht werden musste.[14] Diesen Nachweis lieferte eine Art Tabelle, die 'Strazze', die das Regalbrett bezeichnete, auf dem das erste Ordnungselement einer Signatur zu finden war. Im Saal stand der Bibliothekar häufig vor über drei Meter hohen Regalen und musste eine Leiter in Anspruch nehmen, um an die oberen Regalreihen heranzukommen. Am Ende wurde das Buchobjekt dem Benutzer ausgehändigt und der Bestellschein einbehalten.

Der zweite Mann der Hierarchie, der Bibliothekssekretär Ernst August Schmid[t] (1746–1809), war mit ähnlichen Aufgaben beschäftigt wie Spilker. Sein

---

14 Michael Knoche, „Die Ordnung der Bücher", in: Holger Dainat u. a. (Hrsg.), *Goethe, Grabbe und die Pflege der Literatur. Festschrift für Lothar Ehrlich*, Bielefeld: Aisthesis, 2008, S. 289–307.

Metier waren indes nicht die beiden Hauptkataloge, sondern Spezialkataloge wie der ca. 900 Titel enthaltende Katalog zum Thema der Französischen Revolution von 1789. Die überwiegend aus originalsprachlichen Publikationen bestehende Sammlung hatte Carl August im Jahr 1798 anschaffen lassen.[15] Daher notiert Schmidt: „ist in der Arbeit mit den Revolutionsschriften u. in Verfertigung der Zettel darüber fortgefahren". Der zweite Aufgabenbereich des Sekretärs war die Bedienung des Publikums an den Öffnungstagen, entsprechend der Eintragung „Mit Ausleihung usw. Büchern beschäftiget gewesen."

Das Ausleihbuch war in erster Linie die Domäne des hierarchisch an dritter Stelle rangierenden Christian August Vulpius (1762–1827). Vom Ausleihgeschäft leitet sich auch seine Dienstbezeichnung „Registrator" ab. „Bibliothekstag, wo ich das Buch zu führen habe," lautet seine Eintragung, aus der ein gewisses Selbstbewusstsein spricht. In das Buch wurden unter dem Namen des Entleihers die abgekürzten Titelangaben der ausgehändigten Publikation eingetragen.

Das genaue Verfahren der Bücherausleihe war in der erwähnten *Vorschrifft, nach welcher man sich bei hießiger Fürstl. Bibliothek, wenn Bücher ausgeliehen werden, zu richten hat* vom 26. Februar 1798 von Goethe und Voigt genau kodifiziert worden, hier auszugsweise:

> 3. Der Registrator führt das Buch und entfernt sich in diesen Stunden so wenig als möglich von demselben.
> 4. Die übrigen Personen[16], wenn ihnen ein Zettel präsentirt wird, signiren denselben u. übergeben ihn dem Registrator, welcher ihn einträgt und in die Kapseln reponirt, indeßen das Buch abgegeben wird.
> 5. Für iedes Buch ist ein besonderer Zettel einzureichen. Ein Buch ist ohne erhaltenen Zettel weder an einen Einheimischen noch Fremden abzugeben, und Commissio wird von Zeit revidiren, ob das Buch mit den Kapseln übereinstimme.
> 6. Bey Rückgabe der Bücher haben die überbringenden Personen die Zettel sorgfältig abzufordern.
> 7. Die Zeit des Gebrauchs wird längstens auf ein viertel Jahr gesetzt, so sind z. B. nunmehr vor dem ersten April, sämtliche, bis zu Ende vorigen Jahrs, ausgeliehene Bücher zurück zu liefern. Man wird das Publicum, bis es mit dieser Einrichtung bekannt ist, durch die wöchentlichen Anzeigen, an die Termine erinnern.
> 8. Wer ein Buch verlangt, das schon ausgegeben ist, wird notirt und erhält dadurch den Anspruch, es vor andern Personen zu erlangen, so bald es zurück geliefert wird.

---

15 Paul Raabe, „Revolutionsschriften in Weimar", in: Konrad Kratzsch/Siegfried Seifert (Hrsg.), *Historische Bestände der Herzogin Anna Amalia Bibliothek zu Weimar. Beiträge zu ihrer Geschichte und Erschließung* (= *Literatur und Archiv*, Bd. 6), Berlin/Boston: K. G. Saur, 1992, S. 93–98.
16 Gemeint sind hier Mitarbeiter der Bibliothek.

Insgesamt umfassten die Bestimmungen 16 Punkte.[17] Die Ausleihe wurde also zweifach dokumentiert: Die Zettel kamen in der Reihenfolge der Signaturen in die „Kapsel". Zum anderen erfolgte ein Eintrag in das Bibliotheksbuch unter dem Namen des Entleihers, so dass jederzeit erkennbar war, welche Bücher eine bestimmte Person mitgenommen hatte.

Vulpius machte sich darüber hinaus in vielen weiteren Bibliotheksarbeiten nützlich. Er half beim Katalogisieren – „Zettel über noch nicht einrangirte Bücher, u. unter Anleitung des Hrn. Raths Zahlen in einzurangierende Bücher geschrieben" (mit Zahlen sind wohl Signaturen gemeint), legte Register in Spezialkatalogen an („Register gemacht üb. das Theatre Français"), trug neu erworbene Bücher in das Akzessionsjournal ein („Bücher ins Vermehrungsbuch eingetragen, welche von Serenissimo auf die Bibliothek geschickt worden waren"), kurzum: Obwohl er erst seit zwei Jahren zu den Bibliotheksbeamten zählte, war er das Faktotum der Bibliothek und erledigte die vielfältigsten Arbeiten. Der Achtunddreißigjährige stieg schnell zur wichtigsten Stütze der Oberaufsicht auf und wurde 1810 selber Erster Bibliothekar.

Die von den Bibliothekaren vorbereiteten Katalogzettel wurden dem Schreiber Johann Christoph Rudolph (um 1728–1804) zur Sortierung und Eintragung übergeben. Rudolph war zunächst Hofkantor, stand aber dann 48 Jahre lang in Diensten der Bibliothek. Wenn es bei Spilker heißt: „ht in die Herzogl. Catalogos eintragen lassen", dann korrespondiert dies mit der entsprechenden Eintragung von Rudolph: „Zeddel eingetragen in den Militairischen Catalog." Wenn er tagelang als Tätigkeit angibt „hat paginirt", wird man sich darunter vorbereitende Arbeiten für die Katalogeintragungen vorstellen müssen. Die Eintragung selber war eine Sache von ästhetischer Delikatesse. Man kann es nicht nur an den sauber geschriebenen Seiten der noch vorhandenen Bände erkennen – sofern bestimmte Partien nicht durch unzählige Nachträge fast unleserlich geworden sind –, sondern auch an Feinheiten wie der, dass Bücher in deutscher Sprache in deutscher Kurrentschrift, Bücher in fremden Sprachen, wie allgemein üblich, in lateinischer Schreibschrift eingetragen wurden. Erst 1930 wurden in Weimar die Bandkataloge durch Zettelkataloge nach den *Preußischen Instruktionen* ersetzt.

Die unterste Stufe in der Hierarchie der Bibliotheksangestellten nahm der Bibliotheksdiener Johann Nikolaus Dornberger (um 1726–1804) ein. Dornberger war zur Zeit der Einführung des Dienstdiariums bereits 73 Jahre alt. Bis zu seinem Tod hatte er bei einer Jahresentlohnung von 50 Talern noch fünf Jahre Dienst vor sich. Er war derjenige, der ständig in Bewegung war: „Bücher geholt u. die ein-

---

17 Kratzsch, *Die Benutzungsordnung der Weimarer Bibliothek von 1798.*

gebrachten an ihren Ort gestellt", lautet eine typische Eintragung von ihm. Von allen Bibliotheksangestellten hatte er den größten Anteil an körperlicher Arbeit mit den Büchern zu leisten. Er musste entnommene Bücher wieder zurückstellen, wohl auch manche Bestellungen ausführen, wenn viel verlangt wurde. Der Diener war auch für das Funktionieren des Gebäudes generell verantwortlich und eine Art Hausmeister. So beaufsichtigte er die Handwerker bei ihren Reparaturarbeiten ("den Vor- und Nachmittag in dem Gewölbe bey den Handwerks Leuten gewesen"). Wenn es seine Zeit erlaubte, ist er dem Schreiber Rudolph zur Hand gegangen (hier heißt es einmal: "Linien zum Auctions Catalogo gezogen"). Auf der Auktion wurden Dubletten der Herzoglichen Bibliothek und nebenbei auch solche aus Goethes und aus Schillers Bibliothek versteigert. Aus den Bibliotheksakten wissen wir,[18] dass Dornberger früher ganze Bände des Realkatalogs geschrieben hatte, nun aber wegen seiner zitternden Hand zur Schönschreiberei nicht mehr geschickt genug war. Aber mit dem Lineal Linien zu ziehen, das ging offensichtlich noch.

Festzuhalten ist: Mit der Katalogisierung sind die drei wissenschaftlichen Bibliothekare in hierarchischen Abstufungen betraut. Die vornehmen Bibliotheksbesucher wurden vom Rat und Bibliothecarius persönlich betreut, die übrigen vom Sekretär und Registrator zu den üblichen Öffnungszeiten. Neuerwerbungen kamen in diesem Zeitraum nicht vor, es sei denn, dass sie in den "Briefen" bestellt worden sind, die Spilker einmal angibt geschrieben zu haben. Tatsächlich betrug der Bestandszuwachs (einschließlich der Nachlässe und Geschenke) in dieser Zeit etwa 5.000 Bände pro Jahr. Goethe legte Wert auf die regelmäßige Durchsicht der Mess- und Auktionskataloge, die er mit den zur Anschaffung markierten Titeln der Bibliothekare genau prüfte.[19] Ebenso gut konnte die Korrespondenz Anfragen auswärtiger Gelehrter zum Inhalt haben.

Wer überhaupt nicht direkt mit Büchern in Berührung kam, war der Schreiber Rudolph. Sein Metier waren die Zettel und die in Schönschrift zu führenden Kataloge.

Der Bibliotheksbetrieb vollzieht sich also arbeitsteilig in einem nach Zuständigkeiten fein differenzierten Bündel von Aktivitäten. Alles greift, wenn es gut läuft, ineinander. Bücher sind Gegenstände, mit denen in der Bibliothek auf alle möglichen Arten hantiert wird – außer dass sie gelesen werden. Um diesen Eindruck

---

18 *Bericht von Johann Christoph Ferdinand Spilker an die Oberaufsicht vom 9. Januar 1798*, in: *Landesarchiv Thüringen Weimar* A 11619 g, Blatt 112.

19 Vgl. Michael Knoche, „Der Herr Bibliothekarius Spilker erhält das Verzeichniß, derer aus dem dießjährigen Meßkatalogo ausgezognen Bücher, hiermit wieder zurück.' Eine kleine Sammlungsgeschichte der Herzogin Anna Amalia Bibliothek", in: ders. (Hrsg.), *Reise in die Bücherwelt. Drucke der Herzogin Anna Amalia Bibliothek aus sieben Jahrhunderten*, Köln: Böhlau, 2011, S. 9–31.

bemühten sich jedenfalls die Bibliothekare bei der Abfassung des *Diariums*. Man darf nicht vergessen, dass es sich hier um eine adressatenbezogene Mitteilung an die Oberaufsicht handelte.

Wenn wir in diesem Abschnitt das Spektrum von Textpraktiken in der Weimarer Bibliothek am Ende des 18. Jahrhunderts durch Analyse des Diensttagebuchs zu beschreiben versucht haben, müssen mindestens zwei Präsuppositionen noch kurz erläutert werden: der Begriff „Text" und die Bestimmung „in der Bibliothek". Statt von „Texten" hätte vielleicht auch von Büchern, Zeitschriften, Handschriften, Globen, Landkarten, Musikalien etc. in differenzierter Weise die Rede sein können. Denn sie machten den Bibliotheksbestand aus und erfahren heute mit ihren exemplarspezifischen Besonderheiten und Materialitäten eine spezielle Aufmerksamkeit. Doch scheint mir der verallgemeinernde Einsatz des Textbegriffs für die damalige Zeit deshalb gerechtfertigt zu sein, weil die Bibliothekare allen Elementen der Sammlung die gleiche Behandlungsart zuteilwerden ließen. Die 'Lektüre' durch die Bibliothekare vollzog sich stets mit demselben Erkenntnisinteresse: Alle Objekte wurden auf die beschreibbaren äußeren Merkmale untersucht, in einen Sach- oder Materialkontext eingeordnet, verzeichnet und zur Benutzung vorbereitet.

Da es kein Lesezimmer in der Bibliothek gab, wo Leser Bücher oder Bibliotheksbestände vor Ort hätten studieren können – der Rokokosaal war Ort höfischer Repräsentation –, sind die Bibliothekare die einzigen, deren Textpraktiken *in* der Bibliothek relevant sind. Die Leser haben die ausgeliehenen Materialien nur in ihre Taschen gepackt.

3 Der zeitgenössische Diskurs über die Aufgaben des Bibliothekars

Die Verbannung der Lektüre aus der Bibliothek spiegelt die zeitgenössische Auffassung der Bibliothekswissenschaft wider. Friedrich Adolph Ebert verlangte „Selbstverläugnung und Uneigennützigkeit" vom Bibliothekar:

> Anstellungen an Bibliotheken werden gewöhnlich nur wegen des freiern und bequemern Gebrauchs derselben gesucht, aber es ist endlich einmal Zeit, diesem egoistischen Mißbrauche kräftig zu steuern, wenn das deutsche Bibliothekswesen mit Ehren bestehen soll. [...] So bleibt dem gewissenhaften Bibliothekar nur noch nothdürftig diejenige Zeit übrig, deren er zur unentbehrlichen Fortsetzung seiner so mannichfaltigen Studien bedarf, und er kann nebenbei an keine eigenen literarischen Arbeiten denken, wenn er seinem nach solchen Anstrengungen erschöpften Körper nicht noch die letzten Erholungsstunden abzubrechen er gesonnen oder gezwungen ist. Sein Wahlspruch muss sein: aliis inserviendo consumor; nicht

für sich, sondern für andere muss er arbeiten und willig muss er sich selbst Genüsse versagen, die er andern bereitet.[20]

Ebert formuliert hier die für Generationen von Bibliothekaren maßgebliche Berufsauffassung des selbstlosen Dienstes an der Wissenschaft. Goethe wird das gefallen haben.

Auch über die hohe Bedeutung der Katalogisierung bestand an der Wende zum 19. Jahrhundert Einmütigkeit unter den Bibliothekstheoretikern. „Durch Kataloge können und müssen also alle in einer Bibliothek erforderlichen Ordnungen hergestellt werden," dekretierte etwa Martin Schrettinger,[21] der mit seinem Kollegen Ebert nur in der Frage uneins war, ob nicht auf die systematische Ordnung der Bücher im Regal weitgehend verzichtet werden könne, wenn sie bereits auf Katalogebene hergestellt sei.

Die Anschauungen von Goethe und Voigt entsprachen also ganz den Ansichten einer neuen Generation von Bibliothekstheoretikern. Sie liefen deren Publikationen sogar zeitlich etwas voraus.[22] Das könnte auch damit zusammenhängen, dass die Herzogliche Bibliothek Weimar zu den ersten für ein breites Publikum geöffneten Bibliotheken in Deutschland gehörte und schon in anderer Weise mit neuen Herausforderungen konfrontiert war als andere Bibliotheken. Die etwa gleichgroße Hofbibliothek der konkurrierenden Residenzstadt Gotha zum Beispiel wurde von Herzog Ernst II. von Sachsen-Gotha-Altenburg (1745–1804) noch als persönliche Liebhaberei betrachtet und nur in Ausnahmefällen für das Publikum geöffnet.[23]

Wenige Jahrzehnte zuvor war die Anlage von Katalogen noch keine selbstverständliche Pflicht der Bibliothekare gewesen. So war im Eid, den der Bibliothekar Gotthold Ephraim Lessing 1767 ableisten musste, von allen möglichen Obliegenheiten die Rede, nicht aber von der Katalogisierung der Bestände.[24] Katalogarbeiten wurden zu dieser Zeit oft sogar noch extra entlohnt. Wenn sie nicht entlohnt wurden, wurden Kataloge gelegentlich als Privateigentum angesehen. So brachte

---

20 Friedrich Adolph Ebert, *Die Bildung des Bibliothekars*, Leipzig: Steinacker und Wagner, ²1820, S. 54–55.
21 Martin Schrettinger, *Versuch eines vollständigen Lehrbuches der Bibliothek-Wissenschaft*, 1. Heft, München: Selbstverlag, 1808, S. 33.
22 Vgl. Irmtraud Schmid, „Goethe als Begründer der Bibliothekswissenschaft? Zu einer missverstandenen Quelle", in: *Impulse* 9 (1986), S. 339–354.
23 Kathrin Paasch, „Zu fürstlicher Ergetzung so wol auch zu grossem Nutz'. Die Hofbibliotheken von Gotha und Weimar in der Frühen Neuzeit", in: Franziska Bomski u. a. (Hrsg.), *Mens et Manus. Kunst und Wissenschaft an den Höfen der Ernestiner*, Göttingen: Wallstein, 2016, S. 79–96.
24 Richard Daunicht, *Lessing im Gespräch. Berichte und Urteile von Freunden und Zeitgenossen*, München: Fink, 1971, S. 294–295.

der Bibliothekar Jeremias David Reuß 1783 alle von ihm in Tübingen erstellten Kataloge als seinen Privatbesitz mit nach Göttingen.[25]

Es muss betont werden, dass die neuen Auffassungen der Rolle von Bibliothek und Bibliothekar sich gerade erst durchzusetzen begannen. Mit unserem Befund stehen wir an einem Umschlagspunkt zu etwas Neuem.[26] Das traditionelle berufliche Ideal des Bibliothekars verkörperte vor allem *ein* Bibliothekar: Lessing in Wolfenbüttel. Ihn hat die ältere Bibliotheksgeschichtsschreibung dafür getadelt – die neuere hat das Bild deutlich differenziert[27] –, dass er der Wolfenbütteler Bibliothek keine neue Ordnung gegeben und sein Amt eher als eine Sinekure verstanden habe, um die eigenen Werke zu schreiben. Soviel ist richtig: Lessing verstand sich nicht als Katalogexperte, oberster Ausleihpolizist oder als Volksaufklärer, sondern als jemand, der der wissenschaftlichen Welt zeigen wollte, was die Wolfenbütteler Bibliothek an Juwelen enthalte. Um die dortigen Bestände bekannt zu machen, begründet er 1773 die Buchreihe *Zur Geschichte und Litteratur. Aus den Schätzen der Herzoglichen Bibliothek zu Wolfenbüttel* und brachte insgesamt sechs Bände mit unbekannten Texten heraus.

4 Widersprüchliche Erwartungen der Oberaufsicht und der Bibliothekare

Auch wenn sich die Bibliothekare scheinbar den neuen bürokratischen Erwartungen fügten, legte Goethe sein Misstrauen nicht ab. Im Briefwechsel mit Voigt äußerte er den Verdacht, dass die Bibliothekare sich aus ihrem Geschäft „einen Privatspaß"[28] machten und Bücher lasen, statt sie zu katalogisieren. Deshalb forderte er: „Wir brauchen mechanisch tätige Subalternen."[29] Diese Aussage zielt bereits ganz in die Richtung von Eberts Forderung nach Selbstverleugnung und Uneigennützigkeit der Bibliothekare. An anderer Stelle fasst Goethe seine Erfahrun-

---

25 Georg Leyh, „Die deutschen Bibliotheken von der Aufklärung bis zur Gegenwart", in: ders./ Fritz Milkau (Hrsg.), *Handbuch der Bibliothekswissenschaft*, Bd. 3.2, Wiesbaden: Harrassowitz, ²1957, S. 126–127.
26 Vgl. Uwe Jochum, „Das Opfer der Schrift. Zur beruflichen Identität der Bibliothekare im 19. Jahrhundert", in: *Wolfenbütteler Notizen zur Buchgeschichte* 21 (1996), S. 166–184.
27 Bernd Reifenberg, *Lessing und die Bibliothek* (= *Wolfenbütteler Schriften zur Geschichte des Buchwesens*, Bd. 23), Wiesbaden: Harrassowitz, 1995.
28 *Brief Goethe an Voigt vom 05.08.1805*, in: *Goethes Briefwechsel mit Christian Gottlieb Voigt*, bearb. u. hrsg. von Hans Tümmler, Bd. 3 (= *Schriften der Goethe-Gesellschaft*, Bd. 55), Weimar: Böhlau, 1955, S. 82.
29 *Brief Goethe an Voigt vom 01.05.1807*, ebd. S. 163.

gen so zusammen: „Es ist ein allgemein angenommener und durch die Erfahrung bewährter Satz, dass Verwahren und Benutzen zweierlei Dinge sind. Ein tätiger Gelehrter ist kein guter Bibliothekar, und ein fleißiger Maler kein guter Galerie-Inspektor."[30]

Nach Meinung der Oberaufsicht kam es jetzt nicht mehr darauf an, dass der Bibliothekar einen unbekannten Text aus den Bibliotheksbeständen ans Tageslicht beförderte, sondern dass viele Benutzer in die Lage versetzt wurden, von dem Literaturreservoir effizient Gebrauch zu machen. Aufgabe der Bibliothekare war es ausschließlich, Bücher zu sammeln, zu erschließen und sie in Zirkulation zu bringen. Punktum. Es ging um das uhrwerkartig präzise Funktionieren des Organismus Bibliothek.[31] Die Bibliothek wurde mehr und mehr zu dem literarischen Zeughaus, das für die Weimarer Schriftsteller und das gebildete Bürgertum unverzichtbar wurde. Schillers *Wilhelm Tell* zum Beispiel hätte ohne die Bücher zur Schweizer Geschichte in der Herzoglichen Bibliothek nicht geschrieben werden können.

Es war die von Lessing geprägte Berufsvorstellung, die in den Köpfen der Weimarer Bibliothekare noch tief verankert war. Vulpius aber hatte schnell begriffen, dass die Oberaufsicht ihrer eigenen Auffassung rigoros Geltung verschaffen würde. Er verfiel auf einen eleganten Ausweg. Im April 1798 bat er um einen Bibliotheksschlüssel, der es ihm erlauben würde, an den Sommernachmittagen lange im Hause zu bleiben, wenn Rat Spilker, der bis dato einen der Schlüssel verwaltete, und seine Kollegen schon nach Hause gegangen waren. Goethe unterstützte das Vorhaben mit der verschleiernden Begründung, es werde in mehr als einem Betracht gut sein, „wenn er aufs baldigste mit der Büchersammlung bekannt" werde.[32] Aber auch Goethe war klar, dass der Registrator im Begriff war, seinen *Rinaldo Rinaldini* zu vollenden und eigene literarisch-wissenschaftliche Projekte zu verfolgen, mit denen er seinen Lebensunterhalt aufbessern wollte und für die er auf den Bibliotheksbestand angewiesen war.

Doch mit Rat Spilker kam es bald zum Eklat. Er war den hohen Erwartungen an Schnelligkeit und Effizienz, welche die beiden Geheimräte zum Ausdruck brachten, nicht gewachsen. Die Bücher der Bibliothek waren für ihn affektbesetzt, Lesen gehörte zu seinem Selbstverständnis als Mitglied der *res publica litteraria*. Die strenge Trennung zwischen dienstlichem Einsatz seiner Kenntnisse und Privatstudien wollte ihm – so jedenfalls das Zeugnis seiner Vorgesetzten – nicht gelingen.

---

30 *Brief Goethe an Voigt vom 10.01.1811*, ebd. S. 318.
31 Michael Knoche, „Le attività della Biblioteca di Weimar sotto la sovrintendenza di Goethe, intorno 1800", in: *Accademie e biblioteche d'Italia* 13 (2018), H. 1–2, S. 103–117. Der Artikel thematisiert bereits den Konflikt zwischen Oberaufsicht und Bibliothekaren.
32 *Brief Goethe an Voigt 18.04.1798*, in: *Goethes Briefwechsel mit Christian Gottlieb Voigt*, Bd. 2, Weimar: Böhlau, 1951, S. 59.

Anfang des Jahres 1800 empörte sich Goethe über einen Bericht, den er von Spilker erhalten hatte und schrieb an Voigt:

> In dem beiliegenden Bericht hat der Rat Spilker nach seiner löblichen Gewohnheit lauter Allotria vorgeschlagen, damit er sich krank angeben, zu Hause sitzen und die Propheten und Offenbarung Johannis studieren kann. Wenn Sie mit einstimmen, so könnte man ihm eine Verordnung geben, daß man, ehe der anonyme Katalog fertig ist, von keiner andern Beschäftigung auf der Bibliothek wissen [wolle].[33]

Eine Woche später erhielt Spilker tatsächlich folgende scharfe Anweisung der Oberaufsicht:

> Der Herr Rath und Bibliothekarius Spilker erhält, auf seinen bey Fürstl. Commission eingereichten Bericht, vom zweyten Januar hierdurch zur Resolution: dass man vor allen Dingen erwarte den anonymen Catalog in Ordnung zu sehen. Es hat derselbe daher sich ohngesäumt diesem Geschäfte zu unterziehen […], wie denn bis zu vollendung gedachten Catalogs alle andere nicht so nöthige Arbeiten zu unterlassen sind.[34]

Mit der Fertigstellung dieses Katalogs wurden die Probleme aber nicht geringer. 1804 wurde Spilker von der Arbeit an der Hauptbibliothek dispensiert und zur Kartensammlung und Militärbibliothek des Herzogs ins Stadtschloss versetzt. Ein Jahr später ist er gestorben.

Gäbe es ein Gemälde, das einen Weimarer Bibliothekar um 1800 lebensgroß darstellte, würde der Künstler ihn vermutlich mit dem typischen Attribut des Bibliothekars dargestellt haben, dem Buch. Aber wenn er in die Konflikte eingeweiht gewesen wäre, hätte er Wert darauflegen müssen, dass der Betrachter die Art des Buches genau erkennt: Es wäre kein gelehrtes Werk mehr, sondern ein Band des Nominalkatalogs.

5 Schluss

Im Konflikt zwischen Oberaufsicht und Bibliothekaren, der im *Diarium* nur zwischen den Zeilen zum Ausdruck kommt, im Briefwechsel von Goethe und Voigt aber offen thematisiert wird, geht es um die Frage, welche Textpraktik in der Bibliothek die angemessene sei. Während die Bibliothekare am liebsten in ihrer angestammten Rolle als gelehrte Leser verblieben wären, verlangten die mit der Oberaufsicht betrauten Geheimräte einen rein technischen Umgang mit dem Buch

---

33 *Brief Goethe an Voigt 14.01.1800*, ebd. S. 212.
34 Johann Wolfgang Goethe, *Amtliche Schriften*, Teil 2, Frankfurter Ausgabe Bd. 27, 1999, S. 447–448.

im Hinblick auf Katalogisierung und Ausleihe. Ihre Reform lief darauf hinaus, die Berechenbarkeit und den Wirkungsradius der Bibliothek zu erhöhen – um den Preis genau einzuhaltender bürokratischer Verfahren.[35] Die Bibliothekare, die sich einst auch als inhaltliche Mittler zwischen Buch und Benutzer fühlten, mussten sich mit einer immer indirekteren Mittlerrolle abfinden. Die Entwicklung, die damals begann, vollzieht sich ungebrochen bis in die Gegenwart: Heute sind Bibliotheken so organisiert, dass sie ihre Ressourcen online zur Verfügung stellen, ohne dass ein Bibliothekar, der im Rechenzentrum dafür die Weichen gestellt hat, dem Benutzer überhaupt persönlich gegenüberträte. Spilkers Befürchtung und Eberts Vision des „aliis inserviendo consumor" ist wahrgeworden.

Verzeichnis der zitierten Literatur

Daunicht, Richard, *Lessing im Gespräch. Berichte und Urteile von Freunden und Zeitgenossen*, München: Fink, 1971.

Ebert, Friedrich Adolph, *Die Bildung des Bibliothekars*, Leipzig: Steinacker und Wagner, ²1820.

Goethe, Johann Wolfgang, *Werke*, Weimarer Ausgabe, *IV. Abteilung*, Bd. 12, Weimar: Böhlau, 1893.

Goethe, Johann Wolfgang, *Werke*, Weimarer Ausgabe, *Nachträge und Briefe zur IV. Abt.*, Bd. 1, hrsg. von Paul Raabe, München: Deutscher Taschenbuchverlag, 1990.

Goethe, Johann Wolfgang, *Amtliche Schriften*, Teil 2, Frankfurter Ausgabe Bd. 27, Frankfurt a. M.: Klassiker-Verlag, 1999.

Günther, Gottfried, „Herder als Benutzer der Weimarer Bibliothek", in: Walter Dietze (Hrsg.), *Herder-Kolloquium 1978. Referate und Diskussionsbeiträge*, Weimar: Böhlau, 1980.

Hochfürstl. S. Weimar- und Eisenachscher Hof- und Adreß-Calender auf das Jahr 1798. Jena/Weimar: Göpfert, 1797.

Jochum, Uwe, „Das Opfer der Schrift. Zur beruflichen Identität der Bibliothekare im 19. Jahrhundert", in: *Wolfenbütteler Notizen zur Buchgeschichte* 21 (1996), S. 166–184.

Jochum, Uwe, „Goethes Bibliotheksökonomie", in: Bernhard Siegert/Joseph Vogl (Hrsg.), *Europa – Kultur der Sekretäre*, Zürich: Diaphanes, 2003, S. 111–123.

Knoche, Michael, „Die Ordnung der Bücher", in: Holger Dainat u. a. (Hrsg.), *Goethe, Grabbe und die Pflege der Literatur. Festschrift für Lothar Ehrlich*, Bielefeld: Aisthesis, 2008, S. 289–307.

Knoche, Michael, „‚Der Herr Bibliothekarius Spilker erhält das Verzeichniß, derer aus dem dießjährigen Meßkatalogo ausgezognen Bücher, hiermit wieder zurück.' Eine kleine Sammlungs-geschichte der Herzogin Anna Amalia Bibliothek", in: ders. (Hrsg.), *Reise in die Bücherwelt. Drucke der Herzogin Anna Amalia Bibliothek aus sieben Jahrhunderten*, Köln: Böhlau, 2011, S. 9–31.

---

35 Zum Aspekt Bürokratisierung vgl. Ulrike Steierwald, „Zentrum des Weimarer Musenhofes. Die Herzogliche Bibliothek 1758–1832", in: Michael Knoche (Hrsg.), *Herzogin Anna Amalia Bibliothek – Kulturgeschichte einer Sammlung*, München: Hanser, 1999, S. 62–107, hier: S. 69–78; Uwe Jochum, „Goethes Bibliotheksökonomie", in: Bernhard Siegert/Joseph Vogl (Hrsg.), *Europa – Kultur der Sekretäre*, Zürich: Diaphanes, 2003, S. 111–123.

Knoche, Michael, „Le attività della Biblioteca di Weimar sotto la sovrintendenza di Goethe, intorno 1800", in: *Accademie e biblioteche d'Italia* 13 (2018), H. 1–2, S. 103–117.

Kratzsch, Konrad, „Staatsbeauftragter für die Weimarer Bibliothek", in: Karl-Heinz Hahn (Hrsg.), *Goethe in Weimar. Ein Kapitel deutscher Kulturgeschichte*, Leipzig: Edition, 1986, S. 158–177.

Kratzsch, Konrad, *Die Benutzungsordnung der Weimarer Bibliothek von 1798*, Weimar: Nationale Forschungs- und Gedenkstätten, 1990.

Leyh, Georg, „Die deutschen Bibliotheken von der Aufklärung bis zur Gegenwart", in: ders./ Fritz Milkau (Hrsg.), *Handbuch der Bibliothekswissenschaft*, Bd. 3.2, Wiesbaden: Harrassowitz, ²1957, S. 1–491.

Meier, Andreas (Hrsg.), *Christian August Vulpius. Eine Korrespondenz zur Geschichte der Goethezeit*, 2 Bde., Berlin: De Gruyter, 2003.

Meier, Andreas, „Das Weimarer ‚Dienst-Diarium'. Textologische Überlegungen zu amtlichen Schriften als elektronischem Faksimile", in: Jochen Golz (Hrsg.), *Edition von autobiographischen Schriften und Zeugnissen zur Biographie. Internationale Fachtagung der Arbeitsgemeinschaft für Germanistische Edition an der Stiftung Weimarer Klassik*, Tübingen: Niemeyer, 1995, S. 205–217.

Paasch, Kathrin: „‚Zu fürstlicher Ergetzung so wol auch zu grossem Nutz'. Die Hofbibliotheken von Gotha und Weimar in der Frühen Neuzeit", in: Franziska Bomski u. a. (Hrsg.), *Mens et Manus. Kunst und Wissenschaft an den Höfen der Ernestiner (= Jahrbuch der Klassik Stiftung Weimar*, Bd. 10), Göttingen: Wallstein, 2016, S. 79–96.

Raabe, Paul, „Revolutionsschriften in Weimar", in: Konrad Kratzsch/Siegfried Seifert (Hrsg.), *Historische Bestände der Herzogin Anna Amalia Bibliothek zu Weimar*, Berlin/Boston: K. G. Saur, 1992, S. 93–98.

Reifenberg, Bernd, *Lessing und die Bibliothek (= Wolfenbütteler Schriften zur Geschichte des Buchwesens*, Bd. 23), Wiesbaden: Harrassowitz, 1995.

Schmid, Irmtraud, „Goethe als Begründer der Bibliothekswissenschaft? Zu einer missverstandenen Quelle", in: *Impulse* 9 (1986), S. 339–354.

Schmid, Irmtraud und Gerhard, *Kommentar*, in: Johann Wolfgang Goethe, *Amtliche Schriften*, Teil 2, Frankfurter Ausgabe Bd. 27, Frankfurt a. M.: Klassiker-Verlag, 1999.

Schrettinger, Martin, *Versuch eines vollständigen Lehrbuches der Bibliothek-Wissenschaft*, 1. Heft, München: Schrettinger, 1808.

Seifert, Siegfried, „‚Niemand wird läugnen, daß ein Real-Catalog das Fundament einer jeden Bibliotheks-Anstalt sey'. Bemerkungen zum historischen Realkatalog der Weimarer Bibliothek", in: ders./Konrad Kratsch (Hrsg.), *Historische Bestände der Herzogin Anna Amalia Bibliothek zu Weimar*, Berlin/Boston: K. G. Saur, 1992, S. 55–92.

Steierwald, Ulrike, „Zentrum des Weimarer Musenhofes. Die Herzogliche Bibliothek 1758–1832", in: Michael Knoche (Hrsg.), *Herzogin Anna Amalia Bibliothek – Kulturgeschichte einer Sammlung*, München: Hanser, 1999, S. 62–107.

Tümmler, Hans (Hrsg.), *Goethes Briefwechsel mit Christian Gottlieb Voigt*, Bd. 2 (= *Schriften der Goethe-Gesellschaft*, Bd. 54), Weimar: Böhlau, 1951.

Tümmler, Hans (Hrsg.), *Goethes Briefwechsel mit Christian Gottlieb Voigt*, Bd. 3 (= *Schriften der Goethe-Gesellschaft*, Bd. 55), Weimar: Böhlau, 1955.

Weimarische Wöchentliche Anzeigen 1799.

Ungedruckte Schriften

Herzogin Anna Amalia Bibliothek, *Diarium über die bei der fürstlichen Bibliothek gangbaren Geschäfte*, angefangen im April 1799, HAAB Loc. A:30.1. – Komplettdigitalisierung: http://nbn-resolving.de/urn:nbn:de:gbv:32-1-10000878140 (zuletzt abgerufen: 08.06.2025).
Landesarchiv Thüringen Weimar A 11619 g: *Bericht von Johann Christoph Ferdinand Spilker an die Oberaufsicht vom 9. Januar 1798.*

Benedikt Kranemann
Tradierung – Normierung – Reform
Liturgische Gebete und kirchliche Textpraktiken

Liturgische Texte unter dem Gesichtspunkt der Textpraktiken zu betrachten, ist ein spannendes Unterfangen, auch und gerade dann, wenn man nicht vorrangig auf theologische Aussagen der Texte schaut, sondern sich den Umgang im Gottesdienst mit solchen Texten verdeutlicht. Die entsprechenden Textpraktiken sind aufgrund der Intertextualität, der Rollen-, aber ebenso Raumbezüge vielfältig. Sie fallen artifiziell aus, weil sie Sprachformen der Geschichte und Gegenwart miteinander verweben. Sie stellen aufgrund der Überzeugung, dass Liturgie ein Geschehen zwischen Gott und Mensch ist, ganz eigene Zeitbezüge her. Zudem lässt sich den kirchlichen Textpraktiken viel über die jeweilige Liturgie, die Handelnden und die damit verbundene Institution entnehmen.

Manches von dem, was hier vorgestellt wird, lässt sich für christliche Kirchen insgesamt verallgemeinern, anderes ist aber auch spezifisch für die römisch-katholische Kirche, auf die im Folgenden der Blick gerichtet wird. Wenn beispielsweise nicht die römische, sondern etwa die gallische Tradition in den Mittelpunkt gestellt würde,[1] wenn orientalische und orthodoxe Kirchen mit ihren Textpraktiken untersucht würden,[2] ginge es zumindest zum Teil um anders strukturierte Texte, im Detail auch um andere Textformen und -praktiken.

Nach einigen Vorbemerkungen zu Textsorten und speziell Gebetsformen in der römischen Liturgie (1) werden im Folgenden Textpraktiken genauer betrachtet, die sich mit der Textsorte 'Oration' (2) verbinden. Kurz werden heutige Übersetzungen liturgischer Texte aus dem Lateinischen in die verschiedenen Muttersprachen in den Blick genommen (3). Abschließend wird systematisierend die Vielfalt von Textpraktiken in der Liturgie erörtert (4).

---

1 Vgl. dazu Martin Klöckener, „Zeitgemäßes Beten. Meßorationen als Zeugnisse einer sich wandelnden Kultur und Spiritualität", in: Reinhard Meßner u. a. (Hrsg.), *Bewahren und Erneuern. Studien zur Meßliturgie. Festschrift für Hans Bernhard Meyer SJ zum 70. Geburtstag* (= *Innsbrucker theologische Studien*, Bd. 42), Innsbruck: Tyrolia, 1995, S. 114–142.
2 Dazu jetzt sehr instruktiv Stefanos Alexopoulos/Maxwell E. Johnson, *Introduction to Eastern Christian liturgies* (= *Alcuin Club Collections*, Bd. 96), Collegeville/MN.: Liturgical Press, 2021.

https://doi.org/10.1515/9783112224724-004

1 Textsorten und Gebetsformen in der römischen Liturgie

Liturgische Texte umfassen nicht nur Gebetstexte. Deshalb haben wir es mit unterschiedlichen Textpraktiken zu tun, die sehr verschiedenen Graden der Normierung unterworfen sind. Von diesen Texten sind in theologischer Perspektive zunächst die biblischen Texte zu nennen, also Schriftlesungen, denen in der Liturgie eine eigene Dignität (Stichwort: Wort Gottes), eine spezifische Inszenierung, die zwischen verschiedenen Büchern Distinktionen vornimmt – man denke nur an Altes und Neues Testament –, eine eigene räumliche Verortung (Stichwort Ambo), eigene Rollenträger (wer darf eine Lesung, wer das Evangelium in welcher Liturgie lesen?), eigene Riten und so weiter zukommen. Was wann im Wortgottesdienst der Messfeier gelesen wird, regelt heute eine nach dem Zweiten Vatikanischen Konzil entwickelte, weltkirchlich geltende Leseordnung. Sie ist im Umfang und etwa mit Blick auf Texte aus dem Alten Testament zwar neu, schreibt aber beispielsweise für die zentralen Festzeiten ältere und älteste Traditionen, so etwa in der Osternacht, fort. Solche Textpraktiken ändern sich im Laufe der Liturgiegeschichte immer wieder.

Es sind *biblische Texte*, die die Messfeier[3] durch Begleitformeln als Heilige Schrift ausweist und die die spezifische Kommunikationssituation der Liturgie ausdrücken:[4] Es geht für die Gläubigen um Kommunikation mit Gott. Von hierher erklärt sich auch manches, was gleich zum liturgischen Gebet zu beobachten sein wird. In dieser Liturgie wird zwischen der Textpraxis für das Alte Testament, der neutestamentlichen Briefliteratur und Apostelgeschichte und dem Evangelium unterschieden. Das gilt für die liturgischen Rollen: Die Verkündigung des Evangeliums ist nach den kirchlichen Normen Priester oder Diakon vorbehalten, die anderen biblischen Texte werden von Lektor oder Lektorin verkündet. Gewichtungen zwischen den Texten und Schwierigkeiten in der wechselseitigen Zuordnung der Texte der Bibel, aber auch Hierarchien in der Kirche werden performativ zur Erfahrung gebracht. Möglicherweise werden für die Verlesung unterschiedliche liturgische Bücher (Lektionar, Evangeliar) verwendet. Zum Evangelium stehen die Feiernden, bei den anderen biblischen Texten sitzen sie. Beginnt die Lesung aus dem Alten Tes-

---

3 Generell gilt aber, dass in jeder römisch-katholischen Liturgiefeier heute eine Bibellesung vorgesehen ist.

4 Vgl. Marco Benini, *Liturgische Bibelhermeneutik. Die Heilige Schrift im Horizont des Gottesdienstes* (= *Liturgiewissenschaftliche Quellen und Forschungen*, Bd. 109), Münster: Aschendorff, 2020; Gordon Jeanes/Bridget Nichols (Hrsg.), *Lively oracles of God. Perspectives on the Bible and Liturgy* (= *Alcuin Club Collections*, Bd. 97), Collegeville/MN: Liturgical Press Academic, 2022.

tament beziehungsweise aus der Briefliteratur und der Apostelgeschichte mit der Nennung des Buches, so geht dem Evangelium ein komplexerer Dialog voraus. Auf den Ruf von Diakon oder Priester „Der Herr sei mit euch" antwortet die Gemeinde „Und mit deinem Geiste". Die Christuspräsenz in der Verkündigung (nur des Evangeliums oder auch der anderen biblischen Texte?) wird ausgesagt. Folgt man der Textpraktik, ist diese Präsenz nicht nur eine Möglichkeit, sondern wird als gegeben betrachtet. Deshalb können die Gläubigen auf den Zuruf des Priesters „Aus dem Evangelium nach N." auf den gegenwärtig geglaubten Christus bezogen antworten „Ehre sei dir, o Herr". Dem entsprechen die Dialoge nach den biblischen Texten. Heißt es bei alt- oder neutestamentlicher Lesung oder Apostelgeschichte „Wort des lebendigen Gottes"/„Dank sei Gott", heißt es nach dem Evangelium „Evangelium unseres Herrn Jesus Christus"/„Lob sei dir, Christus". Die Verlesung des Evangeliums wird durch die Verwendung von Kerzen und Weihrauch begleitet. Zuvor zeichnen sich Priester und andere Gläubige auf Stirn-, Mund und Brust ein Kreuz.[5] Es sind Nuancen, die im Umgang mit den verschiedenen Texten sichtbar werden, aber doch weitreichende theologische Fragen aufwerfen. Das Beispiel zeigt, wie differenziert die Textpraktiken der Liturgie ausfallen, um das kommunizieren zu können, was hier gefeiert wird, und um Gott-Mensch- wie Mensch-Mensch-Kommunikation vollziehen zu können.

Innerhalb der biblischen Texte sind die alttestamentlichen Psalmen zu nennen,[6] die eine ganz eigene Textsorte darstellen, zugleich im christlichen Gottesdienst und dort häufig eben christologisiert[7] in unterschiedlichster Weise gebraucht werden: fallweise als Lesung, dann als Textganzes im Sinne von Gebet oder Basis für ein Gebet, als Auswahl einzelner Verse – das alles in vielfältigen und sehr unterschiedlichen Zusammenhängen. Psalmen sind weniger homogen, als es die Zugehörigkeit zum Psalter erwarten lässt. Die relative Inhomogenität spiegelt sich im liturgischen Gebrauch. Wenn man nachvollzieht, wo und wann etwa Psalm 23

---

5 Vgl. Benedikt Kranemann, „Biblische Texte als Heilige Schrift in der Liturgie", in: Christoph Bultmann u. a. (Hrsg.), *Heilige Schriften. Ursprung, Geltung und Gebrauch*, Münster: Aschendorff, 2005, S. 159–171.

6 Vgl. die sehr differenzierte Darstellung von Harald Buchinger, „Zur Hermeneutik liturgischer Psalmenverwendung. Methodologische Überlegungen im Schnittpunkt von Bibelwissenschaft, Patristik und Liturgiewissenschaft", in: *Heiliger Dienst* 54 (2000), S. 193–222.

7 Vgl. die unterschiedlichen Positionen in Benedikt Kranemann/Klemens Richter (Hrsg.), *Christologie der Liturgie. Der Gottesdienst der Kirche – Christusbekenntnis und Sinaibund* (= Quaestiones Disputatae, Bd. 159), Freiburg/Br. u. a.: Herder, 1995; eine sehr differenzierte Darstellung bei Gerard Rouwhorst, „Christlicher Gottesdienst und der Gottesdienst Israels. Forschungsgeschichte, historische Interaktionen, Theologie", in: Martin Klöckener u. a. (Hrsg.), *Theologie des Gottesdienstes*, Bd. 2, *Gottesdienst im Leben der Christen. Christliche und jüdische Liturgie* (= Gottesdienst der Kirche; Teil 2, Bd. 2), Regensburg: Pustet, 2008, S. 491–572, hier: S. 568–572.

(„Der Herr ist mein Hirte, nichts wird mir fehlen") in der Liturgie gesprochen oder gesungen wird, muss man von 'Gebrauch' eines biblischen Textes sprechen: an verschiedenen Heiligenfesten, in Taufliturgien, aber auch beim Begräbnis usw. Mit Blick auf Textpraktiken sind Psalmen als alttestamentliche Texte auch insofern interessant, als sie durch vorangestellte und rahmende Texte spezifisch liturgisch rezipiert werden. Zusätzlich zu den Antiphonen, die in der Rezitation der Psalmen vertraut sind, kommen die Titel der Psalmen hinzu, neben einer Überschrift ein Satz aus dem Neuen Testament oder Kirchenväterzitate. Sie dürften den meisten Beterinnen und Betern kaum bekannt sein. Man wird bei den möglichen Textpraktiken der Liturgie grundsätzlich davon ausgehen müssen, dass sie entweder variiert oder auch ausgelassen werden.

Darüber hinaus darf nicht vergessen werden, dass biblische Texte wie das Vaterunser, das Benedictus, das Magnificat als Gebetstexte oder Lieder Verwendung finden.[8] Dabei sei auf den Zusammenhang von rezitiertem Bibeltext und Rollenidentifikation in der Liturgie hingewiesen. Indem Betende beispielsweise das Vaterunser rezitieren, treten sie faktisch in die Rolle der Jünger ein. Sie sprechen das Gebet, über das Jesus zu seinen Jüngern sagt: „Wenn ihr betet, so sprecht".[9] Man kann sagen: Es handelt sich um eine Textpraktik, die, so Angelus A. Häußling, eine Rollenidentifikation und dadurch eine performative Wirkung ermöglicht, die nicht (allein) kognitiv, sondern affektiv ist. Der so in die Liturgie involvierte Mensch verändert sich durch das liturgische Geschehen, so dass er „sich jetzt als ein anderer verstehen darf und muß"[10]. Prägnant formuliert: Es geht um „Selbstklärung in zitierender Übernahme der Rollen der geschichtlichen Leitgestalten der normativen Heilszeit aus situativer Identität."[11] Das biblisch als Heilsgeschichte Überlieferte wird somit im Leben derer, die sich in ihrem Leben mit dieser Heilsgeschichte iden-

---

8 Vgl. Franz Schneider, „Die Lobgesänge aus dem Evangelium. ‚Benedictus' – ‚Magnificat' – ‚Nunc dimittis'", in: Martin Klöckener/Heinrich Rennings (Hrsg.), *Lebendiges Stundengebet. Vertiefung und Hilfe* (= *Pastoralliturgische Reihe in Verbindung mit der Zeitschrift „Gottesdienst"*), Freiburg/Br. u. a.: Herder, 1989, S. 252–266.

9 Lukas 11, 2.

10 Angelus A. Häußling, „Liturgie: Gedächtnis eines Vergangenen und doch Befreiung in der Gegenwart", in: ders., *Christliche Identität aus der Liturgie. Theologische und historische Studien zum Gottesdienst der Kirche*, hrsg. von Martin Klöckener u. a. (= *Liturgiewissenschaftliche Quellen und Forschungen*, Bd. 79), Münster: Aschendorff, 1997, S. 2–10, hier: S. 5.

11 Die Zitate stammen aus ebd. Vgl. auch Angelus A. Häußling, „Die Übung der Tagzeiten in der Geschichte der Kirche", in: ders., *Tagzeitenliturgie in Geschichte und Gegenwart. Historische und theologische Studien*, hrsg. von Martin Klöckener (= *Liturgiewissenschaftliche Quellen und Forschungen*, Bd. 100), Münster: Aschendorff, ²2017, S. 52–68, hier: S. 61.

tifizieren, zur relevanten und entscheidenden Größe. Man kann das als den Kern liturgischer Textpraktiken bezeichnen.[12]

Daneben und quasi als Reaktion auf biblische Texte ist die *Predigt* oder *Homilie* zu nennen.[13] Während biblischer Text, auch in seiner Auswahl, fixiert ist, ist die Homilie ein immer neu entstehender Text mit wechselnder Adressatengruppe. An aktuellen Debatten in der katholischen Kirche sieht man, wie umstritten solche Textpraktiken sein können. Deutlich wird dies etwa an der Frage, wer wo predigen darf, oder der stets virulenten Frage der Qualität von Predigt. Damit sind zum Beispiel die Lebenserfahrungen und theologischen Programme hinter Predigten, Geschlechterfragen, Probleme der Professionalität aufgerufen.

Zu den „Gestalten des Wortes"[14] gehören *gesungene Texte*,[15] zumal Kirchenlieder,[16] aber auch die Gregorianik[17] als eine spezifische Form des Kirchengesangs und des Umgangs mit Text. Damit stehen Texte und Melodien von Kirchenliedern, die immer wieder ergänzt und fortgeschrieben werden, neben den kanonisierten Choralgesängen – ein Nebeneinander, das für Textpraktiken der Liturgie typisch ist, zugleich Variabilität innerhalb dieser Praktiken erkennen lässt. Auch wenn liturgische Textpraktiken normiert sind, müssen sie nicht unveränderlich sein. Musik und Gesang sind für Liturgie keine Nebensächlichkeit, sondern ein ganz zentrales Medium, sich gegenüber Gott und untereinander dort auszudrücken, wo Verbalität an ein Ende kommt.

---

12 Vgl. auch Reinhard Meßner, „Christliche Identität aus der Liturgie. Ein bedeutender Beitrag Angelus A. Häußlings zu einer Hermeneutik der Liturgie", in: *Archiv für Liturgiewissenschaft* 41 (1999), S. 336–346, hier: S. 341 f.

13 Vgl. die in Anm. 59 genannte Literatur.

14 Der Begriff wird übernommen von Karl-Heinrich Bieritz, „Das Wort im Gottesdienst", in: Rupert Berger u. a. (Hrsg.), *Gestalt des Gottesdienstes. Sprachliche und nichtsprachliche Ausdrucksformen* (= *Gottesdienst der Kirche*, Teil 3), Regensburg: Pustet, ²1990, S. 47–76, hier: S. 71.

15 Verwiesen sei auf das zweibändige Kompendium: Albert Gerhards/Matthias Schneider (Hrsg.), *Der Gottesdienst und seine Musik*, Bd. 1, *Grundlegung: Der Raum und die Instrumente. Theologische Ansätze. Hymnologie: Die Ansätze des Gottesdienstes*, und Bd. 2, *Liturgik: Gottesdienstformen und ihre Handlungsträger* (= *Enzyklopädie der Kirchenmusik*, Bd. 4.1–2), Laaber: Laaber-Verlag, 2014.

16 Umfangreiche Studien zum Kirchenlied erscheinen ab dem Jahr 2000 in der Reihe *Mainzer Hymnologischen Studien*; sehr gute Einführung: Andreas Marti, *Kirchenlied und Gesangbuch. Einführung in die Hymnologie*, Göttingen: V&R, 2021; ein exzellenter Kommentar: Ansgar Franz u. a. (Hrsg.), *Die Lieder des Gotteslob. Geschichte – Liturgie – Kultur. Mit besonderer Berücksichtigung ausgewählter Lieder des Erzbistums Köln*, Stuttgart: kbw, 2017.

17 Vgl. den sehr informativen Überblick bei Harald Buchinger, „Gregorianik: Das Kernritual", in: Albert Gerhards/Matthias Schneider (Hrsg.), *Der Gottesdienst und seine Musik*, Bd. 1, *Grundlegung: Der Raum und die Instrumente. Theologische Ansätze. Hymnologie: Die Ansätze des Gottesdienstes* (= *Enzyklopädie der Kirchenmusik*, Bd. 4.1), Laaber: Laaber-Verlag, 2014, S. 133–152.

Mit *Gebetstexten* ist ein ganz eigenes Feld eröffnet.[18] Über Orationen als eine eher kleine, kompakte Textsorte wird gleich noch zu sprechen sein. Es gibt höchst elaborierte Texte wie Hochgebete, etwa in der Eucharistie, wie das Exsultet in der Osternacht und so weiter. Das Exsultet[19] ist auch deshalb bemerkenswert, weil im Hochmittelalter der Gesang regional durch das Abrollen einer Exsultet-Rolle begleitet werden konnte, deren Bilder für die Menschen im Kirchenraum das Rezitierte illustrierten.[20] Daneben stehen die knapp bemessenen Orationen, auf die gleich näher eingegangen wird. Segensgebete, Gebete, die Handlungen begleiten, Bittgebete, insbesondere das Fürbittgebet der Messfeier, Akklamationen wie das Halleluja oder auch das ein Gebet bestätigende 'Amen' sind hier zu nennen. Die meisten dieser Texte müssen sich für die Wiederholung in einer Gemeinschaft eignen, was beispielsweise für die Übersetzung eine Herausforderung darstellt, sie müssen aber auch singbar sein – das sind besondere Anforderungen an viele liturgische Texte.

Mit dieser Aufzählung sind viele Textsorten noch nicht erfasst, beispielsweise Bekenntnistexte wie das Credo, die keine Gebete sind, Eröffnungen von Liturgien, die frei formuliert werden, Lesungen aus Heiligenviten und vieles mehr. Es handelt sich um ein Geflecht unterschiedlicher überlieferter Texte, die mit jeweils aktuell formulierten Texten verbunden sind, welche entweder völlig frei oder nach kirchlicherseits vorgegebenen Kriterien gestaltet sind.

Für die Textpraktiken sind nicht nur Textsorten, sondern auch die damit verbundenen Riten wichtig, wie am Beispiel der Rezitation (Verkündigung) von biblischen Texten in der sonntäglichen Eucharistiefeier der Gegenwart gezeigt werden kann. Wann steht und wann sitzt man? Die Körperhaltungen variieren: Zu den alttestamentlichen Texten und den Brieflesungen sowie den Lesungen aus der Apostelgeschichte sitzt die Gemeinde, zum Evangelium erhebt sie sich. Hier werden Gewichtungen zwischen den verschiedenen Teilen der Bibel zum Ausdruck gebracht, die auf eine lange Tradition zurückgeführt werden können, heute aber theologisch strittig sind.[21] Wer darf welchen Text sprechen? Nur das Evangelium ist nach den liturgischen Normen Priester oder Diakon vorbehalten. Alle Mitfeiernden sind in irgendeiner Weise Hörende, auch die gerade Genannten. Wo findet die Verlesung,

---

18 Vgl. Michael B. Merz, „Gebetsformen der Liturgie", in: Rupert Berger u. a. (Hrsg.), *Gestalt des Gottesdienstes. Sprachliche und nichtsprachliche Ausdrucksformen* (= *Gottesdienst der Kirche*, Teil 3), Regensburg: Pustet, ²1990, S. 97–130.
19 Zur heutigen Textgestalt und alternativer Übersetzung vgl. Norbert Lohfink, „Die deutsche Übersetzung des Exsultet. Kritische Analyse und Neuentwurf", in: *Liturgisches Jahrbuch* 49 (1999), S. 39–76.
20 Vgl. Guglielmo Cavallo, *Exsultet. Rotoli liturgici del medioevo meridionale*, Rom: Libreria dello Stato, 1994.
21 Vgl. etwa die Beiträge dazu in Martin Klöckener u. a. (Hrsg.), *Présence et rôle de la Bible dans la liturgie*, Freiburg/Schweiz: Academic Press, 2006.

die Rezitation, der Gesang statt? Mit dem Ambo kennt die katholische Kirche heute einen ausgewiesenen Leseort, dessen Nutzung das Verlesen als Verkündigungsgeschehen ausweist.[22] Auf die Begleitformeln für die Verlesung und die entsprechenden Akklamationen der Gläubigen ist bereits hingewiesen worden.[23] Wie wird mit den jeweiligen Büchern, wenn solche verwendet werden, umgegangen? Die Inzens des Evangeliars, und nach jetzigem Ritus nicht nur dieses Buches, visualisiert und bringt odoratorisch unter anderem das auch verbal geäußerte Bekenntnis zur Gegenwart Christi zum Ausdruck. Das Erheben und Zeigen des Evangeliars[24] nach der Verlesung des Evangeliums ist ein Ritus der Repräsentation Christi. Textpraktiken in der Liturgie sind formalisiert und durch und durch ritualisiert. Zugleich spielen für sie Körper und Raum eine Rolle.[25]

Zu Textpraktiken der Liturgie gehört die Intertextualität dazu.[26] Der einzelne Text steht nie für sich, Texte kommentieren sich gegenseitig – in einer Perikopenordnung der Messe, die alttestamentliche Texte in Passung zu neutestamentlichen kombiniert, im Nebeneinander der Psalmen in einer Laudes oder Vesper, die durch Antiphonen die biblischen Texte auf eine Kirchenjahreszeit bezieht, in einer Oration, die nach verschiedenen Texten eine sammelnde Funktion am Ende eines Abschnitts der Liturgie innehat – und bilden zusammen einen neuen, größeren Text, den Gottesdienst insgesamt.

---

22 Zum Ort, seiner Geschichte und Gestaltung vgl. Goffredo Boselli (Hrsg.), *L'ambone. Tavola della parola di Dio. Atti del III Convegno liturgico internazionale Bose, 2–4 giugno 2005* (= *Liturgia e vita*), Magnano: Qiqajon, 2006; Jürgen Bärsch, „Am Tisch des Gotteswortes. Zum Ort der Verkündigung der Heiligen Schrift im katholischen Gottesdienst", in: *Jahrbuch des Vereins für christliche Kunst in München* 26 (2013), S. 18–37.

23 Vgl. oben S. 70.

24 Dieser vielerorts übliche Ritus ist im Messbuch nicht vorgesehen.

25 Vgl. Benedikt Kranemann, „Liturgie, Körper, kulturelles Gedächtnis. Nonverbale Erinnerungsformen im Gottesdienst", in: *Bibel und Liturgie* 90 (2017), S. 23–31. Birgit Jeggle-Merz, „Liturgie und Körper. Auf den Spuren der Leiblichkeit in der Begegnung mit Gott", in: *transformatio;* 1 (2022), S. 16–31.

26 Vgl. zu Intertextualität und Konsonanz Alexander Zerfaß, *Auf dem Weg nach Emmaus. Die Hermeneutik der Schriftlesung im Wortgottesdienst der Messe* (= *Pietas Liturgica. Studia*, Bd. 24), Tübingen: Narr Francke Attempto, 2016, S. 153–158.

2 Textsorte „Oration/Tagesgebet" – Textpraktiken in der Messfeier

Am Beispiel von Orationen aus der Messfeier lässt sich das Gesagte vertiefen. Wie sieht der Ritus aus, der laut Messbuch für jede Eucharistiefeier vorgesehen ist? Wenn wir von Textpraktiken sprechen: Das Messbuch ist ein Rollenbuch und enthält die Texte, die der liturgischen Rolle des Priesters zukommen. Es gibt daneben zum Beispiel Gesang- und Gebetbücher für die anderen Gläubigen, es gibt im Idealfall ein Lektionar für diejenigen, die die alt- und neutestamentlichen Lesungen vortragen, es gibt ein Evangeliar und so weiter. In den Rollenbüchern und damit den Textpraktiken der Liturgie schlägt sich nieder, dass die gesamte Gruppe, die hier versammelt ist – die Gemeinde –, den Gottesdienst feiert. Damit zeichnet sich schon auf der Ebene der liturgischen Bücher eine andere Textpraktik ab als in der Messliturgie vor 1970, in der alle Texte in einem Buch, dem Missale, standen, aus denen der Priester sie lesen oder singen musste.

Die Eröffnung der Messfeier endet mit einem Gebet, dem so genannten Tagesgebet. Dazu stehen alle, der Priester lädt zum Gebet ein mit den Worten „Lasset uns beten". Durch den Plural wird das Gebet als Gemeinschaftsgeschehen ausgewiesen. Zum Ritus gehört, dass nach der Gebetseinladung eine Stille gehalten wird beziehungsweise werden soll, wie es im Messbuch heißt: „in der sich alle zum Gebet sammeln".[27] Wenn das realisiert würde, schlösse sich jetzt ein Moment zum individuellen Gebet an,[28] was allerdings selten wirklich realisiert wird. Die Art und Weise der Beteiligung der Gläubigen lässt kritisch fragen, welche Vorstellung von Kirche und Gemeinde hier transportiert wird. Es schließt sich das Tagesgebet an, das der Priester als Vorsteher der gottesdienstlichen Versammlung sprechen soll. Dabei breitet der Priester die Hände aus, nimmt also die sogenannte Orantenhaltung ein. Gebet und Gestus bilden eine Einheit. Das Gebet endet damit, dass die Gemeinde es, wie das Messbuch sagt, mit dem Ruf „Amen" beschließt. Dieser aus dem Hebräischen stammende Ruf ist Bekräftigung und Zustimmung gleichermaßen. Handeln des Priesters und der Gemeinde greifen Hand in Hand, es geht um gemeinschaftliches Gebet. Ob das allen Beteiligten wirklich bewusst oder jemals zu

---

27 *Die Feier der heiligen Messe. Messbuch. Für die Bistümer des deutschen Sprachgebietes. Authentische Ausgabe für den liturgischen Gebrauch. Kleinausgabe. Das Meßbuch deutsch für alle Tage des Jahres*, hrsg. im Auftrag der Bischofskonferenzen Deutschlands, Österreichs und der Schweiz sowie der Bischöfe von Luxemburg, Bozen-Brixen und Lüttich, Freiburg/Br. u. a.: Herder u. a., [2]2007, S. 332.
28 Vgl. dazu Eva-Maria Faber, „Persönliches in Gemeinschaft. Liturgisches Beten in der Spannung von Intimität und öffentlich-sozialer Handlung", in: Ingolf U. Dalferth/Simon Peng-Keller (Hrsg.), *Beten als verleiblichtes Verstehen. Neue Zugänge zu einer Hermeneutik des Gebets* (= Quaestiones Disputatae, Bd. 275), Freiburg/Br. u. a.: Herder, 2016, S. 197–229.

Bewusstsein gekommen ist, muss offenbleiben, denn diese Gebetspraxis wird durch eine andere nach wie vor überdeckt, wie gleich zu zeigen ist.

Zunächst einige Bemerkungen zum schriftlich fixierten Gebetstext: Wie viele andere, aber längst nicht alle Texte der Liturgie sind diese Tagesgebete – Orationen – Traditionstexte. Sie stammen oftmals aus der Spätantike und dem Frühmittelalter und sind Zeugnisse einer Zeit, in der man aus verschiedenen Gründen das improvisierte zugunsten des fixierten Gebets aufgab beziehungsweise aufgeben musste. Es hat Synoden gegeben, die, wie für Nordafrika zur Zeit des Augustinus belegt, zumindest für zentrale Gebete die Verwendung von Vorlagen vorgeschrieben haben.[29] Diese spätantik-frühmittelalterlichen Texte wurden aufgrund der ihnen zugeschriebenen Rechtgläubigkeit autoritativ. Sie wurden mit herausragenden Gestalten der Kirchengeschichte, insbesondere Päpsten, in Verbindung gebracht und mit Heilstopografien (Rom, Jerusalem) zusammengeschaut. Sie galten als Texte der Gebets- und Glaubenstradition. Indem solche Texte über Jahrhunderte verwendet werden, bildet sich eine Traditionslinie, die mit dem Ideal kirchlicher Einheit verbunden wird. Das ist ein Ideal, das bereits im Frühmittelalter auftaucht und eine sehr unterschiedliche Rezeption erlebte, dann im 19. Jahrhundert nachdrücklich und programmatisch verstärkt wurde und eine Langzeitwirkung besitzt. Die Kirche realisiert demnach in der Liturgie eine Gebetsordnung und damit zugleich kirchliche Einheit. Um diese Einheit in der Liturgie zu garantieren, gründete Papst Sixtus V. im Jahr 1588 die sogenannte Ritenkongregation, die die Reinheit und Einheit der Liturgie überwachen sollte. Es brauchte drei Jahrhunderte, bis die Kirche diese Einheit umfassend in ihre Textpraktik implementiert hatte.

Wie sehen Orationen wie ein solches Tagesgebet heute aus? Die katholische Kirche kennt gegenwärtig unterschiedliche Sprachpraktiken: Neben den lateinischen gibt es muttersprachliche Liturgiebücher. Es lohnt, sich für das gewählte Beispiel zunächst den lateinischen Text des Tagesgebets zu vergegenwärtigen. Das Gebet stammt vom zweiten Sonntag im Jahreskreis:

> Omnipotens sempiterne Deus, qui caelestia simul et terrena moderaris, supplicationes populi tui clementer exaudi, et pacem tuam nostris concede temporibus. Per Dominum.[30]

---

29 Vgl. Martin Klöckener, „Das eucharistische Hochgebet in der nordafrikanischen Liturgie der christlichen Spätantike", in: Albert Gerhards u. a. (Hrsg.), *Prex eucharistica III: Studia. Pars prima: Ecclesia antiqua et occidentalis* (= *Spicilegium Friburgense*, Bd. 42), Freiburg/Schweiz: Academic Press, 2005, S. 43–128, hier: S. 73–84.

30 *Missale Romanum. Ex decreto sacrosancti oecumenici Concilii Vaticani II instauratum auctoritate Pauli PP. VI promulgatum Ioannis Pauli PP. II cura recognitum*, Editio typica tertia, Vatikanstadt: Libreria Editrice Vaticana, 2002, S. 452.

Das Gebet ist eine klassisch römische Oration. Es beginnt mit einer Anaklese, einer Anrede Gottes, einer klaren Adressierung des Gebets an Gott, der als Gegenüber angerufen wird, fährt dann mit einer Prädikation fort, die relativisch angeschlossen ist und mit anamnetischen Aussagen an die Schöpfung erinnert, lässt eine knappe, an Gott gerichtete Bitte folgen und mündet in einen Gebetsschluss, eine Doxologie. Das ganze Gebet besteht aus einem einzigen Satz. Dieser kleine Text begegnet bereits in der vorkonziliaren Liturgie am zweiten Sonntag nach Epiphanie. Er ist schon im *Sacramentarium Gregorianum Hadrianum* überliefert, einer Sammlung mit priesterlichen Gebeten, die Papst Hadrian I. auf Bitten Karls des Großen zwischen 784 und 791 nach Aachen geschickt hatte.[31] Die Logik hinter der Bitte Karls des Großen bestand darin, Liturgie feiern zu wollen, wie sie an den Apostelgräbern in Rom gefeiert wurde. Die heutige Praxis steht zum einen diachron in einer langen Tradition kirchlichen Betens, ist zum anderen synchron Teil einer weltkirchlichen Praxis, denn in welcher Sprache auch immer: Alle Messbücher der römisch-katholischen Kirche sehen dieses Gebet für diesen Sonntag vor. Mit diesen wenigen Worten kommuniziert die Kirche bereits sehr Unterschiedliches und Vielfältiges noch weit vor der Frage, was im Text selbst ausgesagt wird. Es sind also verschiedene Zeitebenen im Spiel, die man noch um eine weitere ergänzen kann: Gott 'moderiert' Himmel und Erde von Ewigkeit her, so wird man das lesen müssen. In diese Geschichte sehen sich diejenigen, die hier beten, hineingestellt. Verschiedene Zeitebenen werden miteinander verschränkt. Heilsgeschichte und Gegenwart werden zusammengeschaut. Das verdeutlichen andere liturgische Texte noch nachdrücklicher. Das Exsultet der Osternacht besingt zum Beispiel, dass 'dies' die Nacht ist, in der Gott Israel aus Ägypten befreit – man kann sehr schnell zeigen, dass der Glaube zum Ausdruck gebracht wird, hier und jetzt diesem befreienden Gott zu begegnen.

Eben war vom Ritus des Gebets die Rede, vom Einbezug aller Beteiligten. Für altkirchliches Gebet war eine Rollenverteilung von Vorsteher und Gemeinde durchaus üblich. Man kann sagen: Es gab eine ritualisierte Form des Gebets, die von der ganzen Gemeinde realisiert wurde. Aber als dieses Gebet mit dem genannten Sakramentar nach Aachen transferiert wurde, wird die Praxis schon eine andere gewesen sein. Mit einer sich mehr und mehr durchsetzenden 'Klerikerliturgie' (Arnold Angenendt) trat das Gebet der anderen Gläubigen zunehmend zurück. Der Priester sprach oder sang noch das „Oremus", schloss dann aber die Oration

---

31 Vgl. Martin Klöckener, „Liturgische Quellen des Frühmittelalters", in: Jürgen Bärsch/Benedikt Kranemann (Hrsg.), *Geschichte der Liturgie in den Kirchen des Westens. Rituelle Entwicklungen, theologische Konzepte und kulturelle Kontexte*, Bd. 1, *Von der Antike bis zur Neuzeit*, Münster: Aschendorff, 2018, S. 293–328, hier: S. 300.

sofort an und beendete sie vermutlich auch selbst mit dem „Amen". Das galt insbesondere dann, wenn er die Messe still las. Eine Oration aus einer mit verteilten
Rollen gefeierten Gemeindeliturgie war zum Gebet in einer allein vom Ordinierten
vollzogenen Klerikerliturgie geworden. Mit anderen Worten: Ein und derselbe Text
kann Teil sehr unterschiedlicher Textpraktiken und damit auch sehr verschiedener
Typen von Liturgie sein.

Diese ritualisierte Praxis impliziert in der Liturgie zugleich Körper- und Leib-
praxis. Stehen, Sitzen, Knien sind zu bestimmten Vollzügen der Liturgie und ihren
Texten üblich. Sie zeigen die Bedeutung eines Ritus an, drücken aus, dass sich der
Mensch hier zu Gott verhält, und internalisieren das Gefeierte zugleich. Das gilt
auch für das Tagesgebet, während dessen alle stehen. Die gemeinsame Körperhal-
tung zeigt das gemeinsame Gebet an, weist aber auch die Adressierung des Gebets
an Gott aus. Der Priester breitet zum Gebet die Hände aus. Das wird gemeinhin
erklärt als eine Gebetshaltung, die das Sich-Öffnen gegenüber Gott und die Hingabe
an ihn ausdrücken und zugleich die Bereitschaft zum Empfangen aussagen soll.
Dieser Gestus entspricht dem anamnetisch-epikletischen Text: lobpreisend-dan-
kendes Sich-Öffnen gegenüber Gott, zugleich Bereitschaft, das entgegenzunehmen,
was im Gebet erbeten wird. Im Zusammenwirken von Gestus und Text wird die
spezifische Performance einer solchen liturgischen Textpraktik in ihrer Doppel-
adressierung sowohl zwischen Gott und Mensch als auch zwischen Menschen für
die Betenden zur Anschauung und zur Erfahrung gebracht.

Zu dieser Performance kann Gesang gehören. Der Text erhält einen „Klang-
leib"[32] und damit eine besondere Präsenz wie Dignität. Singen ist eine Weise ganz-
heitlicher Kommunikation, es verbessert die Möglichkeit der Wahrnehmung, erhöht
die Feierlichkeit der jeweiligen Liturgie, ist zugleich Ausdruck des liturgischen
Spiels.[33] Das Singen ermöglicht die Differenzierungen liturgischer Textpraktiken:
Orationen oder Eucharistiegebete werden anders intoniert als ein Kirchenlied,
eine Lesung wird nicht gesungen, aber vielleicht das Evangelium und so weiter.
Hierbei spielen theologische und entsprechend inszenatorische Gewichtungen eine
Rolle.

---

32 Albert Gerhards/Benedikt Kranemann, *Grundlagen und Perspektiven der Liturgiewissenschaft*,
Darmstadt: Wissenschaftliche Buchgesellschaft, 2019, S. 244.
33 Nach ebd., S. 249 f.

3 Übersetzung liturgischer Texte – Textpraktiken mit Blick *auf den* Gottesdienst[34]

Im deutschsprachigen Messbuch lautet die eben genannte Oration heute so:

> Allmächtiger Gott, du gebietest über Himmel und Erde, du hast Macht über die Herzen der Menschen. Darum kommen wir voll Vertrauen zu dir; stärke alle, die sich um die Gerechtigkeit mühen, und schenke unserer Zeit deinen Frieden. Darum bitten wir durch Jesus Christus.[35]

Die Unterschiede zum lateinischen Text sind sofort erkenntlich. Wie unterschiedlich Übersetzungen seit dem Zweiten Vatikanischen Konzil aussehen können, verdeutlicht gerade der Blick in das englischsprachige *Roman Missal*. Die Übersetzung für das englische Sprachgebiet kannte 1973 zwei alternative Gebetstexte an dieser Stelle. Eine sehr kurze Version lautet: „Father of heaven and earth, hear our prayers, and show us the way to peace in the world." Das ist keine Übersetzung, sondern ein Gebet, das einzelne Motive der lateinischen Vorlage aufnimmt und sie in eine Textform bringt, die sich als Schlussformel nach dem stillen Gebet der Gemeinde eignet.[36] Das andere Gebet entspricht vom Umfang her der deutschen Fassung der Oration und überträgt eher als dass es übersetzt:

> Almighty and ever-present Father, your watchful care reaches from end to end and orders all things in such power that even the tensions and the tragedies of sin cannot frustrate your loving plans. Help us to embrace your will, give us the strength to follow your call, so that your truth may live in our hearts and reflect peace to those who believe in your love.[37]

Dass das Gebet sich deutlich von seiner Vorlage entfernt, kann und will es nicht verbergen. Der Anspruch der Bearbeiter in den 1970er Jahren war, Aussagen des lateinischen Gebets in eine neue Textgestalt zu bringen. Als 2011 eine grundlegend

---

34 Vgl. zum Thema Alexander Zerfaß, „Die Sprache(n) der Liturgie. Volkssprachiger Gottesdienst im Spannungsfeld von Kommunikation und Ritualität", in: Andrea Ender/Franz Gmainer-Pranzl (Hrsg.), *Mehrsprachigkeit als Prinzip wissenschaftlichen Arbeitens* (= *Salzburger interdisziplinäre Diskurse*), Frankfurt/M. (in Vorbereitung); Benedikt Kranemann, „Das Ringen um die Sprache lebendiger Liturgie. Debatten in der jüngeren und jüngsten katholischen Liturgiegeschichte", in: *Berliner Theologische Zeitschrift* 39 (2022), H. 1, S. 184–203; Jan Mathis/Gerald Kretzschmar (Hrsg.), *versprochen. Interdisziplinäre Zugänge zur liturgischen Sprache*, im Auftrag des Zentrums für Evangelische Gottesdienst- und Predigtkultur, Leipzig: Evangelische Verlagsanstalt, 2022.
35 *Die Feier der heiligen Messe*, 209.
36 Vgl. dazu oben S. 72 f.
37 *The Roman Missal revised by decree of the Second Vatican Ecumenical Council and published by authority of Pope Paul VI. Part 2*, Washington DC: International Commission on English in the Liturgy, 1973, S. 190.

überarbeitete Ausgabe des *Roman Missal* erschien, hatte sich das Paradigma für den Umgang mit solchen Texten aufgrund anderer liturgierechtlicher Vorgaben geändert. Auch hier spricht der Text zunächst für sich, der nun eng dem Lateinischen folgt:

> Almigthy ever-living God, who govern all things, both in heaven and on earth, mercifully hear the pleading of your people and bestow your peace on our times.[38]

Unverkennbar folgt die Übersetzung dem Lateinischen bereits in der Formulierung der Gottesanrede, dann im Relativsatz, der dem lateinischen „Deus, qui" korrespondiert, schließlich im Satzbau, der nahe am Lateinischen bleibt. Was steckt hinter diesem sehr differenzierten und immer umstrittenen Umgang mit Text und Sprache?

Textpraktik meint in der katholischen Kirche nicht allein die Praktiken *im* Gottesdienst, sondern auch Textpraktiken mit Blick *auf den* Gottesdienst. Die Liturgie ist normiert, was nicht bedeutet, dass sie bis ins Letzte reglementiert wäre, was übrigens auch nicht bedeutet, dass diese Normierung generell akzeptiert würde und unumstritten wäre. Wie sieht die Übersetzungspraxis aus, die ja auch eine Textpraktik ist? Darüber ist in den vergangenen 50 Jahren in der katholischen Kirche heftig diskutiert worden.[39] Es gibt drei entscheidende Dokumente auf weltkirchlicher Ebene, verbunden mit endlosen Diskussionen.[40] Es mag hier ausreichen, wenn die Grundsätze der damit verbundenen Textpraktiken freigelegt werden: Das Zweite Vatikanische Konzil hat in der Liturgiekonstitution *Sacrosanctum Concilium* (SC 36) behutsam den Weg zu mehr Muttersprache in der Liturgie geebnet. In der nachkonziliaren Kirche ist die muttersprachliche Liturgie weltweit Normalität geworden. Das impliziert die Forderung nach einer verständlichen Liturgie, um

---

38 *The Roman Missal. Renewed by Decree of the Most Holy Second Ecumenical Council of the Vatican, promulgated by authority of Pope Paul VI and revised at the direction of Pope John Paul II, English translation according to the third typical edition for use in the Dioceses of the United States of America approved by the United States Conference of Catholic Bishops and Confirmed by the Apostolic See*, Collegeville/MN: Liturgical Press, 2011, S. 462.
39 Vgl. Monika Selle, *Latein und Volkssprache im Gottesdienst. Die Aussagen des Zweiten Vatikanischen Konzils über die Liturgiesprache*, Dissertationsschrift, Universität München, 2001, http://edoc. ub.uni-muenchen.de/3758/1/Selle_Monika.pdf (zuletzt abgerufen: 23.06.2025); Lucia Kremer, *Deutsch in der Liturgie. Die Entwicklung der theologischen Diskussion über die Sprache der Amtsgebete seit dem Zweiten Vatikanischen Konzil*, Dissertationsschrift, Universität Erfurt, 2020, https://www.db-thueringen.de/receive/dbt_mods_00045684 (zuletzt abgerufen: 23.06.2025).
40 Vgl. zur jüngsten Diskussion Peter Jeffery, *Translating Tradition. A Chant Historian Reads Liturgiam authenticam*, Collegeville/MN: Liturgical Press, 2005; Benedikt Kranemann/Stephan Wahle (Hrsg.), *„... Ohren der Barmherzigkeit". Über angemessene Liturgiesprache* (= Theologie kontrovers), Freiburg/Br. u. a.: Herder, 2011.

die Teilnahme der Gläubigen zu ermöglichen. *Participatio actuosa* ist eines der Programmworte, wenn es um die Reform der Liturgie geht. Daraus ergeben sich erhebliche Probleme: Wie weit hält man an der eben angedeuteten Tradition fest, wie garantiert man das Band der Einheit, das die Kirche hochhalten will, und was meint Einheit überhaupt? Wie überträgt man das, was die lateinische Oration der Spätantike oder des Frühmittelalters aussagte, in eine völlig andere Zeit und eine andere Sprache? Damit ist ein Bündel von Problemen aufgerufen, in dem letztlich Kirchen- und Liturgiekonzepte kollidieren. Es bleibt dabei, dass die lateinischen Texte die Grundlage für die muttersprachliche Liturgie bilden, auch wenn je nach Lage der Kirche, Offenheit des jeweiligen Papstes und der zuständigen vatikanischen Kongregation Adaptionen, Inkulturationen, aber auch Innovationen und so weiter möglich sind. Es gilt ebenfalls weiterhin, dass für die Übersetzung und damit für die Normierung der Texte ein sehr kleinteilig austariertes Zusammenspiel von Ortskirche und römischen Instanzen üblich ist. Nicht nur der Umgang mit den Texten im liturgischen Ritual, sondern bereits die Gestalt des Textes ist Teil eines Prozesses, in dem es um die Möglichkeiten von Einheit und Vielfalt, Nähe zum lateinischen Text und sprachliche Freiheit, Details der theologischen Aussagen, letztlich um Orthodoxie und Orthopraxie geht.

Als erstes weltkirchliches Dokument zu Fragen der Übersetzung veröffentlichte das römische Consilium, der Rat für die Umsetzung des Auftrags zur Liturgiereform, am 25. Januar 1969 im Pontifikat von Papst Paul VI. die Instruktion *De interpretatione textuum liturgicorum*[41], nach deren Vorgaben über Jahrzehnte die lateinischsprachigen liturgischen Bücher in die verschiedenen Muttersprachen übersetzt wurden. Sehr kurz gefasst besagt das Dokument, dass eine reine Übertragung des Textes aus dem Lateinischen beispielsweise ins Deutsche nicht ausreiche, sondern der Gesamtzusammenhang einer sprachlichen Äußerung und deren Aussage in eine andere Sprache übermittelt werden müsse.[42] Inhalt, Adressaten und Form der Aussage müssen berücksichtigt werden.[43] Übersetzungen sollen ausprobiert werden. Abläufe werden beschrieben, wer rechtlich für welchen Schritt in der Übersetzungsarbeit zuständig ist. Genehmigt werden müssen solche Übersetzungen von der jeweiligen Bischofskonferenz. Die Bestätigung der Texte obliegt dem Rat zur Ausführung der Konstitution über die heilige Liturgie. Textpraktik meint hier eine Transformation tradierter Texte in eine entschieden gegenwärtige Textgestalt.

---

41 Ich zitiere hier den zunächst in französischer Sprache veröffentlichten Text nach Heinrich Rennings/Martin Klöckener (Hrsg.), *Dokumente zur Erneuerung der Liturgie. Dokumente des Apostolischen Stuhls 1963–1973*, Kevelaer 1983 (= *Dokumente zur Erneuerung der Liturgie*, Bd. 1), Kevelaer: Butzon & Bercker, 1983, Nr. 1200–1242.

42 Vgl. ebd., Nr. 1205.

43 Vgl. ebd., Nr. 1206.

Im Jahr 2001, also im Pontifikat von Papst Johannes Paul II., zeichnete die Instruktion *Liturgiam authenticam* ein anderes Bild von Sprache im Gottesdienst und entwarf eine andere Textpraktik. Das lateinischsprachige *Missale Romanum* ist Ausdruck und Mittel kirchlicher Einheit.[44] Übersetzungen müssen ihm daher sehr eng folgen. Deshalb muss ihr Ziel ein möglichst genauer Erhalt der lateinischen Textstruktur und des Wortlauts der liturgischen Texte sein. Zugleich will man so die kirchliche Einheit und den wahren Glauben sichern. „Übersetzungen der heiligen Liturgie in die Volkssprachen [müssen] als authentische Stimme der Kirche Gottes verlässlich" sein.[45] Nicht ein kreativer Umgang mit Sprache und Übersetzung darf das Ziel sein, sondern ein 'genauer und getreuer', der nichts auslässt, nicht hinzufügt und auch auf Paraphrasen und Erklärungen verzichtet. Die Sprache der liturgischen Bücher unterliegt im Letzten der Kontrolle Roms und ist Teil eines Macht- und Disziplinarverfahrens. Die Arbeit in den Kommissionen, die für die Übersetzungen verantwortlich sind, wird der Öffentlichkeit entzogen, über sie muss Stillschweigen bewahrt werden.[46] Textpraktik meint jetzt nicht Transformation, sondern weitgehende Bewahrung tradierter Texte im Prozess der Übersetzung auch gegen die jeweilige Muttersprache.

Im Jahr 2017 hat schließlich Papst Franziskus mit dem Motu proprio *Magnum Principium* die Rechtslage wieder verändert und neue Wegmarken für die Sprache der Liturgie eingetragen.[47] Die Prinzipien von *Liturgiam authenticam* sind weitgehend außer Kraft gesetzt, man kann auch von einer Überwindung und einem Paradigmenwechsel sprechen. Durch eine Veränderung im Kirchenrecht[48] sind die Befugnisse von Bischofskonferenzen und Apostolischem Stuhl zu Gunsten ersterer

---

44 Vgl. Kongregation für den Gottesdienst und die Sakramentenordnung, *Der Gebrauch der Volkssprache bei der Herausgabe der Bücher der römischen Liturgie „Liturgiam authenticam". Fünfte Instruktion „zur ordnungsgemäßen Ausführung der Konstitution des Zweiten Vatikanischen Konzils über die heilige Liturgie" (zu Art. 36 der Konstitution)*, hrsg. vom Sekretariat der Deutschen Bischofskonferenz, 28. März 2001 (= *Verlautbarungen des Apostolischen Stuhls*, Bd. 154), Lateinisch/Deutsch, Bonn: Sekretariat der Deutschen Bischofskonferenz, 2001, Nr. 4.

45 Ebd., Nr. 7.

46 Vgl. ebd., Nr. 101.

47 Vgl. Papst Franziskus, „Apostolisches Schreiben in Form eines ‚Motu Proprio' ‚Magnum Principium', durch das can. 838 des Kodex des kanonischen Rechts verändert wird", 03.09.2017, https://www.vatican.va/content/francesco/de/motu_proprio/documents/papa-francesco-motu-proprio_20170903_magnum-principium.html (zuletzt abgerufen: 16.07.2025). Das Dokument verfügt über keine Absatznummerierung; dazu: Winfried Haunerland, „Le Motu proprio Magnum principium. Une impulsion en vue d'une nouvelle étape de la réforme liturgique", in: Hélène Bricout (Hrsg.), *Du bon usage des normes en liturgie. Approche théologique et spirituelle après Vatican II*, Paris: Cerf, 2020, S. 71–93; Benedikt Kranemann, „Magnum principium – ein neues Kapitel für die Volkssprache in der Liturgie", in: *ET studies* 9 (2/2018), H. 2, S. 205–225.

48 *Codex Iuris Canonici*, can. 838.

modifiziert worden. Jetzt stehen Teilnahme und Inkulturation wieder im Vordergrund, wird die Position der Bischofskonferenzen gestärkt und an den durch das Konzil bestätigten Grundsatz erinnert, „gemäß dem das liturgische Beten dem Auffassungsvermögen des Volkes angepasst und verstanden werden soll". Mittlerweile sind dazu Ausführungsbestimmungen veröffentlicht worden.[49]

Zwei Modelle der Übersetzung und von Textpraktiken lassen sich unterscheiden: auf der einen Seite die Vorstellung einer dynamischen, auf der anderen Seite einer formalen Äquivalenz. Dabei gibt es Gemeinsamkeiten wie Unterschiede. Hier wie dort soll die Sprache sowohl der Sakralität des Geschehens wie der Kommunikation Mensch – Mensch und Mensch – Gott angemessen sein, verhalten sich Kirche und Liturgie zur Tradition, gibt es geregelte Verantwortlichkeiten für die Texte. Aber was unter Liturgie verstanden wird und welche Kirchenbilder generiert werden, was Authentizität mit Blick auf Sprache bedeutet, wie der Umgang mit Sprachtradition aussieht, wie sich das Verhältnis von Sprache der Liturgie einerseits und Kulturen andererseits gestaltet, variiert stark beziehungsweise fällt sogar gegensätzlich aus.

4 Vielfalt und Ambivalenz liturgischer Textpraktiken

Textpraktiken der Liturgie sind komplex. Man könnte die Darstellung dieser Komplexität noch steigern, wenn man historische Beispiele heranziehen, in verschiedene Liturgiefamilien allein schon des lateinischen Westens schauen würde oder in der Gegenwart die performative Textpraktik einer Taufliturgie oder die Lichtinszenierung in weitgehend dunklen Kirchen, die die Dramatik des Osterlobpreises Exsultet aufnimmt, analysieren würde. Folgendes lässt sich nach den voranstehenden kurzen Überlegungen festhalten:

- Liturgische Textpraktiken sind Teil einer umfassenderen gottesdienstlichen Performance.[50] Es geht nicht allein um gesprochenes (oder gesungenes) Wort, sondern um eine größere Inszenierung mit verschiedenen Rollenträgern, um

---

49 Vgl. *Congregatio de Cultu Divino et Disciplina Sacramentorum*, Dekret: Anwendung der Bestimmungen des can. 838 des Kodex des Kanonischen Rechts (https://www.vatican.va/roman_curia/congregations/ccdds/documents/rc_con_ccdds_doc_20211022_decreto-can838-cdc_ge.html) (zuletzt abgerufen: 16.07.2025).
50 Vgl. Stephan Winter, „Am Grund des rituellen Sprachspiels. Notwendige Klärungen zu ‚Performance' und ‚Performativität' in liturgiewissenschaftlichem Interesse", in: *Bibel und Liturgie* 84 (2011), S. 12–27.

eine differenzierte und differenzierende Ritualität, die Körperlichkeit einschließt, um eine Nutzung von Raum und Ort, die nicht allein funktionale, sondern bildliche Bedeutung besitzt und so weiter. Vieles davon ist ritualisiert und wird nicht je neu reflektiert. Die Komplexität dieser Textpraktiken signalisiert die theologische Vielschichtigkeit des Geschehens und ist letztlich Kommunikation zwischen Gott und Mensch.

– Die Textpraktiken gestalten sich also durchaus und notwendigerweise vielfältig. Diese Differenzierungen sind selbstverständlicher Teil der Liturgie, auch wenn sie nicht für alle wahrnehmbar sind und sich im Mitvollzug nicht immer erschließen. Selbstverständlich kann man vieles davon historisch ableiten und auf eine jahrhundertelange Geschichte zurückführen. In der Gegenwart bieten sie die Chance vielfältiger Entdeckungen, Decodierungen und Erschließungen, die eine solche Liturgie immer neu verlebendigen kann. Neben mehr denn je notwendigen Innovationen in der Liturgie bedarf dieser Prozess verständiger Erkundungen, um sie in ihren feinen Differenzierungen und deren spirituellen Bedeutungen wahrzunehmen und zum Sprechen zu bringen.[51]

– Viele Texte und ihre Verwendung in der Liturgie gehen auf die Spätantike und das Frühmittelalter zurück. Inwieweit es sinnvoll ist, heute an spätantik-frühmittelalterlichen Gebeten festzuhalten, die manche liturgische Textpraktik prägen, ist umstritten. Es gibt viele Texte, die aus einer für die Gegenwart so anderen Denkwelt kommen, dass sie heute mindestens in einer wörtlichen Übersetzung kaum mehr ansprechen dürften. So wird man doch fragen müssen, ob die Struktur der römischen *familia* und die Rolle des *paterfamilias* in der Gegenwart so spricht,[52] dass von hierher eine Gottesrede im Heute profiliert werden kann. Hier dürfte nicht die Übersetzung antiker oder mittelalterlicher Gebete angezeigt sein, sondern der Rückgriff auf bewährte zeitgenössische Gebetstexte.[53] Liturgie bewegt sich, wie der Blick in jedes Gesangbuch zeigt, zwischen Tradition und Innovation. Das gilt auch für die Textgestalt des Gottesdienstes.

– Sprachpraktiken im Gottesdienst werden heute nicht selten variiert, wo sie historisch offensichtlich über lange Zeiten sehr strikt eingehalten wurden, um die

---

51 Die Bereitschaft zu solchen Erkundungen für eine Sprache, die mit Transzendenz und Eröffnung eines außeralltäglichen Raumes verbunden ist, verlangt Alexander Zerfaß, „Mehr als nur Kommunikation. Von der Sprache im Ritual", in: *Heiliger Dienst* 77 (2023), S. 17–31, hier: S. 28 f.

52 Vgl. dazu die kritische Kommentierung von Alex Stock, *Orationen. Die Tagesgebete im Jahreskreis neu übersetzt und erklärt*, Regensburg: Pustet, 2011, S. 31 f.

53 Vgl. Reinhard Meßner, „Einige Defizite in der Performance der Eucharistie", in: Stephan Wahle u. a. (Hrsg.), *Römische Messe und Liturgie in der Moderne*, Freiburg/Br. u. a.: Herder, 2013, S. 305–345, hier: S. 337, Anm. 75; Zerfaß, *Sprache(n) der Liturgie*.

Wirkung der Liturgie zu garantieren. Ein Beispiel aus der jüngeren Liturgiegeschichte kann das illustrieren. Die in verschiedenen Auflagen erschienene
Rubrizistik von Georg Kieffer äußert sich auch zur Art und Weise, das Messbuch aufzuschlagen, reguliert also bereits diesen Vorgang:

> Wenn [...] das Meßbuch aufzuschlagen ist, faßt der Zelebrant dasselbe zuerst mit beiden
> Händen, stellt es senkrecht auf das Pult und öffnet es. Soll er das Signakulum etwa von der
> rechten Seite auf die linke legen, so nimmt er es in die rechte Hand bis zur Mitte des Buches
> und legt es dann in die linke.[54]

Diese und ähnliche Rubrizistiken sind Ausdruck einer kleinteilig geregelten
Liturgie, in der jede Abweichung vom vorgesehenen Ritus als Gefährdung der
Heils- oder Gnadenwirkung verstanden werden konnte. Diese Art von Norm-
gehorsam wird man heute nur selten finden, kleinere bis umfangreichere
Veränderungen auch in den Textpraktiken sind üblich. In der theologischen
Reflexion wäre nach Motiven und nach der jeweiligen Qualität zu fragen.
Die aktuelle Diskussion wird auf der Grundlage eines veränderten Liturgie-
verständnisses vielmehr um die Spannung von Norm- und Sachgehorsam
geführt.[55] Heute geht es darum,

> die konkreten liturgischen Akteure gemäß ihren unterschiedlichen Rollen [...] kultursensibel
> dazu zu befähigen, innerhalb einer Pluralität liturgischer Formen die Balance zwischen Tra-
> ditionsbindung und situativer Offenheit für das Ereignishafte des Gottesdienstes umfassend
> lebensdienlich auszugestalten.[56]

---

54 Georg Kieffer, *Rubrizistik oder Ritus des katholischen Gottesdienstes nach den Regeln der heiligen
römischen Kirche* (= *Wissenschaftliche Handbibliothek*), Paderborn: Schöningh, ⁹1947, S. 151.
55 Vgl. zu entsprechenden historischen wie gegenwartsbezogenen Aspekten Martin Klöckener,
„Tradition, Form und Ordnung versus Aktualitätsbezug, Kreativität und Experiment. Zu einer strittigen Gratwanderung in der Liturgie", in: Michael Durst/Hans J. Münk (Hrsg.), *Zwischen Tradition
und Postmoderne. Die Liturgiewissenschaft vor neuen Herausforderungen* (= *Theologische Berichte*,
Bd. 33), Freiburg/Schweiz: Paulusverlag, 2010, S. 29–62; ders., „Tradition und Erneuerung im Gottesdienst der katholischen Kirche. Oder: Liturgische Ordnungen und ihre Verbindlichkeit", in: Birgit
Jeggle-Merz/Benedikt Kranemann (Hrsg.), *Liturgie und Konfession. Grundfragen der Liturgiewissenschaft im interkonfessionellen Gespräch*, Freiburg/Br. u. a.: Herder, 2013, S. 55–76.
56 Stephan Winter, „Sprache im Zwischenraum Gottesdienst. Zu (auch katholisch) geprägten Wahrnehmungen eines innovativen Forschungsprojekts", in: Jan Mathis/Gerald Kretzschmar (Hrsg.), *versprochen. Interdisziplinäre Zugänge zur liturgischen Sprache*, im Auftrag des Zentrums für Evangelische Gottesdienst- und Predigtkultur, Leipzig: Evangelische Verlagsanstalt, 2022, S. 249–276, hier:
S. 276.

– Die beschriebenen Textpraktiken sind immer wieder in der Diskussion. Neben der Problematik der Übersetzungen, die oben dargelegt wurde und die eine muttersprachliche Liturgie immer begleiten wird, können unter anderem zwei Probleme genannt werden. Das eine verbindet sich mit dem Alten oder Ersten Testament. Die Textpraktik im Gottesdienst verleiht ihm einen anderen Stellenwert als dem Evangelium,[57] den man als abwertend verstehen kann und der im Zusammenhang einer Neubewertung der Bücher der Bibel, die das Christentum mit dem Judentum teilt, kritisiert wird. Die Auswahl insbesondere der alttestamentlichen Perikopen im sonntäglichen Wortgottesdienst auf das Evangelium hin, die auszeichnenden Riten für die Verkündigung des Evangeliums, unterschiedliche Körperhaltungen und so weiter werden als Abwertung des Alten gegenüber dem Neuen Testament gelesen und im Kontext einer veränderten Israel-Theologie diskutiert. Das zeigt, welche performative Bedeutung solchen Textpraktiken zugesprochen wird, die zur Veränderung kirchlicher Normen, vor allem aber der Praxis des Gottesdienstes führen.

Derzeit stehen Rollenmodelle deutlich in der Kritik. Dabei geht es um Textpraktiken, die im Zusammenhang mit der Leitung des Gottesdienstes stehen. Bestimmte Riten und Begleitworte von Segnungen sind Ordinierten vorbehalten, was sich von der Sache her durchaus anders lösen ließe, aber mit einer Theologie einhergeht, die das Handeln des Priesters *in persona Christi capitis* betont. Die Textpraktik wird in Frage gestellt, weil sie als Ausdruck eines kritisierten Amts- und Hierarchieverständnisses wahrgenommen wird.[58] Zugleich wird in Abrede gestellt, dass die Homilie, also die Predigt in der Messfeier, Klerikern vorbehalten sein muss. Dahinter liegt eine langanhaltende Debatte[59] um theologische und spirituelle Kompetenzen und um die Rolle von Frauen in Liturgie und Kirche. Während das Liturgierecht die Homilie mit der

---

57 Allerdings teilt das Alte Testament dieses Schicksal mit den Texten des Neuen Testaments, die nicht zu den Evangelien zählen, denen aber ebenfalls hohes Gewicht beigemessen wird; vgl. Thomas Söding, „Wort des lebendigen Gottes? Die neutestamentlichen Briefe im Wortgottesdienst der Eucharistiefeier", in: Benedikt Kranemann/Thomas Sternberg (Hrsg.), *Wie das Wort Gottes feiern? Der Wortgottesdienst als theologische Herausforderung* (= Quaestiones Disputatae, Bd. 194), Freiburg/Br. u. a.: Herder, 2002, S 41–81.

58 Vgl. dazu Gregor Maria Hoff u. a. (Hrsg.), *Amt – Macht – Liturgie. Theologische Zwischenrufe für eine Kirche auf dem Synodalen Weg* (= Quaestiones Disputatae, Bd. 308), Freiburg/Br. u. a.: Herder, 2020; Stefan Böntert u. a. (Hrsg.), *Gottesdienst und Macht. Klerikalismus in der Liturgie*, Regensburg: Pustet, 2021.

59 Dazu Stephan Knops, *Gemeinsames Priestertum und Laienpredigt. Die nachkonziliare Diskussion in der BRD bis zur Würzburger Synode* (= Freiburger Theologische Studien, Bd. 188), Freiburg/Br. u. a.: Herder, 2019; Christian Bauer/Wilhelm Rees (Hrsg.), *Laienpredigt – Neue pastorale Chancen*, Freiburg/Br. u. a.: Herder, 2021.

Ordination verbindet, hat sich vielerorts längst eine andere Praxis durchgesetzt. Die Textpraktik wird zum Seismographen einer sich verändernden Ekklesiologie.

Alle Diskussionen und Dynamiken, die nun für ein traditionsgesättigtes Handeln wie kirchliche Liturgie erläutert worden sind, zeigen eines gewiss: Es kann nicht von *der einen* Textpraktik der Liturgie gesprochen werden, sondern es muss vielmehr von Textpraktiken auch für ein- und dieselbe Liturgie gesprochen werden, die zudem in Bewegung bleiben. Auch wenn man dabei vor allem auf den Umgang mit Texten schaut, kann und sollte man die theologischen Implikationen dieser Texte nicht ausblenden.

Verzeichnis der zitierten Literatur

Alexopoulos, Stefanos/Johnson, Maxwell E., *Introduction to Eastern Christian liturgies* (= *Alcuin Club Collections*, Bd. 96), Collegeville/MN.: Liturgical Press, 2021.

Bärsch, Jürgen, „Am Tisch des Gotteswortes. Zum Ort der Verkündigung der Heiligen Schrift im katholischen Gottesdienst", in: *Jahrbuch des Vereins für christliche Kunst in München* 26 (2013), S. 18–37.

Bauer, Christian/Rees, Wilhelm (Hrsg.), *Laienpredigt – Neue pastorale Chancen*, Freiburg/Br. u. a.: Herder, 2021.

Benini, Marco, *Liturgische Bibelhermeneutik. Die Heilige Schrift im Horizont des Gottesdienstes* (= *Liturgiewissenschaftliche Quellen und Forschungen*, Bd. 109), Münster: Aschendorff, 2020.

Bieritz, Karl-Heinrich, „Das Wort im Gottesdienst", in: Rupert Berger u. a. (Hrsg.), *Gestalt des Gottesdienstes. Sprachliche und nichtsprachliche Ausdrucksformen* (= *Gottesdienst der Kirche*, Teil 3), Regensburg: Pustet, ²1990, S. 47–76.

Böntert, Stefan u. a. (Hrsg.), *Gottesdienst und Macht. Klerikalismus in der Liturgie*, Regensburg: Pustet, 2021.

Boselli, Goffredoi (Hrsg.), *L'ambone. Tavola della parola di Dio. Atti del III Convegno liturgico internazionale, Bose, 2–4 giugno 2005* (= *Liturgia e vita*), Magnano: Qiqajon, 2006.

Buchinger, Harald, „Zur Hermeneutik liturgischer Psalmenverwendung. Methodologische Überlegungen im Schnittpunkt von Bibelwissenschaft, Patristik und Liturgiewissenschaft", in: *Heiliger Dienst* 54 (2000), S. 193–222.

Buchinger, Harald, „Gregorianik: Das Kernritual", in: Albert Gerhards/Matthias Schneider (Hrsg.), *Der Gottesdienst und seine Musik*, Bd. 1, *Grundlegung: Der Raum und die Instrumente. Theologische Ansätze. Hymnologie: Die Ansätze des Gottesdienstes* (= *Enzyklopädie der Kirchenmusik*, Bd. 4.1), Laaber: Laaber-Verlag, 2014, S. 133–152.

Cavallo, Guglielmo (Hrsg.), *Exultet. Rotoli liturgici del medioevo meridionale*, Rom: Libreria dello Stato, 1994.

Faber, Eva-Maria, „Persönliches in Gemeinschaft. Liturgisches Beten in der Spannung von Intimität und öffentlich-sozialer Handlung", in: Ingolf U. Dalferth/Simon Peng-Keller (Hrsg.), *Beten als verleiblichtes Verstehen. Neue Zugänge zu einer Hermeneutik des Gebets* (= *Quaestiones Disputatae*, Bd. 275), Freiburg/Br. u. a.: Herder, 2016, S. 197–229.

Die Feier der heiligen Messe. Messbuch. Für die Bistümer des deutschen Sprachgebietes. Authentische Ausgabe für den liturgischen Gebrauch. Kleinausgabe. Das Meßbuch deutsch für alle Tage des Jahres, hrsg. im Auftrag der Bischofskonferenzen Deutschlands, Österreichs und der Schweiz sowie der Bischöfe von Luxemburg, Bozen-Brixen und Lüttich, Freiburg/Br. u. a.: Herder u. a., ²2007.

Franz, Ansgar u. a. (Hrsg.), *Die Lieder des Gotteslob. Geschichte – Liturgie – Kultur. Mit besonderer Berücksichtigung ausgewählter Lieder des Erzbistums Köln*, Stuttgart: kbw, 2017.

Gerhards, Albert/Kranemann, Benedikt, *Grundlagen und Perspektiven der Liturgiewissenschaft*, Darmstadt: Wissenschaftliche Buchgesellschaft, 2019.

Gerhards, Albert/Schneider, Matthias (Hrsg.), *Der Gottesdienst und seine Musik*, Bd. 1, *Grundlegung: Der Raum und die Instrumente. Theologische Ansätze. Hymnologie: Die Ansätze des Gottesdienstes*; Bd. 2, *Liturgik: Gottesdienstformen und ihre Handlungsträger* (= *Enzyklopädie der Kirchenmusik*, Bd. 4.1+2), Laaber: Laaber-Verlag, 2014.

Haunerland, Winfried, „Le Motu proprio Magnum principium. Une impulsion en vue d'une nouvelle étape de la réforme liturgique", in: Hélène Bricout (Hrsg.), *Du bon usage des normes en liturgie. Approche théologique et spirituelle après Vatican II*, Paris: Cerf, 2020, S. 71–93.

Häußling, Angelus A., „Liturgie: Gedächtnis eines Vergangenen und doch Befreiung in der Gegenwart", in: ders., *Christliche Identität aus der Liturgie. Theologische und historische Studien zum Gottesdienst der Kirche*, hrsg. von Martin Klöckener u. a. (= *Liturgiewissenschaftliche Quellen und Forschungen*, Bd. 79), Münster: Aschendorff, 1997, S. 2–10.

Häußling, Angelus A., „Die Übung der Tagzeiten in der Geschichte der Kirche", in: ders., *Tagzeitenliturgie in Geschichte und Gegenwart. Historische und theologische Studien*, hrsg. von Martin Klöckener (= *Liturgiewissenschaftliche Quellen und Forschungen*, Bd. 100), Münster: Aschendorff, ²2017, S. 52–68.

Hoff, Gregor Maria u. a. (Hrsg.), *Amt – Macht – Liturgie. Theologische Zwischenrufe für eine Kirche auf dem Synodalen Weg* (= *Quaestiones Disputatae*, Bd. 308), Freiburg/Br. u. a.: Herder, 2020.

Jeanes, Gordon/Nichols, Bridget (Hrsg.), *Lively oracles of God. Perspectives on the Bible and Liturgy* (= *Alcuin Club Collections*, Bd. 97), Collegeville/MN: Liturgical Press Academic, 2022.

Jeffery, Peter, *Translating Tradition. A Chant Historian Reads Liturgiam authenticam*, Collegeville/MN: Liturgical Press, 2005.

Jeggle-Merz, Birgit, „Liturgie und Körper. Auf den Spuren der Leiblichkeit in der Begegnung mit Gott", in: *transformatio;* 1 (2022), S. 16–31.

Kieffer, Georg, *Rubrizistik oder Ritus des katholischen Gottesdienstes nach den Regeln der heiligen römischen Kirche* (= *Wissenschaftliche Handbibliothek*), Paderborn: Schöningh, ⁹1947.

Klöckener, Martin, „Zeitgemäßes Beten. Meßorationen als Zeugnisse einer sich wandelnden Kultur und Spiritualität", in: Reinhard Meßner u. a. (Hrsg.), *Bewahren und Erneuern. Studien zur Meßliturgie. Festschrift für Hans Bernhard Meyer SJ zum 70. Geburtstag* (= *Innsbrucker theologische Studien*, Bd. 42), Innsbruck: Tyrolia, 1995, S. 114–142.

Klöckener, Martin, „Das eucharistische Hochgebet in der nordafrikanischen Liturgie der christlichen Spätantike", in: Albert Gerhards u. a. (Hrsg.), *Prex eucharistica III: Studia. Pars prima: Ecclesia antiqua et occidentalis* (= *Spicilegium Friburgense*, Bd. 42), Freiburg/Schweiz: Academic Press, 2005, S. 43–128.

Klöckener, Martin u. a. (Hrsg.), *Présence et rôle de la Bible dans la liturgie*, Freiburg/Schweiz: Academic Press, 2006.

Klöckener, Martin, „Tradition, Form und Ordnung versus Aktualitätsbezug, Kreativität und Experiment. Zu einer strittigen Gratwanderung in der Liturgie", in: Michael Durst/Hans J. Münk (Hrsg.), *Zwischen Tradition und Postmoderne. Die Liturgiewissenschaft vor neuen Herausforderungen* (= *Theologische Berichte*, Bd. 33), Freiburg/Schweiz: Paulusverlag, 2010, S. 29–62.

Klöckener, Martin, „Tradition und Erneuerung im Gottesdienst der katholischen Kirche. Oder: Liturgische Ordnungen und ihre Verbindlichkeit", in: Birgit Jeggle-Merz/Benedikt Kranemann

(Hrsg.), *Liturgie und Konfession. Grundfragen der Liturgiewissenschaft im interkonfessionellen Gespräch*, Freiburg/Br. u. a.: Herder, 2013, S. 55–76.

Klöckener, Martin, „Liturgische Quellen des Frühmittelalters", in: Jürgen Bärsch/Benedikt Kranemann (Hrsg.), *Geschichte der Liturgie in den Kirchen des Westens. Rituelle Entwicklungen, theologische Konzepte und kulturelle Kontexte*, Bd. 1, *Von der Antike bis zur Neuzeit*, Münster: Aschendorff, 2018, S. 293–328.

Knops, Stephan, *Gemeinsames Priestertum und Laienpredigt. Die nachkonziliare Diskussion in der BRD bis zur Würzburger Synode* (= *Freiburger Theologische Studien*, Bd. 188), Freiburg/Br. u. a.: Herder, 2019.

Kongregation für den Gottesdienst und die Sakramentenordnung, *Der Gebrauch der Volkssprache bei der Herausgabe der Bücher der römischen Liturgie „Liturgiam authenticam". Fünfte Instruktion „zur ordnungsgemäßen Ausführung der Konstitution des Zweiten Vatikanischen Konzils über die heilige Liturgie" (zu Art. 36 der Konstitution)*, hrsg. vom Sekretariat der Deutschen Bischofskonferenz, 28. März 2001 (= *Verlautbarungen des Apostolischen Stuhls*, Bd. 154), Lateinisch/Deutsch, Bonn: Sekretariat der Deutschen Bischofskonferenz, 2001.

Kranemann, Benedikt/Richter, Klemens (Hrsg.), *Christologie der Liturgie. Der Gottesdienst der Kirche – Christusbekenntnis und Sinaibund* (= *Quaestiones Disputatae*, Bd. 159), Freiburg/Br. u. a.: Herder, 1995.

Kranemann, Benedikt, „Biblische Texte als Heilige Schrift in der Liturgie", in: Christoph Bultmann u. a. (Hrsg.), *Heilige Schriften. Ursprung, Geltung und Gebrauch*, Münster: Aschendorff, 2005, S. 159–171.

Kranemann, Benedikt /Wahle, Stephan (Hrsg.), *„... Ohren der Barmherzigkeit". Über angemessene Liturgiesprache* (= *Theologie kontrovers*), Freiburg/Br. u. a.: Herder, 2011.

Kranemann, Benedikt, „Liturgie, Körper, kulturelles Gedächtnis. Nonverbale Erinnerungsformen im Gottesdienst", in: *Bibel und Liturgie* 90 (2017), S. 23–31.

Kranemann, Benedikt, „Magnum principium – ein neues Kapitel für die Volkssprache in der Liturgie", in: *ET studies* 9 (2/2018), H. 2, S. 205–225.

Kremer, Lucia, *Deutsch in der Liturgie. Die Entwicklung der theologischen Diskussion über die Sprache der Amtsgebete seit dem Zweiten Vatikanischen Konzil*, Dissertationsschrift, Universität Erfurt, 2020, https://www.db-thueringen.de/receive/dbt_mods_00045684 (zuletzt abgerufen: 23.06.2025).

Lohfink, Norbert, „Die deutsche Übersetzung des Exsultet. Kritische Analyse und Neuentwurf", in: *Liturgisches Jahrbuch* 49 (1999), S. 39–76.

Marti, Andreas, *Kirchenlied und Gesangbuch. Einführung in die Hymnologie*, Göttingen: V&R, 2021.

Mathis, Jan/Kretzschmar, Gerald (Hrsg.), *versprochen. Interdisziplinäre Zugänge zur liturgischen Sprache*, im Auftrag des Zentrums für Evangelische Gottesdienst- und Predigtkultur, Leipzig: Evangelische Verlagsanstalt, 2022.

Merz, Michael B., „Gebetsformen der Liturgie", in: Rupert Berger u. a. (Hrsg.), *Gestalt des Gottesdienstes. Sprachliche und nichtsprachliche Ausdrucksformen* (= *Gottesdienst der Kirche*, Teil 3), Regensburg: Pustet, ²1990, S. 97–130.

Meßner, Reinhard, „Christliche Identität aus der Liturgie. Ein bedeutender Beitrag Angelus A. Häußlings zu einer Hermeneutik der Liturgie", in: *Archiv für Liturgiewissenschaft* 41 (1999), S. 336–346.

Meßner, Reinhard, „Einige Defizite in der Performance der Eucharistie", in: Stephan Wahle u. a. (Hrsg.), *Römische Messe und Liturgie in der Moderne*, Freiburg/Br. u. a.: Herder, 2013, S. 305–345.

Missale Romanum. Ex decreto sacrosancti oecumenici Concilii Vaticani II instauratum auctoritate Pauli PP. VI promulgatum Ioannis Pauli PP. II cura recognitum. Editio typica tertia, Vatikanstadt: Libreria Editrice Vaticana, 2002.

Papst Franziskus, „Apostolisches Schreiben in Form eines ‚Motu Proprio' ‚Magnum Principium', durch das can. 838 des Kodex des kanonischen Rechts verändert wird", 03.09.2017, https://w2.vatican.

va/content/francesco/de/motu_proprio/documents/papa-francesco-motu-proprio_20170903_magnum-principium.html (zuletzt abgerufen: 16.07.2025).

Rennings, Heinrich/Klöckener, Martin (Hrsg.), *Dokumente zur Erneuerung der Liturgie. Dokumente des Apostolischen Stuhls 1963–1973*, Kevelaer 1983 (= *Dokumente zur Erneuerung der Liturgie*, Bd. 1), Kevelaer: Butzon & Bercker, 1983.

The Roman Missal. Renewed by Decree of the Most Holy Second Ecumenical Council of the Vatican, promulgated by authority of Pope Paul VI and revised at the direction of Pope John Paul II. English translation according to the third typical edition for use in the Dioceses of the United States of America approved by the United States Conference of Catholic Bishops and Confirmed by the Apostolic See, Collegeville/MN: Liturgical Press, 2011.

The Roman Missal revised by decree of the Second Vatican Ecumenical Council and published by authority of Pope Paul VI., Part 2, Washington/DC: International Commission on English in the Liturgy, 1973.

Rouwhorst, Gerard, „Christlicher Gottesdienst und der Gottesdienst Israels. Forschungsgeschichte, historische Interaktionen, Theologie", in: Martin Klöckener u. a. (Hrsg.), *Theologie des Gottesdienstes*, Bd. 2, *Gottesdienst im Leben der Christen. Christliche und jüdische Liturgie* (= *Gottesdienst der Kirche*, Teil 2, Bd. 2), Regensburg: Pustet, 2008, S. 491–572.

Schneider, Franz, „Die Lobgesänge aus dem Evangelium. ‚Benedictus' – ‚Magnificat' – ‚Nunc dimittis'", in: Martin Klöckener/Heinrich Rennings (Hrsg.), *Lebendiges Stundengebet. Vertiefung und Hilfe* (= *Pastoralliturgische Reihe in Verbindung mit der Zeitschrift „Gottesdienst"*), Freiburg/Br. u. a.: Herder, 1989, S. 252–266.

Selle, Monika, *Latein und Volkssprache im Gottesdienst. Die Aussagen des Zweiten Vatikanischen Konzils über die Liturgiesprache*, Dissertationsschrift, Universität München, 2001, http://edoc.ub.uni-muenchen.de/3758/1/Selle_Monika.pdf (zuletzt abgerufen: 23.06.2025).

Söding, Thomas, „Wort des lebendigen Gottes? Die neutestamentlichen Briefe im Wortgottesdienst der Eucharistiefeier", in: Benedikt Kranemann/Thomas Sternberg (Hrsg.), *Wie das Wort Gottes feiern? Der Wortgottesdienst als theologische Herausforderung* (= *Quaestiones Disputatae*, Bd. 194), Freiburg/Br. u. a.: Herder, 2002, S. 41–81.

Stock, Alex, *Orationen. Die Tagesgebete im Jahreskreis neu übersetzt und erklärt*, Regensburg: Pustet, 2011.

Winter, Stephan, „Am Grund des rituellen Sprachspiels. Notwendige Klärungen zu ‚Performance' und ‚Performativität' in liturgiewissenschaftlichem Interesse", in: *Bibel und Liturgie* 84 (2011), S. 12–27.

Winter, Stephan, „Sprache im Zwischenraum Gottesdienst. Zu (auch katholisch) geprägten Wahrnehmungen eines innovativen Forschungsprojekts", in: Jan Mathis/Gerald Kretzschmar (Hrsg.), *versprochen. Interdisziplinäre Zugänge zur liturgischen Sprache*, im Auftrag des Zentrums für Evangelische Gottesdienst- und Predigtkultur, Leipzig: Evangelische Verlagsanstalt, 2022, S. 249–276.

Zerfaß, Alexander, *Auf dem Weg nach Emmaus. Die Hermeneutik der Schriftlesung im Wortgottesdienst der Messe* (= *Pietas Liturgica. Studia*, Bd. 24), Tübingen: Narr Francke Attempto, 2016.

Zerfaß, Alexander, „Mehr als nur Kommunikation. Von der Sprache im Ritual", in: *Heiliger Dienst* 77 (2023), S. 17–31.

Zerfaß, Alexander, „Die Sprache(n) der Liturgie. Volkssprachiger Gottesdienst im Spannungsfeld von Kommunikation und Ritualität", in: Andrea Ender/Franz Gmainer-Pranzl (Hrsg.), *Mehrsprachigkeit als Prinzip wissenschaftlichen Arbeitens* (= *Salzburger interdisziplinäre Diskurse*), Frankfurt/M. (in Vorbereitung).

Thomas Kaufmann
Über digitale Editionen zur Reformationsgeschichte

Einige Hinweise und Überlegungen

1 Geschichtlicher Überblick über die Editorik von Texten der Reformationszeit

Reformationsgeschichtliche Quelleneditionen gehören gewiss zum Urgestein moderner historisch-kritischer Textausgaben, deren älteste Schichten vielfach in der humanistischen Editorik zu suchen sind. In der gelehrten Adoleszenz der Reformatoren hatten Aldus Manutius in Venedig[1] und Erasmus von Rotterdam in Gemeinschaft mit dem Drucker Johannes Froben in Basel[2] das gigantische Textmassiv der paganen und der christlichen Antike typographisch reproduziert. So sehr die Textwiedergabe der Alten auch zunächst das Druckgewerbe dominierte – einige erlesene Geister vom Schlage eines Giovanni Pico della Mirandola, Marsilio Ficino oder Niccolò Machiavelli[3] und auch ein paar der Reformatoren gelangten unter jene raren Gestalten, von denen Gesamt- oder doch opulente Sammelausgaben in einer gewissen zeitlichen Nähe zu ihrer eigenen Lebenszeit publiziert wurden.[4] In der Inkunabel- und der frühen Postinkunabelzeit waren Gesamtausgaben vornehmlich ein Privileg antiker

---

Anmerkung: Die Vortragsform des Textes wurde beibehalten; die Anmerkungen wurden auf das Notwendigste beschränkt.

---

1 Anja Wolkenhauer, „Manutius, Aldus", in: Peter Kuhlmann/Hellmuth Schneyder (Hrsg.), *Geschichte der Altertumswissenschaften. Biographisches Lexikon*, Stuttgart/Weimar: Metzler, 2012, S. 776–778; Verena von der Heyden-Rynsch, *Aldo Manuzio. Vom Drucken und Verbreiten schöner Bücher*, Berlin: Wagenbach, 2014; Martin Lowry, *The World of Aldus Manutius. Business and scholarship in Renaissance Venice*, Oxford: Blackwell, 1979; vgl. auch Thomas Kaufmann, *Die Druckmacher. Wie die Generation Luther die erste Medienrevolution entfesselte*, München: Beck, 2022, S. 19–21.
2 Valentia Sebastiani, *Johann Froben Printer of Basel*, Leiden/Boston: Brill, 2018; Sandra Langereis, *Erasmus. Biographie eines Freigeists*, Berlin: Propyläen, 2023.
3 *Opera Joannis Pici: Mirandule Comitis Concordie ...*, Straßburg, Joh. Prüß d. Ä. 1504; *Verzeichnis der im deutschen Sprachbereich erschienenen Drucke des 16. Jahrhunderts* (nachfolgend *VD 16*) P 2578; *MARSILII FICINI FLORENTni ... Medici atque Theologi clarissimi, opera & quae hactenus extitere ...*, Basel: H. Petri, 1561; *VD 16* F 926; *Tutte le opere di Nicolo Machiavelli Cittadino et Secretario Fiorentino ...*, Genf: Chouet, 1550.
4 *Pars pro toto* seien genannt: Die Wittenberger (*VD 16* L 3310–3343; 3413–3421; 3426; *Weimarer Gesamtausgabe der Werke Martin Luthers* [nachfolgend *WA*] 60, S. 612–622) und die Jenaer (*VD 16*

https://doi.org/10.1515/9783112224724-005

Autoren gewesen. Im Falle einiger Reformatoren, allen voran Luther, aber avancierten aufwändige, gar konkurrierende Gesamtausgaben zu steten Begleitern einer anhaltenden Wertschätzung, Kanonisierung und kontinuierlichen Befassung mit einem literarischen Werk.

Editionen im Kontext der Reformation haftet also nicht selten identifikatorische Wertsetzung mit konfessionspolitischen Implikationen an.[5] Es sind die jeweiligen Verehrer eines Autors, auch ihre politischen Patrone, die sie betreiben.[6] Der identifikatorische Bezug auf das Werk eines Reformators sichert seine Verfügbarkeit in den jeweils aktuellen Textpräsentationsstandards entsprechenden Editionen.[7] Aus der vielfältigen und umfassenden Präsenz insbesondere der kirchlich-eta-

---

L 3323–3389 und 3422–3444; Zusatzverzeichnis zum *VD 16* [*ZV*]: *ZV* 16210; 15917; 15919; *WA* 60, S. 622–629) Luther-Gesamtausgaben (s. dazu: *WA* 60, S. 464–543; Stefan Michel, *Die Kanonisierung der Werke Luthers im 16. Jahrhundert*, Tübingen: Mohr Siebeck, 2016), die Werkausgaben Huldrych Zwinglis (*VD 16* Z 760–765; 839; 861–864) und Philipp Melachthons (*OPERVM REVERENDI VIRI PHILIPPI MELANTHONIS, PARS prima, secunda, tertia et quarta*, Wittenberg: Joh. Krafft d. Ä., 1562–1564; *VD 16* M 2332–2335) oder Konrad Pellikans exegetisches Gesamtwerk im Rahmen der bei Christoph Froschauer zwischen 1532 und 1546 erschienenen *Commentaria bibliorum* (*VD 16* B 2598; 2604 f.; Traudel Himmighöfer, *Die Zürcher Bibel bis zum Tode Zwinglis [1531]. Darstellung und Bibliographie*, Mainz: Zabern, 1995, S. 466–468).

5 Zu den Charakteristika lutherischer Konfessionskultur vgl. Thomas Kaufmann, *Konfession und Kultur. Lutherischer Protestantismus in der zweiten Hälfte des Reformationsjahrhunderts* (= *Spätmittelalter und Reformation, Neue Reihe*, Bd. 29), Tübingen: Mohr Siebeck, 2006, S. 3–26; ders., „What is Lutheran Confessional Culture?", in: Per Ingesman (Hrsg.), *Religion as an Agent of Change. Crusades – Reformation – Pietism*, Leiden/Boston: Brill, 2016, S. 127–148.

6 Zu dem Versuch, Luther als bereits verstorbenen Autor in den inner-reformatorischen Kontroversen um das Interim quasi als lebendigen Zeugen durch 'neue' oder kompilierte Texte, insbesondere Florilegien, von Magdeburg aus in den zeitgenössischen Diskurs einzuflechten und so quasi literarisch zu 'reanimieren' vgl. Thomas Kaufmann, *Das Ende der Reformation. Magdeburgs „Herrgotts Kanzlei" (1548–1551/2)* (= *Beiträge zur Historischen Theologie*, Bd. 123), Tübingen: Mohr Siebeck, 2003, S. 367–381; zum Fortleben von Lutherflorilegien im späteren 19. und 20. Jahrhundert vgl. Thomas Kaufmann, „Antisemitische Lutherflorilegien", in: ders., *Aneignungen Luthers und der Reformation. Wissenschaftsgeschichtliche Beiträge zum 19.–21. Jahrhundert* (= *Christentum in der modernen Welt*, Bd. 2), hrsg. von Martin Keßler, Tübingen: Mohr Siebeck, 2022, S. 3–36.

7 Zur Geschichte der Lutherausgaben vgl. nur Johannes Schilling, „Lutherausgaben", in: Gerhard Müller u. a. (Hrsg.), *Theologische Realenzyklopädie*, Bd. 21, Berlin/New York: De Gruyter, 2021, S. 594–599; Ulrich Köpf, „Kurze Geschichte der Weimarer Lutherausgabe", in: *D. Martin Luthers Werke. Sonderedition der kritischen Weimarer Ausgabe. Begleitheft zu den Schriften, Teil 1–5*, Weimar: Böhlau, 2003, S. 1–24; Johannes Schilling, „Die Abteilung ‚Schriften' der Weimarer Lutherausgabe", in: ebd., S. 25–56; ders., „Luthers Briefe und die Abteilung ‚Briefwechsel' in der Weimarer Lutherausgabe", in: *D. Martin Luthers Werke. Sonderedition der kritischen Weimarer Ausgabe. Begleitheft zum Briefwechsel*, Weimar: Böhlau, 2002, S. 25–53; Helmar Junghans, „Die Tischreden Martin Luthers", in: *D. Martin Luthers Werke. Sonderedition der kritischen Weimarer Ausgabe. Begleitheft zu den Tischreden*, Weimar: Böhlau, 2000, S. 25–50; zu einigen Studienausgaben des 20. Jahrhunderts

blierten Reformatoren der großen evangelischen Traditionen im typographischen Zeitalter – vor allem der dominierenden Figuren Luther, Melanchthon, Zwingli und Calvin – erwachsen ihnen freilich nun, im digitalen Äon, erhebliche Transformationsprobleme und Etablierungsnöte. Denn digitale Neueditionen der als zufriedenstellend ediert geltenden großen Reformatoren sind bisher nicht in Angriff genommen worden, wohl auch und vor allem deshalb nicht, weil es zum Teil zu frühzeitigen Retrodigitalisierungen kam. Der folgende Überblick ergibt ein durchaus disparates Gesamtbild; es zeigt auf seine Weise, dass die digitale Transformation der Editorik eine bleibende Herausforderung darstellt und bisher zu verschiedenen, im Grunde inkommensurablen und den neuesten Anforderungen an digitale Editionen weithin nicht genügenden 'Aggregatzuständen' geführt hat.

Zunächst zu Luther, dessen Retrodigitalisierung im Jahre 2000 besiegelt war.[8] Die über einen Zeitraum von ca. 125 Jahren fertiggestellte *Weimarer Lutherausgabe* (WA) wurde in allen ihren vier separat erschienenen Teilen (*WA-Schriften*; *WA-Tischreden*; *WA-Briefe*; *WA-Deutsche Bibel*)[9] mittels des Double Keying-Verfahrens durch asiatische Nicht-Muttersprachler erfasst. Dieser Prozess lief nicht wissenschaftsgetrieben ab, sondern folgte den kommerziellen Handlungslogiken des Publishers Chadwyck Healey. Die dadurch erstellten digitalen Volltexte sind bemerkenswert fehlerhaft, das heißt mit einem Fehlerquotienten von ca. 1 Prozent behaftet. Die Suchfunktionen der digitalen Ausgabe, die die wohl über zwei Jahrzehnte öffentlich finanzierten Registerarbeiten zur analogen Weimarer Lutherausgabe[10] in der Praxis im Wesentlichen überflüssig gemacht haben, stellen den primären Nutzungsgewinn der retrodigitalisierten Version dar.

Abgesehen davon gibt es gute Gründe, in der digitalen Transformation der seit 1883 erschienenen *WA* ein wissenschaftliches Debakel zu sehen, dessen Auswirkun-

---

instruktiv: Martin Keßler, *Luthers Schriften für die Gegenwart. Drei konkurrierende Editionsvorhaben in den 1930er und 1940er Jahren*, Tübingen: Mohr Siebeck, 2019.

8 Helmar Junghans, „Die Weimarer Lutherausgabe digital auf der CD-ROM ‚Luthers Werke'", in: *Lutherjahrbuch* 70 (2003), S. 215–219; die von der Firma Chadwick-Healey durchgeführte Digitalisierung ist heute über den Provider proquest über entsprechende Bibliotheksserver zugänglich: https://www.proquest.com/luther/index?accountid=11144&parentSessionId=PNHEIEMYLU%2F3g NufaTEvBvsUgRHuz68HFK12O7WLJt8%3D (zuletzt abgerufen: 19.07.2025; Abruf nur als angemeldeter Benutzer möglich). Die Printversion der Weimarer Lutherausgabe ist zugänglich über: https://archive.org/details/werkekritischege0062luth/page/n5/mode/2up (zuletzt abgerufen: 01.04.2025).

9 Vgl. zur Entstehungsgeschichte der Weimarer Lutherausgabe die Literaturhinweise in Anm. 8; zur Deutschen Bibel vgl. Heinz Blanke, „Die Abteilung ‚Die Deutsche Bibel' in der Weimarer Lutherausgabe", in: *D. Martin Luthers Werke. Sonderedition der kritischen Weimarer Ausgabe. Begleitheft zur Deutschen Bibel*, Weimar: Böhlau, 2001, S. 25–60.

10 Die Register (Orts-, Namens-, Sachregister lateinisch und deutsch) bilden den Abschluss der *WA*: *D. Martin Luthers Werke, Kritische Gesamtausgabe*, Bd. 62–73, Weimar: Böhlau, 1986–2009.

gen sich wohl nach und nach immer deutlicher zeigen werden. Die Gründe sind die folgenden: Die digitale *WA* bleibt die alte *WA*, doch in digitaler Form suggeriert sie, irgendwie neu und modern, gegenwartsadäquat zu sein. Sie erspart heutigen Lesern die Mühsal des Fraktursatzes, liefert also – neben der allgemeinen Zugänglichkeit – ein niedrigschwelliges Angebot. Aber sie perpetuiert die Schwächen und Defizite der alten *WA* und sistiert die jeweiligen Forschungsstände, die beim ursprünglichen Erscheinen des jeweiligen Bandes bestanden, was sich insbesondere in den Einleitungen zu den einzelnen Schriften konkretisiert. Mit wenigen Ausnahmen atmen die Bände die Mentalität und die spezifischen Zugänge ihrer jeweiligen Entstehungszeit. In einigen dieser Einleitungen lassen sich nationalistische, konfessionalistische oder auch antijüdische Wertungsmuster oder Tendenzen finden. Dem Benutzer eines älteren Buches, der sich seinen Leseweg durch den Fraktursatz bahnt, ist die Alterität oder doch die historische Kontextgebundenheit dieser Edition *per se* klar; einem zeitgenössischen Nutzer der Online-Ausgabe der *WA* aber müsste sie durchaus mühsam vermittelt werden, was durch die mediale Präsentation als solche praktisch nicht geschieht. Neben der digitalen Zementierung überkommener Forschungsstände führt die elektronische Ausgabe der Werke Martin Luthers die hochproblematische Einteilung der Lutherüberlieferung in unterschiedliche, untereinander nur mühsam verbundene Abteilungen fort, auch wenn man mittels der Suchfunktionen alle ihre Teile *uno actu* erschließen kann: *WA-Briefe* setzt nur Teile von *WA-Schriften* voraus; dasselbe gilt für die besonders isolierte Abteilung *WA-Deutsche Bibel*; *WA-Tischreden* erschien bereits sehr früh und verweist in der Regel auf ältere, inzwischen ungebräuchliche Lutherausgaben und ist der heute wohl umstrittenste, von den editorischen Grundentscheidungen her problematischste Teil der *WA*.[11]

Besonders gravierend ist natürlich, dass die digitale *WA* ein erratisches Textarchipel in einem sich ständig verändernden, hochgradig fluiden Meer der Texte, Quellen und Digitalisate bildet. Sie ist nicht mit den Digitalisaten verbunden, auf die man üblicherweise vornehmlich über das digitale *Gesamtverzeichnis der Wiegendrucke* (*GW*) für das 15.[12] Jahrhundert oder über das *Verzeichnis der im deutschen Sprachgebiet erschienenen Drucke des 16. Jahrhunderts* (*VD 16*)[13] zurückgreift. Auch

---

11 Vgl. Ingo Klitzsch (Hrsg.), *Die „Tischreden" Martin Luthers: Tendenzen und Perspektiven der Forschung* (= *Schriften des Vereins für Reformationsgeschichte*, Bd. 220), Gütersloh: Gütersloher Verlagshaus, 2021; ders., *Redaktion und Memoria: die Lutherbilder der „Tischreden"* (= *Spätmittelalter, Humanismus, Reformation*, Bd. 114), Tübingen: Mohr Siebeck, 2020; Katharina Bärenfänger/Volker Leppin/ Stefan Michel (Hrsg.), *Martin Luthers Tischreden: Neuansätze der Forschung* (= *Spätmittelalter, Humanismus, Reformation*, Bd. 71), Tübingen: Mohr Siebeck, 2013.
12 https://www.gesamtkatalogderwiegendrucke.de/ (zuletzt abgerufen: 01.04.2025).
13 https://www.bsb-muenchen.de/kompetenzzentren-und-landesweite-dienste/kompetenzzentren/ vd-16/ (zuletzt abgerufen: 01.04.2025).

die bibliographische Arbeit an den Lutherdrucken bis zu seinem Tod[14] existiert für die digitale *WA* ebenso wenig wie für die analoge *WA*. Die digitale *WA* konserviert längst überfällige Forschungs- und bibliographische Erschließungsstände und ragt als eisgrauer Zeuge einer vergangenen Forschungs- und Deutungsepoche in digitaler Mimikry in die modernen unendlichen Weiten des Netzes hinein.

Wer sich auf die digitale *WA* verlässt, die ihn auf keines der heute üblichen Hilfsmittel hinweist, wird den Herausforderungen aktueller Forschung in der Reformationsgeschichte nicht gerecht werden. Der von der Blässe historisch-philologischer Relativierungen nicht angekränkelte systematisch-theologische Zugriff auf den Theologen Luther findet natürlich weiterhin in der *WA* jene Edition, über die hinaus Größeres nicht gedacht werden kann – und nimmt an den veralteten Einleitungen und den zum Teil unvollständigen Bibliographien keinerlei Anstoß. Was einen Historiker verstört oder ärgert, ist eine auch aus deutschnationalem Ressentiment erwachsene weitgehende Ignoranz der Weimarer Lutherausgabe gegenüber den zeitgenössischen lateinischen und nationalsprachlichen Übersetzungen des Wittenberger Reformators, die die Diversität der unterschiedlichen europäischen 'Lutherpersönlichkeiten' zu erkennen unmöglich macht. Einen allein an der Theologie des Wittenberger Reformators interessierten Interpreten stört sie in der Regel nicht. Der Luther der *WA* ist jedenfalls deutscher und weniger lateinisch, auch weniger europäisch als der historische Luther *in persona* es tatsächlich war. Insbesondere einige der lateinischen Übersetzungen akzentuierten sehr eigenständig und lassen Luther weitaus 'humanistischer' und unpolemischer erscheinen, als es die deutschen Ausgangstexte nahelegen.[15] Die Retrodigitalisierung der *WA* perpetuiert und fixiert Momente eines Lutherbildes, das in seiner Historizität durchaus fraglich ist.

---

14 Josef Benzing/Helmut Claus, *Lutherbibliographie, Verzeichnis der gedruckten Schriften Martin Luthers bis zu dessen Tod*, 2 Bde., Baden-Baden: Valentin Koerner, 1989/1994.

15 Zur frühen humanistischen Lutherrezeption vgl. Leif Grane, *Martinus noster: Luther in the German Reform movement 1518–1521*, Mainz: Zabern, 1994. Die hier nicht weiter auszuführende These einer unpolemisch-humanistischen Stilisierung Luthers qua lateinischer Übersetzung werde ich in einem noch nicht publizierten Beitrag an der lateinischen Übersetzung von *Von den guten Werken* (*VD 16* L 1750; L 1751), von *Dass Jesus Christus ein geborener Jude sei* (*VD 16* L 4316; L 4317; L 4318) und an einer 1524 erschienenen lateinischen Übersetzung des *Sermons von dem Sakrament des heiligen Leichnams Christi und von den Bruderschaften* (*VD 16* L 6400) nachweisen. Stefania Salvadori hat an der italienischen Übersetzung von Luthers Adelsschrift (*Martino Luter, Libro de la emendatione et correctione dil stato christiano*, hrsg. von Stefania Salvadori [= *Temi e testi*, Bd. 185], Rom: Storia e Letteratura, 2019) deutlich gemacht, dass Luther in den 1530er Jahren in Venedig in eine an italienische Literatur adaptierte Sprach- und Lebenswelt hinein 'übersetzt' wurde. Für andere Länder und Sprachen gilt Ähnliches, vgl. nur Anna Vind, „Luther in Danish", in: *Lutheran quarterly* 35 (2021), S. 155–170.

In dieser Hinsicht steht es um Zwingli nicht weniger schlecht, selbst wenn der schweizerische Nationalismus, der aus dem Zürcher Reformator – so der Titel einer Festschrift zum 400. Geburtstag 1884 – einen „Martin Luther ebenbürtigen Zeugen des Evangeliums"[16] machte, im Vergleich mit dem deutschen als geradezu rührend und harmlos erscheinen mag. Auch Zwingli bleibt im Prokrustesbett seiner analogen Edition, die im Rahmen des Großprojektes des *Corpus Reformatorum* erschienen war,[17] gefangen. *Zwinglis Werke digital*, veranlasst durch das Institut für Schweizerische Reformationsgeschichte in Zürich, ist ein biederer, nicht-kommerzieller, mithin frei zugänglicher semiretrodigitaler Avatar des Ahnherrn des reformierten Protestantismus, der seine nackten Texte ohne alle charakteristischen Merkmale der kritischen Edition (Apparate, Kommentierungen, Überlieferungskritik, Einleitung etc.) und ohne die Möglichkeit der exakten Referenzierung auf diese bietet. Wer *Zwinglis Werke digital* benutzt, kann Texte durchsuchen und sich an ihnen erfreuen; mit der kritischen Wissenschaft, die seine Edition im *Corpus Reformatorum* bestimmt hat, wird er nicht einmal in Gestalt der älteren Forschung behelligt. Insofern steht die digitale Edition von Zwinglis Werken für eine der fundamentalen Gefahren der digitalen Transformation der Geisteswissenschaften: die Wiederkehr eines vor- oder unkritischen Textpositivismus, der ca. zwei Jahrhunderte historisch-philologischer Forschung nicht prinzipiell, aber faktisch außer Kraft setzt. In wissenschaftlicher Hinsicht stünde es um Zwingli kaum schlechter, wenn es das digitale Angebot nicht gäbe.

Calvin scheint diesem Schicksal bisher entgangen zu sein; ihm ist eine mit lustigen Farbtupfern versehene, von der *Evangelische Kirche in Deutschland* unterstützte Webseite[18] gewidmet, die eine Zeit lang wöchentlich neu atomisierte, ihrer Kontexte beraubte Zitate aus seinem systematischen Hauptwerk bot, der *Institutio*

---

16 Johann Martin Usteri (Hrsg.), *Ulrich Zwingli, ein Martin Luther ebenbürtiger Zeuge des evangelischen Glaubens*, Zürich: Höhr, 1883.

17 Vgl. Huldrych Zwingli, *Sämtliche Werke: einzig vollständige Ausgabe der Werke Zwinglis unter Mitwirkung des Zwingli-Vereins in Zürich*, hrsg. von Emil Egli u. a., 21 Bde. (= *Corpus Reformatorum*, Bde. 88–108), Berlin/Zürich: Theologischer Verlag, 1905–2013; zur Geschichte der Zwingli-Editionen instruktiv: Ulrich Gäbler, *Huldrych Zwingli im 20. Jahrhundert: Forschungsbericht und annotierte Bibliographie 1897–1972*, Zürich: Theologischer Verlag, 1975, S. 19–26. Der digitale Zugang zu Zwinglis Werken im *Corpus Reformatorum* findet sich unter: https://www.irg.uzh.ch/static/zwingli-werke/index.php (zuletzt abgerufen: 01.04.2025). Es handelt sich dabei um ein Projekt des Instituts für Schweizerische Reformationsgeschichte an der Universität Zürich.

18 Diese Seite zu Calvin (https://www.ekd.de/Johannes-Calvin-10868.htm, zuletzt abgerufen: 01.04.2025) verweist auf www.calvin.de. Auf www.calvinismus.ch (zuletzt abgerufen: 01.04.2025) finden sich gleichfalls Texte in aktualisierender Auswahl, zu kritischen Versionen und Editionen wird man hier jedoch nicht fündig.

christianae religionis, darüber hinaus aber keinen Zugang zu der maßgeblichen Edition seiner Schriften im Rahmen des *Corpus Reformatorum* vorsah.

Aus editorischem Blickwunkel am Besten unter den reformierten Theologen hat es Heinrich Bullinger getroffen; das *Institut für Schweizerische Reformations-geschichte* in Zürich beabsichtigt, den gesamten Briefwechsel des Nachfolgers Zwinglis (insgesamt ca. 12.000 Briefe, 2.000 von Bullinger, 10.000 an ihn) digital zu erschließen, und zwar inklusive der Scans der Handschriften, Transkriptionen und Übersetzungen.[19] Was vorliegt, sind die bis heute erschienenen 21 Bände des Brief-wechsels in Gestalt durchsuchbarer PDFs. Vergleichbare digitale Versionen gibt es auch etwa von der englischen Übersetzung der Korrespondenz des Straßburger Reformators Wolfgang Fabrizius Capito[20] oder von der *Politischen Korrespondenz* Moritz von Sachsens.[21]

Im Falle der seit Jahrzehnten in Heidelberg betriebenen Edition des Briefwech-sels Philipp Melanchthons liegt inzwischen eine gut recherchierbare Volltextaus-gabe der Regesten, die vorab erschienen waren, vor;[22] der eigentliche Text der Edition ist demgegenüber – gewiss aufgrund entsprechender urheber- bzw. ver-lagsrechtlicher Hemmnisse – lediglich in Gestalt der gedruckten Bände verfügbar. Hingegen erlaubt die digitale Ausgabe nun auch die Sichtung der Digitalisate der Handschriften, ein Angebot, das freilich nur für diejenigen sinnvoll nutzbar ist, die die analoge Edition zur Hand haben und insofern imstande sind, sich zwischen Buch und Bildschirm hin- und her zu bewegen. Von dem sinnvollen Ziel einer digitalen Präsentation des Briefwechsels Melanchthons, bei der Regesten, Edition und Digitalisat verbunden und – im Falle zeitgenössisch gedruckter Texte – Ver-linkungen ins *VD 16* oder zu den im Briefwechsel benutzten Ausgaben erfolgten, ist man noch sehr weit entfernt. Ob dies innerhalb der Projektlaufzeit realisierbar ist, scheint fraglich. Doch woher soll nach Abschluss des Projektes das Geld dafür kommen? Das bereits jetzt erkennbare Schicksal befristeter Editionsvorhaben, in die nach Ablauf der Förderung kaum weitere Mittel für die digitale Optimierung ihrer Ergebnisse investiert werden können, begründet keine Hoffnung, dass sich an diesem Zustand etwas Nennenswertes werde ändern lassen.

---

19 Vgl. https://www.irg.uzh.ch/de/publikationen/bullinger/e-ausgabe.html (zuletzt abgerufen: 01.04.2025). Die Ausgabe erscheint hybrid, d. h. in gedruckter und digitaler Form. Alle bisher edier-ten Briefe des Bullinger-Briefwechsels sind retrospektiv digitalisiert und kostenlos abrufbar.
20 Vgl. https://capito.iterpubs.org/ (zuletzt abgerufen: 01.04.2025).
21 Vgl. https://www.saw-leipzig.de/de/publikationen/digitale-publikationen/ (zuletzt abgerufen: 01.04.2025), hier: „Politische Korrespondenz des Herzogs und Kurfürsten Moritz von Sachsen".
22 Vgl. https://www.hadw-bw.de/forschung/forschungsstelle/melanchthon-briefwechsel-mbw/ digitale-ressourcen (zuletzt abgerufen: 01.04.2025).

Bei einem anderen wichtigen Autor der Reformationszeit, Martin Bucer, stellt sich die Lage wie folgt dar: Bucer wird seit den 1950er Jahren ediert; die Abteilung 'Deutsche Schriften', zuletzt ein Projekt der Heidelberger Akademie unter der Leitung von Gottfried Seebaß, ist als analoge Ausgabe zum Abschluss gekommen.[23] Im Falle des Bucer-Briefwechsels liegen zehn Bände gedruckt vor (zuletzt 2016); ein Übergang in eine digitale Formatversion ist hier bisher unterblieben; ob die Verweigerung gegenüber dem Digitalen das definitive Ende der abrupt mit dem Jahr 1533 endenden Ausgabe besiegelt, ist ungewiss. Die *Opera latina* Bucers entbehrten bislang einer soliden Finanzierungsgrundlage und werden wohl auf unabsehbare Zeiten ein Torso bleiben. Bei ihnen wie auch bei anderen Editionen – etwa den 'Quellen zur Geschichte des Täufertums' im Rahmen der *Quellen und Forschungen zur Reformationsgeschichte*, den Flugschriften, den älteren Ausgaben der Reformatorenkorrespondenz von Herminjard[24], den politischen Korrespondenzen Herzog Georgs von Sachsen, Landgraf Philipps von Hessen, der Stadt Straßburg und so weiter – wird vielleicht irgendwann eine durchsuchbare PDF der Druckversion zu erwarten sein; ansonsten scheint die medienkulturelle Dualität von Buch und Bildschirm – analog der Parallelität von Handschrift und Buchdruck im Zuge der ersten Medienrevolution an der Schwelle der europäischen Neuzeit – für die wissenschaftliche Arbeit in der Reformationszeit auf Dauer bestimmend zu bleiben. Die erst unlängst abgeschlossene Thomas Müntzer-Edition[25] und die ersten Bände der Bugenhagen-Edition[26] sind digital abstinent und unsichtbar.

---

23 Zur Orientierung über alle Ausgaben und Drucke Bucers einschließlich der Sekundärliteratur vgl. *Martin Bucer (1491–1551) – Bibliographie*, hrsg. von Gottfried Seebaß, erstellt von Holger Pils/ Stephan Ruderer/Petra Schaffrodt, Gütersloh: Gütersloher Verlagshaus, 2005.
24 Aimé-Louis Herminjard (Hrsg.), *Correspondance des réformateurs dans les pays de langue française: recueillie et publiée avec d'autres lettres relatives à la réforme et des notes historiques et biographiques*, Bde. 1–9, Genf: Georg, 1866–1897, Neudruck 1965/1966.
25 Helmar Junghans (Hrsg.), *Thomas-Müntzer-Ausgabe. Kritische Gesamtausgabe*, hrsg. im Auftrag der Sächsischen Akademie der Wissenschaften (= *Quellen und Forschungen zur sächsischen Geschichte*, Bde. 25,1–3), Bd. 1, *Thomas Müntzer: Schriften, Manuskripte und Notizen*, Leipzig: Evangelische Verlagsanstalt, 2017; Bd. 2, *Thomas Müntzer: Briefwechsel*, Leipzig: Evangelische Verlagsanstalt, 2010; Bd. 3, *Quellen zu Thomas Müntzer*, Leipzig: Evangelische Verlagsanstalt, 2004.
26 Anneliese Bieber-Wallmann (Hrsg.), *Johannes Bugenhagen, Werke*, Bd. 1.1, Göttingen: Vandenhoeck und Ruprecht, 2013; dies. (Hrsg.), *Johannes Bugenhagen, Werke*, Bd. 1.2, Göttingen: Vandenhoeck und Ruprecht, 2024.

2 Neuere und unabgeschlossene Editionsvorhaben

Die bisher genannten und behandelten digitalen Editionen oder retrodigitalen Versionen analoger Editionen tragen ihre lange, im typographischen Äon wurzelnde Vorgeschichte bis heute mit sich herum. Sie bieten in der Regel distinkte Texte mit eindeutigen Lesarten und zeichnen, sofern dies durch die entsprechenden Printeditionen gedeckt beziehungsweise aus diesen übernommen wurde, Varianten hierarchisch geordneter Überlieferungen nach. Aufgrund der Struktur der Überlieferung verbietet sich in aller Regel eine radikale Fluidisierung der Texte und ihrer Lesarten.

Von diesen Editionen sind jene zu unterscheiden, die in neuester Zeit nach Maßgabe der Möglichkeiten des digitalen Mediums konzipiert wurden. Soweit ich sehe, sind dies in der Reformationsgeschichte zur Zeit drei: der von der Heidelberger Akademie der Wissenschaften betriebene *Theologenbriefwechsel im Südwesten des Reichs in der Frühen Neuzeit (1550–1620),* geleitet von Christoph Strohm[27], die an der Sächsischen Akademie der Wissenschaften in Leipzig betriebene Ausgabe der *Briefe und Akten zur Kirchenpolitik Friedrichs des Weisen und Johanns des Beständigen 1513 bis 1532,* geleitet von Armin Kohnle[28] und die *Kritische Gesamtausgabe der Briefe und Schriften Andreas Bodensteins von Karlstadt,* als DFG-Langzeitvorhaben an der Göttinger Akademie in Verbindung mit der Herzog August Bibliothek

---

27 https://heidelberger-forum-edition.de/theologenbriefwechsel (zuletzt abgerufen: 01.04.2025); vgl. Christoph Strohm, *Theologenbriefwechsel im Südwesten des Reichs in der Frühen Neuzeit (1550– 1620). Zur Relevanz eines Forschungsvorhabens (= Schriften der Philosophisch-historischen Klasse der Heidelberger Akademie der Wissenschaften,* Bd. 57), Heidelberg: Universitätsverlag Winter, 2017; eine Auswahl aus dem in dem Projekt erschlossenen Gesamtmaterial, das besonders interessante Briefe enthält, erscheint in der Reihe der *Quellen und Forschungen zur Reformationsgeschichte:* Christoph Strohm (Hrsg.), *Theologenbriefwechsel im Südwesten des Reichs in der Frühen Neuzeit (1550–1620). Kritische Auswahledition,* Bd. 1, *Württemberg I (1548–1570)* (= *Quellen und Forschungen zur Reformationsgeschichte,* Bd. 96), Gütersloh: Gütersloher Verlagshaus, 2020; ders., *Theologenbriefwechsel im Südwesten des Reichs in der Frühen Neuzeit (1550–1620). Kritische Auswahledition,* Bd. 2, *Kurpfalz I (1556–1583)* (= *Quellen und Forschungen zur Reformationsgeschichte,* Bd. 99), Gütersloh: Gütersloher Verlagshaus, 2022; ders., *Theologenbriefwechsel im Südwesten des Reichs in der Frühen Neuzeit (1550–1620). Kritische Auswahledition,* Bd. 3, *Straßburg I (1549–1577)* (= *Quellen und Forschungen zur Reformationsgeschichte,* Bd. 109), Gütersloh: Gütersloher Verlagshaus, 2024.
28 https://bakfj.saw-leipzig.de/ (zuletzt abgerufen: 01.04.2025); die gedruckten Bände sind bisher: Armin Kohnle/Manfred Rudersdorf (Hrsg.), *Briefe und Akten zur Kirchenpolitik Friedrichs des Weisen und Johanns des Beständigen,* Bd. 1, *1513–1517,* Leipzig: Evangelische Verlagsanstalt, 2017; dies., Bd. 2, *1518–1522,* Leipzig: Evangelische Verlagsanstalt, 2022.

in Wolfenbüttel.[29] Das seit 2007 unter der Leitung von Frau Dingel an der Mainzer Akademie betriebene Projekt *Controversia et Confessio. Quellenedition zur Bekenntnisbildung und Konfessionalisierung (1548–1580)*[30] erfasst die gewaltige, deutlich über die Zahl der edierten Texte hinausgehende Menge von über 2000 Schriften lutherischer Kontroversisten zwischen 1548 und 1580 in einer Datenbank, bietet bisher aber nur digitale Zugänge zu zwei Bänden der auch analog erschienenen Edition im Rahmen der Wolfenbütteler Digitalen Bibliothek, ansonsten Verlinkungen zu externen Digitalisaten der zeitgenössischen Drucke (in der Regel über *VD 16*). Da die digitale Edition der bisher verfügbaren Bände im Wesentlichen dieselben Eigenschaftsmerkmale aufweist wie die *Karlstadt-Edition*, kann ich sie in diesem Zusammenhang übergehen.

Der südwestdeutsche *Theologenbriefwechsel* und die *Briefe und Akten* zur ernestinischen Kirchenpolitik weisen eine Anzahl an Gemeinsamkeiten auf. Beide digitalen Editionen bieten eine sehr große Zahl an Einzelstücken, die deutlich über jene Mengen hinausgeht, die man in gedruckten Ausgaben sinnvoll veröffentlichen könnte. Beide Ausgaben publizieren allerdings auch gedruckte Auswahlbände, in die als besonders interessant und wichtig beurteilte Einzelstücke aufgenommen werden; man könnte sie also als partielle Hybrideditionen bezeichnen. Die Edition des *Theologenbriefwechsels im Südwesten des Reichs* kombiniert knappe Regesten der jeweiligen Inhalte, Transkriptionen beziehungsweise Editionen der Texte und Verlinkungen zu den Digitalisaten der Überlieferung und zu möglichen Voreditionen. Ein differenziertes System an Schlagworten zu Personen und Sachen eröffnet vielfältige Wege in das Material. Über die Suchfunktionen sind Personen als Verfasser, Adressaten oder als erwähnte Akteure ermittelbar; chronologische Suchoptionen ermöglichen es, das üppige Material eng zu kontextualisieren. Die *Briefe und Akten* zur Kirchenpolitik der ernestinischen Kurfürsten streben ein ähnliches Spektrum an Funktionen an; sie bieten neben den Texten komplexe Informationen; Digitalisate sind nicht eingebunden; aufgrund von Verlagsrechten sind die Zugriffe auf die Texte temporär eingeschränkt und zum Teil nur Metadaten nutzbar. Im Ganzen streben beide Editionen sehr deutlich an, zwischen bisherigen

---

29 https://diglib.hab.de/edoc/ed000216/start.htm (zuletzt abgerufen: 01.04.2025); in gedruckter Form: Thomas Kaufmann (Hrsg.), *Andreas Bodenstein von Karlstadt, Kritische Gesamtausgabe der Schriften und Briefe*, Bde. 1–9, Gütersloh: Gütersloher Verlagshaus, 2017–2026; zur bisherigen Karlstadtforschung vgl. Martin Keßler, *Das Karlstadt-Bild in der Forschung* (= *Beiträge zur historischen Theologie*, Bd. 174), Tübingen: Mohr Siebeck, 2014.
30 https://www.controversia-et-confessio.de/cc-digital.html (zuletzt abgerufen: 01.04.2025); die von Irene Dingel hrsg. Reihe *Controversia & Confessio* enthält einige kritische Auswahleditionen der zentralen Schriften der innerlutherischen Kontroversen; sie erscheint in Göttingen bei Vandenhoeck und Ruprecht und umfasst zwölf Bände, die zwischen 2008 und 2025 erschienen sind.

Texten in traditionellen Printeditionen und den im Netz verfügbaren Materialien zu vermitteln beziehungsweise jene in dieses zu integrieren. Wahrscheinlich wäre es forschungsstrategisch sinnvoll, die genannten und weitere Editionen über eine Portallösung sichtbar zu verschränken.

Um der Konkretion willen seien nun einige kurze Bemerkungen zu Sinn und Bedeutung der von mir geleiteten Edition der literarischen Hinterlassenschaft des Wittenberger Kollegen und späteren Luthergegners Andreas Bodenstein, der üblicherweise nach seinem fränkischen Heimatort Karlstadt genannt wird, angestellt. Ich möchte über den Sinn dieser Edition auch deshalb öffentlich nachdenken, weil ich mich noch vor Kurzem von Seiten kulturtheoretisch avancierter Kolleginnen und Kollegen mit massivem Unverständnis konfrontiert sah, als ich bekannte, dass ich Editionen für ausgesprochen sinnvoll, ja notwendig halte.

Einige Bemerkungen zu der Figur, deren Schriften und Briefe wir seit 2012 in einem DFG-Langzeitvorhaben edieren, sind unerlässlich.[31] Karlstadt war einer der frühesten Mitstreiter und Parteigänger Luthers. Seit 1517 bekannte sich der Weltgeistliche zu maßgeblichen theologischen Grundentscheidungen seines Fakultätskollegen aus dem Augustinereremitenorden, ja trat als Propagandist einer gemeinsamen Wittenberger Theologie hervor. Zu Beginn des Jahres 1517 vollzog er eine literarisch inszenierte Konversion – weg von der aristotelischen Philosophie und der Scholastik, hin zu Augustinus und Paulus, das heißt zu einer gute Werke als Grund der Rechtfertigung ablehnenden radikalen Gnadentheologie. Im April 1517 schlug er *151 Thesen* an einer Wittenberger Kirchentür an und wirkte darin, dass dies aus Anlass eines mit Ablässen verbundenen Festtages geschah, das Thesenblatt keinen konkreten Disputationstermin und -anlass aufwies und eine radikale augustinisch-antipelagianische Gnadentheologie propagiert wurde, modellhaft für die textliche Inszenierung von Luthers berühmten *95 Thesen* aus dem Herbst des Jahres.[32]

Bis in die Mitte der 1520er Jahre war Karlstadt einer der produktivsten reformatorischen Publizisten. Insbesondere in Bezug auf seine deutschen Schriften wurde er vergleichsweise häufig nachgedruckt.[33] Dass das literarische Werk eines solchen Mannes, der in alle maßgeblichen Debatten und Diskurse der frühen Re-

---

31 Alle substantiellen Informationen zu Karlstadt sind in die in Anm. 30 genannte Edition eingegangen. Darüber hinaus verdient Beachtung: Ulrich Bubenheimer, *Wittenberg 1517, Diskussions-, Aktionsgemeinschaft und Stadtreformation*, hrsg. von Thomas Kaufmann/Alejandro Zorzin (= *Spätmittelalter, Humanismus, Reformation/Studies in the Late Middle Ages, Humanism, and the Reformation*, Bd. 134), Tübingen: Mohr Siebeck, 2023.
32 Vgl. Thomas Kaufmann, *Die Mitte der Reformation. Eine Studie zu Buchdruck und Publizistik im deutschen Sprachgebiet, zu ihren Akteuren und deren Strategien, Inszenierungs- und Ausdrucksformen* (= *Beiträge zur historischen Theologie*, Bd. 187), Tübingen: Mohr Siebeck, 2019, S. 462–486.
33 Alejandro Zorzin, *Karlstadt als Flugschriftenautor* (= *Göttinger theologische Arbeiten*, Bd. 48), Göttingen: Vandenhoeck und Ruprecht, 1990.

formationszeit involviert und verstrickt war und ständig neue Themen lancierte und vorantrieb – zu den Gelübden, der Priesterehe, der Gottesdienstgestaltung, der Bilderfrage, der Säuglingstaufe, dem Verständnis der Sakramente etc. –, bisher nicht ediert worden ist, ja kaum Ansätze zu seiner Erfassung und Erschließung vorlagen,[34] hängt mit seiner exzentrischen theologischen beziehungsweise konfessionspolitischen Position zusammen: Keine der sich formierenden konfessionellen oder denominationellen Formationen – Luthertum, Reformiertentum, Täufertum – sahen in ihm einen der Ihren. Indirekt bestätigt Karlstadts editorisches Schicksal die ausgeprägt identifikatorische Motivlage, die die auf die Reformationszeit bezogenen Editionen vielfach geleitet hat. In Karlstadts Fall wirkten die scharfen Urteile exponierter Zeitgenossen, insbesondere die Luthers, weithin fort: Als *persona non grata* war er einer *damnatio memoriae* anheimgegeben.[35] Deshalb bedeutet eine Edition seines Werkes zunächst und vor allem: einen Beitrag zur Historisierung in dem Sinne zu leisten, dass Texte und Auffassungen, denen in der Reformationszeit eine durchaus nicht unbedeutende Wirkung zukam, erneut ins Bewusstsein zu heben sind, um komplexe Uneindeutigkeiten hervortreten zu lassen und dadurch dazu beizutragen, dass das Zeitalter angemessener verstanden werden kann.

Die Erfahrungen der in Kooperation mit der Herzog August Bibliothek in Wolfenbüttel durchgeführten *Karlstadt-Edition* sind komplex. Dabei möchte ich im Folgenden zwischen allgemeineren Erfahrungen, die man wohl mit Editionen aller Art machen wird, und solchen, die mit dem digitalen Format zusammenhängen, unterscheiden. Zunächst zu dem zuerst genannten Aspekt, der meines Erachtens die Unverzichtbarkeit geisteswissenschaftlicher Editionen unterstreicht:

1. Zu edieren bedeutet zuerst einmal und vor allem: Überlieferungen bis ins letzte nachzuspüren, sie zu sichten und zu gewichten, alles mit dem Ziel, ein Maximum an Erkenntnis über das Dokument und seine Geschichte zu gewinnen. Beim Edieren schlägt die Stunde der Wahrheit; ob ich etwas wirklich zu verstehen imstande bin, zeigt sich, wenn ich es anderen in einer Edition verständlich zu präsentieren versuche. Dabei stößt man sehr bald auf Sachverhalte, die unseren

---

34 Vgl. dazu Keßler, *Karlstadtbild*.

35 Besonders wirkungsreich war Luthers Schrift *Wider die himmlischen Propheten* (zwei Teile, 1525; *WA* 18, S. 37–214) und Erasmus Albers *Wider die verfluchte Lehre der Carlstader ...*, Neubrandenburg 1556 und 1594; *VD 16* A 1562–1564. Die auf den mit der Jahreszahl 1522 überlieferten Holzschnitten des 'Junkers Jörg' abgedruckten Verse gegen den 'Bilderstürmer' Karlstadt stammen allerdings aus der Zeit nach Luthers Tod; sie spiegeln das für das frühkonfessionelle Luthertum kanonisch gewordene Karlstadtbild, siehe Thomas Kaufmann, „Der verkleidete Mönch und der Maler", in: ders., *Die Gesellschaft der Reformation. Studien zu sozialen, kulturellen, ökonomischen und politischen Dynamiken im Alten Reich der 1520er Jahre* (= *Spätmittelalter, Humanismus, Reformation/Studies in the Late Middle Ages, Humanism, and the Reformation*, Bd. 145), Tübingen: Mohr Siebeck, 2025 (in Druck), S. 507–557.

gewiss sehr von der kulturellen Prädominanz des Bildes geprägten Umgang mit Objekten von denen früherer Zeiten unterscheiden: Wenn irgend möglich möchten wir die Wasserzeichen des Beschreibmaterials, die Beschaffenheit der Siegel, Besonderheiten der Schrift, des Schreibgerätes, der Tinte, der Typographie, der Einbände etc., kurz die Materialität der Objekte erforschen. Und wir stellen fest, dass vieles von dem, was uns interessiert, etwa in den traditionellen analogen reformationsgeschichtlichen Editionen nicht berücksichtigt wurde. Wer heute ediert, wird *nolens volens* vieler Unzulänglichkeiten älterer Editionen inne.

2. Wenn man einen Autor wie Karlstadt ediert, dessen mit ihm in mannigfachen Beziehungen stehende Zeitgenossen in vielen Fällen bereits in einer oder gar mehreren Editionen erschlossen wurden – dies gilt etwa für Luther, Melanchthon oder Müntzer –, stößt man unweigerlich auf Sachverhalte und Entscheidungen früherer Editionen, die man für problematisch halten wird. Ein durchaus nicht randständiges Beispiel stellen die frühen Wittenberger Disputationsthesen der Theologen dar.[36] Sie sind in aller Regel in Sammeldrucken überliefert; die Verfasserschaft der einzelnen Thesen ist in manchen Fällen uneindeutig. Doch die bisherige Forschung hat sich zumeist an den Urteilen Joachim Karl Friedrich Knaakes, des Inaugurators der *WA*,[37] orientiert. Und dessen Kriteriologie war vielfach alles andere als nachvollziehbar. Vereinfacht und gewiss ein wenig polemisch formuliert könnte man sagen: Als Thesen Luthers wurden diejenigen identifiziert, die sich in Knaakes Lutherbild einfügten. Für Karlstadt blieb da eher der Bodensatz; der Überlieferungszusammenhang der Thesen, also die Sammlungen in Handschriftenkonvoluten, vor allem aber in Sammeldrucken, die außerhalb Wittenbergs – in Löwen, Basel und Paris – erschienen waren und die die Wittenberger als eine Einheit präsentierten,[38] spielte für die am großen Autorengenie Luther orientierte Weimarer Lutheredition und ihre Editionsstrategie keine Rolle; man suchte sich Juwelen aus und sammelte sie in das Schatzkästlein der *WA*. Diese Editionspraxis zu einem nicht eben beiläufigen Quellencorpus wie den frühen Thesen der Wittenberger Theologischen Fakultät beherrscht bis heute das Feld. Hätten wir nicht Karlstadt ediert, wären auch wir auf diese Problematik gewiss nicht gestoßen.

---

36 Vgl. hierzu Kaufmann, *Die Mitte der Reformation*, S. 475–486.

37 Ilse Zelle, *Karl Knaake – Begründer der Weimarer Lutherausgabe. Hintergründe zu Person und Werk. Eine Spurensuche in Bildern, Briefen und Begegnungen* (= *Persönlichkeit im Zeitgeschehen*, Bd. 5), Münster: LIT, 2017.

38 Zur Betonung der Wittenberger Diskursgemeinschaft vgl. Ulrich Bubenheimer, *Wittenberg 1517*; siehe auch Jens-Martin Kruse, *Universitätstheologie und Kirchenreform. Die Anfänge der Reformation in Wittenberg 1516–1522* (= *Veröffentlichungen des Instituts für Europäische Geschichte Mainz*, Bd. 187), Mainz: Zabern, 2002.

Daraus folgt 3.: Eine Edition kommt selten allein, im Gegenteil. Das eben skizzierte Beispiel verdeutlicht, dass sich von Editionen her immer wieder Perspektiven auf ein Forschungsfeld beziehungsweise auf Überlieferungszusammenhänge ergeben, die neu gesehen werden und zur Weiterarbeit stimulieren, ja neue Editionen nahelegen. Aus der neuen *Karlstadt-Edition* ergibt sich in gewisser Weise zwingend, dass insbesondere die älteren Teile der *WA* überarbeitet beziehungsweise konzeptionell neu bedacht werden müssen. Faktisch führen Editionen also nicht zur Fixierung von Textfassungen und Forschungsständen, sondern zu deren Fluidisierung und Infragestellung; Editionen bahnen neuer Forschung den Weg. Letzteres ist natürlich bei digitalen Editionen in besonderem Maße der Fall. Angesichts dessen, was heute möglich oder bereits vielfach Standard ist – die Parallelansicht aller originalen Überlieferungsträger und Transkriptionen etwa –, empfinden wir viele der älteren Editionen als ungenügend.

Doch ich bin weit davon entfernt, die digitale Edition, für die ich verantwortlich bin, zu bejubeln oder zu verklären. Die vergangenen zwölf Jahre waren immer wieder auch extrem belastend, nicht zuletzt wegen eines stetigen Anpassungsdruckes an neue technische Entwicklungen und förderpolitische Erwartungen. Erst als es einem unserer ehemaligen EDV-Mitarbeiter gelungen war, ein Transformationsszenario aufzusetzen, das es den Editoren ermöglichte, weitgehend in Word zu arbeiten, also ihre Texte jenseits des Codierungswusts zu sehen und die Überführung in XML-Dateien zu automatisieren, konnte eine ständige Quelle von Frustrationen trockengelegt werden.

Überdies soll nicht verschwiegen werden, dass auch die *Karlstadt-Edition* eine sogenannte Hybridedition ist – etwas, wofür die Vertreter der reinen Lehre des digitalen Edierens natürlich eher Verachtung empfinden. Doch die Gründe halte ich für unwiderlegbar: Wenn man circa 4 Millionen Euro an öffentlichen Mitteln in eine solche Edition investiert, dann muss die denkbar nachhaltigste Sicherung des Ergebnisses gewährleistet werden. Und das ist in der Tat nach wie vor die gedruckte Ausgabe – auch wenn sie natürlich hinter den Möglichkeiten der digitalen Edition zurückbleibt. Doch elementare Erfahrungen wie die, dass zum Beispiel Digitalisate gerade einmal wieder nicht in Parallelsicht angezeigt werden können – die Arbeit mit dem DFG-Viewer hat hier eine gewisse Stabilität gebracht – zeigen, dass es eine Illusion sein dürfte, digitale Editionen für permanent verfügbar oder gar robust zu halten.

Über alledem sollen aber die Vorzüge einer digitalen Edition nicht vergessen werden:

1. Man kann Fehler jederzeit korrigieren, jedenfalls solange ein Projekt läuft und die Persistenz der Edition gesichert ist.

2. Man kann die Überlieferung in allen ihren Aspekten sichtbar machen und dem Nutzer damit Möglichkeiten eröffnen, Editionsentscheidungen nachzuvollziehen oder zu korrigieren.

3. Die Installation zusätzlicher Suchfunktionen geht weit über die Möglichkeiten der in Büchern üblichen Registrierung hinaus.

4. Die Verlinkung etwa der Zitate mit den Originaldokumenten beziehungsweise den vom Autor benutzten Ausgaben eröffnet Perspektiven der Weiterarbeit, die in der analogen Welt kaum vorstellbar sind.

5. Die in der *Karlstadt-Edition* geschaffene Möglichkeit, zu jedem Dokument oder bisher erschienenen Band die PDF der Druckversion auszudrucken, stellt faktisch eine Open-Access–Lösung dar; möglich wurde sie nur dadurch, dass der gemeinnützige wissenschaftliche Verein für Reformationsgeschichte die Verlagsrechte innehat und auf Gewinne verzichten kann. Im Falle zweier weiterer reformationsgeschichtlicher beziehungsweise frühneuzeitlicher Editionen – des südwestdeutschen *Theologenbriefwechsels* von Christoph Strohm[39] und der Edition der europäischen Friedensverträge der Vormoderne (*Religiöse Friedenswahrung und Friedensstiftung in Europa [1500–1800]. Digitale Quellenedition frühneuzeitlicher Religionsfrieden*) von Irene Dingel[40] – verfahren wir entsprechend.

3 Schlussüberlegungen

Die größte Herausforderung einer digitalen Edition besteht aus meiner Sicht allerdings in der persistenten Langzeitarchivierung. Die Entscheidung, die *Karlstadt-Edition* gemeinsam mit der Herzog August Bibliothek in Wolfenbüttel zu betreiben, hatte die wissenschaftsstrategische Implikation, dass Bibliotheken als Archive der kulturellen Überlieferung diejenigen Einrichtungen sind, die am ehesten auch für die Langzeitarchivierung digitaler Editionen in Betracht kommen. Die bisher seitens der DFG verlangte Datensicherung von lediglich zehn Jahren ist für extrem aufwändige Editionen völlig unverhältnismäßig und unangemessen.

Das Problem, gegebenenfalls anfallende Nachbearbeitungen oder Korrekturen in Editionen vorzunehmen, werden die Bibliotheken aber wohl nur mit zusätzlichen Mitteln bewältigen können. Oder wir müssen über die Forschungsdateninfrastrukturinitiativen Formen finden, in denen wir inskünftig auch digitale Editionen, die wir nicht mehr weiterentwickeln und aktualisieren können, gleichsam 'archivieren' und die technischen Voraussetzungen vorhalten, mit denen wir sie auch in 50 Jahren noch so nutzen können, wie wir heute aus der Mode gekommene Daten-

---

39 Vgl. Anm. 28.
40 http://www.religionsfrieden.de/ (zuletzt abgerufen: 01.04.2025); Irene Dingel (Hrsg.), *Europäische Religionsfrieden der Frühen Neuzeit. Quellen*, Bd. 1, *Religionsfrieden 1485–1555* (= *Quellen und Forschungen zur Reformationsgeschichte*, Bd. 98), Gütersloh: Gütersloher Verlagshaus, 2021.

träger wie CDs, Mikrofilme oder -fiches nutzen. Die Erwartung, digitale Editionen permanent migrationsfähig zu halten, dürfte angesichts der Kostenentwicklung bei der Langzeitarchivierung nicht finanzierbar sein. Auch im digitalen Zeitalter haben wir mit der Koinzidenz oder Simultaneität unterschiedlicher Medien beziehungsweise digitaler Formate und Aggregatzustände zu leben, das heißt wir müssen historisierungsfähig bleiben beziehungsweise es endlich werden. Die 'digitalmillenaristische' Fantasie, dass irgendwann alles relevante Wissen im Netz verfügbar sei, ist eine gefährliche Illusion. Der primär ökonomisch induzierte Präsentismus, der vor allem im Interesse der IT-Giganten liegt und die Gefahr in sich birgt, dass etwa neue Betriebssysteme oder Updates mit vorhandenen Systemen nicht mehr vereinbar sind oder diese lahmlegen, stellt eine wissenschaftskulturelle Bedrohung dar.

Digitale Editionen sind elementare Antriebsmomente im umfassenden Prozess der digitalen Transformation der Geisteswissenschaften. Und hier besteht vor allem eine Herausforderung darin, die bisherigen Wissenschaftstraditionen in die digital erschlossenen und zugänglich werdenden Textwelten zu integrieren. Dies sei an einem sehr einfachen Beispiel demonstriert: Wer heute mit den hervorragenden Digitalisaten etwa des *VD 16* arbeitet, findet valide bibliographische Informationen zu den Formaten, Volumina, Druckerzuschreibungen etc. Er findet allerdings keinerlei Hinweis auf die ausgesprochen reichhaltige Forschung, die es zu einzelnen Drucken geben mag. Und er wird in Bezug auf die Frage der konkreten Einordnung eines Druckes (Ist es ein Erstdruck? Wie verhält er sich zu den sonstigen Ausgaben?) allein gelassen. Ein wissenschaftlich wenig orientierter Nutzer wird hier keinerlei Problem verspüren und einfach irgendeine Ausgabe benutzen. Auch dies begegnet gelegentlich, dass die kontingente numerische Reihung der Ausgaben eines Druckes im Sinne einer Stemmatisierung verstanden wurde – auch vor solchen Missverständnissen ist der wenig erfahrene Nutzer des *VD 16* nicht gefeit. Ein wissenschaftlich sensibilisierter, erfahrener Nutzer, den der bisherige Forschungskontext oder die Editionsgeschichte eines Druckes interessiert, aber bleibt sich allein überlassen und wird allenfalls durch zufällige und wüste Recherchen in den üblichen Suchmaschinen darauf stoßen, dass es gegebenenfalls eine kritische Edition des ihn interessierenden Textes gibt. Sollte die hier skizzierte Herausforderung der Integration traditioneller Wissensbestände in die digitalen Formate nicht gelingen, wäre die Konsequenz ziemlich klar, ja beginnt sich bereits abzuzeichnen: Was nicht im Netz ist, ist vergessen und verloren; die wissenschaftliche Arbeit von Generationen wird im Zeichen vermeintlichen Fortschritts ignoriert. Für die geisteswissenschaftliche Arbeit, die in aller Regel von weither kommt, stellt dies eine immense Bedrohung dar. Auch die Gefahr eines naiven, vorkritischen Quellenpositivismus ist durch die mühelose Verfügbarkeit beliebigen, unvalidierten Textmaterials gigantisch angewachsen. Gerade wenn es uns ernst ist mit der digitalen Transformation der Geisteswissenschaften, die forciert anzugehen um der Leistungsfähigkeit der digitalen Editionen willen wünschenswert wäre, liegen gewaltige Aufgaben vor uns. Deshalb gilt es das Bewusstsein für fachkulturspezifische Arbeitsbedingungen und 'Halbwertszeiten' ihrer wissenschaftlichen Ergebnissicherungen zu schärfen. An den Editionen treten die spezifischen Bedürfnisse der Geisteswissenschaften im digitalen Zeitalter besonders deutlich hervor.

Verzeichnis der zitierten Literatur

Bärenfänger, Katharina/Leppin, Volker/Michel, Stefan (Hrsg.), *Martin Luthers Tischreden: Neuansätze der Forschung* (= *Spätmittelalter, Humanismus, Reformation*, Bd. 71), Tübingen: Mohr Siebeck, 2013.

Benzing, Josef/Claus, Helmut, *Lutherbibliographie, Verzeichnis der gedruckten Schriften Martin Luthers bis zu dessen Tod*, 2 Bde., Baden-Baden: Valentin Koerner, 1989/1994.

Bieber-Wallmann, Anneliese (Hrsg.), *Johannes Bugenhagen, Werke*, Bd. 1.1, Göttingen: Vandenhoeck und Ruprecht, 2013.

Bieber-Wallmann, Anneliese (Hrsg.), *Johannes Bugenhagen, Werke*, Bd. 1.2, Göttingen: Vandenhoeck und Ruprecht, 2024.

Blanke, Heinz, „Die Abteilung ‚Die Deutsche Bibel' in der Weimarer Lutherausgabe", in: *D. Martin Luthers Werke. Sonderedition der kritischen Weimarer Ausgabe. Begleitheft zur Deutschen Bibel*, Weimar: Böhlau, 2001, S. 25–60.

Bubenheimer, Ulrich, *Wittenberg 1517, Diskussions-, Aktionsgemeinschaft und Stadtreformation*, hrsg. von Thomas Kaufmann/Alejandro Zorzin (= *Spätmittelalter, Humanismus, Reformation/Studies in the Late Middle Ages, Humanism, and the Reformation*, Bd. 134), Tübingen: Mohr Siebeck, 2023.

Dingel, Irene (Hrsg.), *Europäische Religionsfrieden der Frühen Neuzeit. Quellen*, Bd. 1, *Religionsfrieden 1485–1555* (= *Quellen und Forschungen zur Reformationsgeschichte*, Bd. 98), Gütersloh: Gütersloher Verlagshaus, 2021.

Gäbler, Ulrich, *Huldrych Zwingli im 20. Jahrhundert: Forschungsbericht und annotierte Bibliographie 1897–1972*, Zürich: Theologischer Verlag, 1975.

Grane, Leif, *Martinus noster: Luther in the German Reform movement 1518–1521*, Mainz: Zabern, 1994.

Herminjard, Aimé-Louis (Hrsg.), *Correspondance des réformateurs dans les pays de langue française: recueillie et publiée avec d'autres lettres relatives à la réforme et des notes historiques et biographiques*, Bde. 1–9, Genf: Georg, 1866–1897, Neudruck 1965/1966.

von der Heyden-Rynsch, Verena, *Aldo Manuzio. Vom Drucken und Verbreiten schöner Bücher*, Berlin: Wagenbach, 2014.

Himmighöfer, Traudel, *Die Zürcher Bibel bis zum Tode Zwinglis (1531). Darstellung und Bibliographie*, Mainz: Zabern, 1995.

Junghans, Helmar, „Die Tischreden Martin Luthers", in: *D. Martin Luthers Werke. Sonderedition der kritischen Weimarer Ausgabe. Begleitheft zu den Tischreden*, Weimar: Böhlau, 2000, S. 25–50.

Junghans, Helmar, „Die Weimarer Lutherausgabe digital auf der CD-ROM ‚Luthers Werke'", in: *Lutherjahrbuch* 70 (2003), S. 215–219.

Kaufmann, Thomas, *Das Ende der Reformation. Magdeburgs „Herrgotts Kanzlei" (1548–1551/2)* (= *Beiträge zur Historischen Theologie*, Bd. 123), Tübingen: Mohr Siebeck, 2003.

Kaufmann, Thomas, *Konfession und Kultur. Lutherischer Protestantismus in der zweiten Hälfte des Reformationsjahrhunderts* (= *Spätmittelalter und Reformation, Neue Reihe*, Bd. 29), Tübingen: Mohr Siebeck, 2006.

Kaufmann, Thomas, „What is Lutheran Confessional Culture?", in: Per Ingesman (Hrsg.), *Religion as an Agent of Change. Crusades – Reformation – Pietism*, Leiden/Boston: Brill, 2016, S. 127–148.

Kaufmann, Thomas (Hrsg.), *Andreas Bodenstein von Karlstadt, Kritische Gesamtausgabe der Schriften und Briefe* (= Quellen und Forschungen zur Reformationsgeschichte), Bde. 1–9, Gütersloh: Gütersloher Verlagshaus, 2017–2026.

Kaufmann, Thomas, *Die Mitte der Reformation. Eine Studie zu Buchdruck und Publizistik im deutschen Sprachgebiet, zu ihren Akteuren und deren Strategien, Inszenierungs- und Ausdrucksformen* (= Beiträge zur historischen Theologie, Bd. 187), Tübingen: Mohr Siebeck, 2019.

Kaufmann, Thomas, „Antisemitische Lutherflorilegien", in: ders., *Aneignungen Luthers und der Reformation. Wissenschaftsgeschichtliche Beiträge zum 19.–21. Jahrhundert* (= Christentum in der modernen Welt, Bd. 2), hrsg. von Martin Keßler, Tübingen: Mohr Siebeck, 2022.

Kaufmann, Thomas, *Die Druckmacher. Wie die Generation Luther die erste Medienrevolution entfesselte*, München: Beck, 2022.

Kaufmann, Thomas, „Der verkleidete Mönch und der Maler", in: ders., *Die Gesellschaft der Reformation. Studien zu sozialen, kulturellen, ökonomischen und politischen Dynamiken im Alten Reich der 1520er Jahre* (= Spätmittelalter, Humanismus, Reformation/Studies in the Late Middle Ages, Humanism, and the Reformation, Bd. 145), Tübingen: Mohr Siebeck, 2025 (in Druck), S. 507–557.

Keßler, Martin, *Das Karlstadt-Bild in der Forschung* (= Beiträge zur historischen Theologie, Bd. 174), Tübingen: Mohr Siebeck, 2014.

Keßler, Martin, *Luthers Schriften für die Gegenwart. Drei konkurrierende Editionsvorhaben in den 1930er und 1940er Jahren*, Tübingen: Mohr Siebeck, 2019.

Klitzsch, Ingo, *Redaktion und Memoria: die Lutherbilder der „Tischreden"* (= Spätmittelalter, Humanismus, Reformation, Bd. 114), Tübingen: Mohr Siebeck, 2020.

Klitzsch, Ingo (Hrsg.), *Die „Tischreden" Martin Luthers: Tendenzen und Perspektiven der Forschung* (= Schriften des Vereins für Reformationsgeschichte, Bd. 220), Gütersloh: Gütersloher Verlagshaus, 2021.

Köpf, Ulrich, „Kurze Geschichte der Weimarer Lutherausgabe", in: *D. Martin Luthers Werke. Sonderedition der kritischen Weimarer Ausgabe. Begleitheft zu den Schriften*, Teil 1–5, Weimar: Böhlau, 2003, S. 1–24.

Kohnle, Armin/Rudersdorf, Manfred (Hrsg.), *Briefe und Akten zur Kirchenpolitik Friedrichs des Weisen und Johanns des Beständigen*, Bd. 1, 1513–1517, Leipzig: Evangelische Verlagsanstalt, 2017.

Kohnle, Armin/Rudersdorf, Manfred (Hrsg.), *Briefe und Akten zur Kirchenpolitik Friedrichs des Weisen und Johanns des Beständigen*, Bd. 2, 1518–1522, Leipzig: Evangelische Verlagsanstalt, 2022.

Kruse, Jens-Martin, *Universitätstheologie und Kirchenreform. Die Anfänge der Reformation in Wittenberg 1516–1522* (= Veröffentlichungen des Instituts für Europäische Geschichte Mainz, Bd. 187), Mainz: Zabern, 2002.

Langereis, Sandra, *Erasmus. Biographie eines Freigeists*, Berlin: Propyläen, 2023.

Lowry, Martin, *The World of Aldus Manutius. Business and scholarship in Renaissance Venice*, Oxford: Blackwell, 1979.

Schilling, Johannes, „Luthers Briefe und die Abteilung ‚Briefwechsel' in der Weimarer Lutherausgabe", in: *D. Martin Luthers Werke. Sonderedition der kritischen Weimarer Ausgabe. Begleitheft zum Briefwechsel*, Weimar: Böhlau, 2002, S. 25–53.

Schilling, Johannes, „Die Abteilung ‚Schriften' der Weimarer Lutherausgabe", in: *D. Martin Luthers Werke. Sonderedition der kritischen Weimarer Ausgabe. Begleitheft zu den Schriften*, Teil 1–5, Weimar: Böhlau, 2003, S. 25–56.

Schilling, Johannes, „Lutherausgaben", in: Gerhard Müller u. a. (Hrsg.), *Theologische Realenzyklopädie*, Bd. 21, Berlin/New York: De Gruyter, 2021, S. 594–599.

Michel, Stefan, *Die Kanonisierung der Werke Luthers im 16. Jahrhundert* (= *Spätmittelalter, Humanismus und Reformation*, Bd. 92), Tübingen: Mohr Siebeck, 2016.

Sebastiani, Valentia, *Johann Froben Printer of Basel*, Leiden/Boston: Brill, 2018.

Strohm, Christoph, *Theologenbriefwechsel im Südwesten des Reichs in der Frühen Neuzeit (1550–1620). Zur Relevanz eines Forschungsvorhabens* (= *Schriften der Philosophisch-historischen Klasse der Heidelberger Akademie der Wissenschaften*, Bd. 57), Heidelberg: Universitätsverlag Winter, 2017.

Strohm, Christoph (Hrsg.), *Theologenbriefwechsel im Südwesten des Reichs in der Frühen Neuzeit (1550–1620). Kritische Auswahledition*, Bd. 1, *Württemberg I (1548–1570)* (= *Quellen und Forschungen zur Reformationsgeschichte*, Bd. 96), Gütersloh: Gütersloher Verlagshaus, 2020.

Strohm, Christoph (Hrsg.), *Theologenbriefwechsel im Südwesten des Reichs in der Frühen Neuzeit (1550–1620). Kritische Auswahledition*, Bd. 2, *Kurpfalz I (1556–1583)* (= *Quellen und Forschungen zur Reformationsgeschichte*, Bd. 99), Gütersloh: Gütersloher Verlagshaus, 2022.

Strohm, Christoph (Hrsg.), *Theologenbriefwechsel im Südwesten des Reichs in der Frühen Neuzeit (1550–1620). Kritische Auswahledition*, Bd. 3, *Straßburg I (1549–1577)* (= *Quellen und Forschungen zur Reformationsgeschichte*, Bd. 109), Gütersloh: Gütersloher Verlagshaus, 2024.

Usteri, Johann Martin (Hrsg.), *Ulrich Zwingli, ein Martin Luther ebenbürtiger Zeuge des evangelischen Glaubens*, Zürich: Höhr, 1883.

Vind, Anna, „Luther in Danish", in: *Lutheran quarterly* 35 (2021), S. 155–170.

Wolkenhauer, Anja, „Manutius, Aldus", in: Peter Kuhlmann/Hellmuth Schneyder (Hrsg.), *Geschichte der Altertumswissenschaften. Biographisches Lexikon*, Stuttgart/Weimar: Metzler, 2012, S. 776–778.

Zelle, Ilse, *Karl Knaake – Begründer der Weimarer Lutherausgabe. Hintergründe zu Person und Werk. Eine Spurensuche in Bildern, Briefen und Begegnungen* (= *Persönlichkeit im Zeitgeschehen*, Bd. 5), Münster: LIT, 2017.

Zorzin, Alejandro, *Karlstadt als Flugschriftenautor* (= *Göttinger theologische Arbeiten*, Bd. 48), Göttingen: Vandenhoeck und Ruprecht, 1990.

Werkausgaben

Bucer, Martin (1491–1551) – Bibliographie, hrsg. von Gottfried Seebaß, erstellt von Holger Pils/Stephan Ruderer/Petra Schaffrodt, Gütersloh: Gütersloher Verlagshaus, 2005.

Ficino, Marsilio [*MARSILII FICINI FLORENTni*], *insignis Philosophi Platonici, Medici, atque Theologi clarissimi, opera, & quae hactenus extitêre, & […]*, Basel: Heinrich Petri, 1561.

Luter, Martino, *Libro de la emendatione et correctione dil stato christiano*, hrsg. von Stefania Salvadori (= *Temi e testi*, Bd. 185), Rom: Storia e Letteratura, 2019.

Machiavelli, Niccolò, *Tutte le opere di Nicolo Machiavelli Cittadino et Secretario Fiorentino […] …*, Genf: Chouet, 1550.

Melachthon, Philipp, *Omnivm Opervm Reverendi Viri Philippi Melanthonis, PARS prima, secunda, tertia et quarta*, Wittenberg: Johann Krafft d. Ä., 1562–1564.

Thomas-Müntzer-Ausgabe. Kritische Gesamtausgabe, im Auftrag der Sächsischen Akademie der Wissenschaften hrsg. von Helmar Junghans (= *Quellen und Forschungen zur sächsischen Geschichte*, Bde. 25,1–3); Bd. 1, *Thomas Müntzer: Schriften, Manuskripte und Notizen*, Leipzig: Evangelische Verlagsanstalt, 2017; Bd. 2, *Thomas Müntzer: Briefwechsel*, Leipzig: Evangelische Verlagsanstalt, 2010; Bd. 3, *Quellen zu Thomas Müntzer*, Leipzig: Evangelische Verlagsanstalt, 2004.

Pellikan, Konrad, [Pellicanus, Conrad], *Commentaria bibliorum […]*, Zürich: Christoph Froschauer d. Ä., 1532 bis 1546.

Pico della Mirandola, Giovanni [Joannis Pici], *Mirandule Comitis Concordie: litterar[um] principis*, Straßburg: Johann Prüß d. Ä., 1504.
Zwingli, Huldrych, *Sämtliche Werke: einzig vollständige Ausgabe der Werke Zwinglis unter Mitwirkung des Zwingli-Vereins in Zürich*, hrsg. von Emil Egli u. a., 21 Bde. (= *Corpus Reformatorum*, Bde. 88–108), Berlin/Zürich: Theologischer Verlag, 1905–2013.
Verzeichnis der im deutschen Sprachbereich erschienenen Drucke des 16. Jahrhunderts (VD).
Weimarer Ausgabe Gesamtausgabe der Werke Martin Luthers (WA).

Online-Quellen

Bullinger, Heinrich
    https://www.irg.uzh.ch/de/publikationen/bullinger/e-ausgabe.html
Calvin, Johannes
    https://www.ekd.de/Johannes-Calvin-10868.htm
    www.calvinismus.ch
Capito, Wolfgang Fabrizius
    https://capito.iterpubs.org/
Karlstadt, Andreas Bodenstein von
    https://diglib.hab.de/edoc/ed000216/start.htm
Luther, Martin
    https://www.proquest.com/luther/index?accountid=11144&parentSessionId=PNHEIEMYLU%2F3g
    NufaTEvBvsUgRHuz68HFK12O7WLJt8%3D
    https://archive.org/details/werkekritischege0062luth/page/n5/mode/2up
Melanchthon, Philipp
    https://www.hadw-bw.de/forschung/forschungsstelle/melanchthon-briefwechsel-mbw/digitale-ressourcen
Sachsen, Moritz von
    https://www.saw-leipzig.de/de/publikationen/digitale-publikationen/
Zwingli, Huldrych
    https://www.irg.uzh.ch/static/zwingli-werke/index.php

Übergreifend

Briefe und Akten zur Kirchenpolitik Friedrichs des Weisen und Johanns des Beständigen 1513 bis 1532, https://bakfj.saw-leipzig.de/
Controversia & Confessio, https://www.controversia-et-confessio.de/cc-digital.html
Religiöse Friedenswahrung und Friedensstiftung in Europa, 1500–1800, http://www.religionsfrieden.de/
Theologenbriefwechsel im Südwesten des Reichs in der Frühen Neuzeit (1550–1620), https://heidelberger-forum-edition.de/theologenbriefwechsel
Verzeichnis der im deutschen Sprachbereich erschienenen Drucke des 16. Jahrhunderts (VD 16), https://www.bsb-muenchen.de/kompetenzzentren-und-landesweite-dienste/kompetenzzentren/vd-16/

Christoph Markschies

Registeranfertigung als Textpraktik oder Geschichte und Probleme des Registers zur Weimarer Ausgabe der Werke Martin Luthers

Im Rahmen eines Bandes, der sich auch mit Textpraktiken als Methoden und Institutionen beschäftigt, darf natürlich ein Beitrag zur Anfertigung von Registern als
klassischer Fall von Textpraktik nicht fehlen. Das manuelle Verzetteln von Texten
und seine digitalen Ersatzformen sind mehr oder weniger rituelle Textpraktiken,
Formen einer geordneten Einverleibung und selbstverständlich auch der Kanonisierung von Text. Ich werde in einem ersten Abschnitt anhand von anekdotischer
Evidenz das Feld abstecken, um das es mir unter dem Stichwort *Registeranfertigung*
geht, in einem zweiten Abschnitt die Geschichte des Registers der Weimarer Lutherausgabe und der damit verbundenen Probleme präsentieren und analysieren
und am Ende in einem dritten und letzten Abschnitt verschiedene Konsequenzen
zu ziehen versuchen.

Eine Vorbemerkung: Wenn ich recht sehe, gibt es natürlich allerlei Literatur
zum Thema, vor allem praktische Anleitungen zur Registerarbeit. Horst Kunze, von
1950 bis 1976 Generaldirektor der Deutschen Staatsbibliothek Unter den Linden,
schrieb 1964 ein kleines, mehrfach aufgelegtes Büchlein *Über das Registermachen*,
das vor allem praktischen Zwecken dienen sollte. Letztmalig erschien es 1992 in
vierter, verbesserter und vermehrter Auflage im Münchner Verlag K. G. Saur, der
bald im Berliner Verlag De Gruyter aufgehen sollte.[1] Die vierte Auflage unterschied
sich von den voraufgehenden durch einen erstmals hinzugefügten Abschnitt zur
rechnergestützten Registerherstellung. Kunze definierte das Register als einen
„Beitrag zur Rationalisierung der wissenschaftlichen Arbeit"[2] und die alphabetische Erschließung einer systematisch aufgebauten wissenschaftlichen Arbeit als
den mechanischen Gegenpol des systematischen wissenschaftlichen Arbeitens.
„Rationalisierung" war hier wohl eher im Sinne einer spezifisch ostdeutschen Verwendung des Begriffs gemeint: Steigerung der Effizienz (sc. wissenschaftlichen
Arbeitens) durch Automatisierung und Technisierung. Insofern verwundert auch
wenig, dass im praktischen Teil des Büchleins, das in der theoretischen Fundamen-
tierung mit so kräftigen Dualen arbeitet, statuiert wird: „alphabetische Register

---

1 Horst Kunze, *Über das Registermachen*, Berlin: De Gruyter Saur, ⁴1992.
2 Ebd., S. 11.

https://doi.org/10.1515/9783112224724-006

sind in der Regel zweckmäßiger als systematische Register"[3]. Kunze versuchte sich auch an einer sehr kurzen Geschichte der Theorie des Registers und der Praxis des Registermachens; dabei bezog er sich – kaum verwunderlich – auf das alphabetisch geordnete Universallexikon von Johann Heinrich Zedler (1706–1751) und den durch Register gut erschlossenen Georg Christoph Lichtenberg (1742–1799).[4] Es ist vielleicht eine kleine Anmerkung wert, dass noch zu Zeiten der alten DDR in einem Sammelband, den der Akademie-Verlag 1988 publizierte, die Germanistin Uta Motschmann gegen Kunze Stellung bezog und ganz eigene Thesen über das Registermachen zu germanistischen Editionen vortrug.[5]

3 Ebd., S. 17.

4 Vgl. ebd., S. 13–16, sowie Johann Heinrich Zedler (Hrsg.), *Grosses vollständiges Universal-Lexicon aller Wissenschaften und Künste*, 64 Bde., Halle/Leipzig, 1732–1754; vollständigen Zugriff mit Suchfunktion bietet die von der Bayerischen Staatsbibliothek und der Herzog August Bibliothek Wolfenbüttel betriebene Website: https://www.zedler-lexikon.de/ (zuletzt abgerufen: 20.04.2025). Zu Zedlers Lexikon vgl. u. a. Andreas Müller, „Vom Konversationslexikon zur Enzyklopädie: Das Zedlersche Universal-Lexicon im Wandel seiner Druckgeschichte", in: *Das achtzehnte Jahrhundert* 43 (2019), H. 1, S. 73–90; Martin Gierl, „Kompilation und die Produktion von Wissen im 18. Jahrhundert", in: Helmut Zedelmaier/Martin Mulsow (Hrsg.), *Die Praktiken der Gelehrsamkeit in der Frühen Neuzeit* (= *Frühe Neuzeit*, Bd. 64), Tübingen: Niemeyer, 2001, S. 63–94, sowie Ulrich Johannes Schneider/ Helmut Zedelmaier, „Wissensapparate. Die Enzyklopädistik der Frühen Neuzeit", in: Richard van Dülmen/Sina Rauschenbach (Hrsg.), *Macht des Wissens. Die Entstehung der modernen Wissensgesellschaft*, Köln/Weimar/Wien: Böhlau, 2004, S. 349–363. – Lichtenberg selbst vermerkte zur Registererstellung: „Befehl kein merckwürdiges Buch ohne den vollständigsten Index zu drucken, könte sehr nützlich seyn." (*Georg Christoph Lichtenbergs Aphorismen*, nach den Handschriften hrsg. von Albert Leitzmann, 4. Heft, *1789–1793* [= *Deutsche Literaturdenkmale des 18. und 19. Jahrhunderts*, Bd. 123], Berlin: Behr, 1908, S. 13; bezeichnenderweise verzeichnet Leitzmanns Register keinen Eintrag zu den Lemmata ‚Index' oder ‚Register'). Neben den Registern der einschlägigen Lichtenberg-Ausgaben bietet zuletzt auch die Lichtenbergforschungsstelle der Akademie der Wissenschaften zu Göttingen mit „Lichtenberg online" (https://lichtenberg.adw-goe.de/ [zuletzt abgerufen: 20.04.2025]) bzw. dem siebten Band der gesammelten naturwissenschaftlichen Schriften (Georg Christoph Lichtenberg, *Gesammelte Schriften. Historisch-kritische und kommentierte Ausgabe*, Bd. 7, *Register. Bearbeitet von Albert Krayer. Mit einem Vorwort „Die Edition der Vorlesungen Lichtenbergs – Rückblick und Ausblick" von Ulrich Joost und Ulrich Christensen*, hrsg. von der Akademie der Wissenschaften zu Göttingen und der Technischen Universität Darmstadt, Göttingen: Wallstein, 2017) ein Gesamtregister, das sich am Register der Ausgabe Georg Christoph Lichtenberg, *Briefwechsel*, Bd. 5.1–2, *Verzeichnisse, Sachregister*, unter Mitwirkung von Hans-Joachim Heerde, hrsg. von Ulrich Joost, München: C.H. Beck, 2004, orientiert.

5 Uta Motschmann, „Von den Registern", in: Siegfried Scheibe u. a. (Hrsg.), *Vom Umgang mit Editionen. Eine Einführung in Verfahrensweisen und Methoden der Textologie*, Berlin: Akademie-Verlag, 1988, S. 225–263.

Inzwischen gibt es natürlich ungleich viel mehr Literatur zum Thema, insbesondere zur Geschichte des Registermachens.[6] Ich habe besonderen Gewinn aus Arbeiten von Helmut Zedelmaier in Halle gezogen, beispielsweise aus seinem Aufsatz *Facilitas inveniendi*.[7] Zedelmaier zeigt in seinem Beitrag, dass Register in der frühen Neuzeit

> nicht nur wichtige Instrumente der Benutzung der Wissenssummen [waren], sie sind in der Frühen Neuzeit zugleich Hilfsmittel der Produktion von Enzyklopädien. Das gilt nicht nur in dem einfachen Sinn, daß sich Enzyklopädien, damals wie heute, materialiter primär wiederum aus Enzyklopädien zusammensetzen und Register Hilfsmittel der Reorganisation der Wissensbestände sind. Mit Hilfe von Registern organisierten die Gelehrten der Frühen Neuzeit auch ihre „loci communes", d. h. ihre privaten Exzerptsammlungen. In dieser Funktion, als Ordnungssystem des in Exzerptheften und -büchern verzeichneten (Lektüre-)Wissens, besaßen Register auch eine Schlüsselfunktion für die Produktion von Enzyklopädien.[8]

Da ich der Profession nach kein Frühneuzeithistoriker bin, sollte ich nicht versuchen, zu Zedelmaier Ergänzungen und Korrekturen vorzutragen, werde auch keine Geschichte des Registermachens von *tabula alphabetica, index* und *registrum* aufgrund seiner Arbeiten aus seinen Arbeiten epitomisieren. Aber ich notiere natürlich mit gewissem Vergnügen, dass der 1559 erstmals publizierte *Index librorum prohibitorum*, das Verzeichnis der auf päpstlichen Erlass auf den Index gebrachten Bücher, jedenfalls nach Zedelmaier der erste selbständig publizierte Index war.[9] Und im Blick auf unser Thema scheint mir von Interesse, dass die streng alphabetischen Register des 16. Jahrhunderts die Verzettelung und also die massenhaftere Verbreitung von Papier voraussetzten. Mit dem Rückgang der enzyklopädischen Literatur im 18. Jahrhundert ging nach Zedelmaier aber auch die Registerproduktion deutlich zurück. Weil ich aufgrund meiner spezifischen Fachkompetenz für eine Geschichte des Registermachens als Textpragmatik kaum qualifiziert bin, behandle

---

6 Vgl. u. a. Dennis Duncan, *Index, A History of the. A Bookish Adventure from Medieval Manuscripts to the Digital Age*, London: Allan Lane, 2021, der sich auch mit der Frage nach der Funktion von Registern im Zeitalter von digitalen Suchmaschinen befasst und seinen Band nicht nur mit einem händisch erstellten Register schließt, sondern diesem auch einen Auszug aus einem computergenerierten Index zur Veranschaulichung der Problematik solcher künstlich erstellten Register gegenüberstellt: „Even today, faced with the incursions of Artifical Intelligence, the book index remains primarily the work of flesh-and-blood-indexers, professionals whose job is to mediate between author and audience." (Duncan, *Index*, S. 2). Seit der Formulierung dieses Urteils ist es freilich zu erheblichen Fortschritten und Sprüngen in der Entwicklung von Künstlicher Intelligenz gekommen.
7 Helmut Zedelmaier, „*Facilitas inveniendi*. Zur Pragmatik alphabetischer Buchregister", in: Theo Stammen/Wolfgang E. J. Weber (Hrsg.), *Wissenssicherung, Wissensordnung und Wissensverarbeitung. Das europäische Modell der Enzyklopädie*, Berlin: Akademie-Verlag, 2004, S. 191–203.
8 Ebd., S. 192.
9 Vgl. ebd, S. 194.

ich das Thema anhand einer maßgeblichen kritischen Edition meines eigenen Faches, mit der ich gern arbeite und am Beispiel meiner eigenen Erfahrungen. Und dieser erste Abschnitt zur anekdotischen Evidenz beginnt nun.

1 Registermachen: ein wenig anekdotische Evidenz

Ich möchte drei Erfahrungen berichten, zwei vom Beginn meiner akademischen Karriere, eine aus unseren Tagen. Natürlich ist mir deutlich, dass anekdotische Evidenz nicht Ersatz für eine durch sozialwissenschaftliche Methoden und Quellenforschung gestützte historische Analyse sein kann, aber immerhin ein Schritt auf dem Wege dorthin.

Meine Erfahrungen mit dem Registermachen begannen, als ich meine Dissertationsschrift in den Jahren 1991/1992 im Tübinger Verlag Mohr Siebeck zum Druck brachte.[10] Der Verleger, Georg Siebeck, wies mich bei einem ersten Gespräch ebenso wie der neutestamentliche Betreuer der Arbeit, Martin Hengel, darauf hin, dass erst gründliche Indices ein Buch wertvoll und benutzbar machen könnten. Ich weiß leider nicht mehr, wer mir die Indices eines anderen Tübinger Neutestamentlers – von Otfried Hofius – als maßstabsetzendes Vorbild empfohlen hat, ich vermute, dass dies der vierte Neutestamentler der Fakultät, Gert Jeremias war, bei dem ich studentische Hilfskraft war. „Hofius macht die konsistentesten und präzisesten Register zu seinen Büchern", hörte ich von ihm und so studierte ich die Register dieses Autors, überzeugte mich von der Richtigkeit der Einschätzung und folgte Hofius (wie ich bis heute Hofius beim Registermachen folge).[11] Der Lackmustest für Konsistenz und Präzision waren – ich weiß es bis heute – die *lateinischen* Einheitskurztitel von Schriften im Stellenregister, die auch für Texte griechischer, syrischer und koptischer Provenienz von Hofius präzise gebildet waren, insofern sie nicht in den Katalogen der Universitätsbibliothek zu finden waren.

---

10 Christoph Markschies, *Valentinus Gnosticus? Untersuchungen zur valentinianischen Gnosis mit einem Kommentar zu den Fragmenten Valentins* (= *Wissenschaftliche Untersuchungen zum Neuen Testament*, Bd. 65), Tübingen: Mohr Siebeck, 1992.
11 Vgl. u. a. die Stellen- und Sachregister in Otfried Hofius, *Der Christushymnus Philipper 2, 6–11. Untersuchungen zu Gestalt und Aussage eines urchristlichen Psalms* (= *Wissenschaftliche Untersuchungen zum Neuen Testament*, Bd. 17), Tübingen: Mohr, ²1991, S. 139–160 und S. 164–170; ders., *Paulusstudien*, Bd. 1 (= *Wissenschaftliche Untersuchungen zum Neuen Testament*, Bd. 51), Tübingen: Mohr Siebeck, ²1994, S. 271–307 und S. 312–319.

Meine gedruckte Dissertation umfasst 516 Seiten, 50 Seiten davon sind Register: ein vollständiges Stellenregister biblischer und außerbiblischer Schriften, Papyri und Inschriften im Umfang von 37 Seiten, sechs Seiten neuzeitliche Autoren, vier Seiten Register antiker Namen, Orte und Sachen, anderthalb Seiten Register griechischer Begriffe und Wendungen sowie elf Einträge koptischer Begriffe in Umschrift.[12] Einen bemerkenswerten ersten, mich ziemlich überraschenden Eindruck von der Nutzung eines solchen Registerangebotes erhielt ich, als ich meiner Hauptbetreuerin Luise Abramowski (1928–2014) den gedruckten Band überreichte. Sie nahm den Band zur Hand, blätterte zum Autorenregister vor und sagte: „Mehr Einträge als Hengel" (Martin Hengel [1926–2009] war der überaus engagierte und durchaus mehr als gelegentlich mit der Erstbetreuerin dissentierende Zweitbetreuer meiner Arbeit). Als ich Jahre später noch einmal nachzählte, fiel mir übrigens auf, dass der Eindruck meiner verehrten akademischen Lehrerin gar nicht stimmte: 17 Einträge für Abramowski, 23 für Hengel, die weitaus meisten aber für Harnack: 72 Nennungen. Meine akademische Lehrerin hatte sich verzählt. Register können also nicht nur dazu dienen, die akademische Eitelkeit zu befriedigen oder zu enttäuschen. Selbst bei fehlerhafter Benutzung können sie trotzdem eine beruhigende Wirkung ausüben.

Obwohl ich bereits ein elektronisches Textverarbeitungsprogramm verwendete, um meine Dissertation zu schreiben (*nota bene*, noch nicht *Word*), entstand der Index halbwegs traditionell. Meine Frau, die sich freundlicherweise bereitgefunden hatte, Fahnen zu korrigieren und die Indices anzufertigen, strich mit verschiedenen Buntstiften die einschlägigen Stellen, Namen und Begriffe an und tippte sie dann in eine eigene Datei. Das war zwar nicht mehr das klassische Verzetteln (dieses System hatten wir uns gemeinsam überlegt, ohne irgendwelche Ratgeber zu konsultieren), wir haben jedoch auch nicht die Möglichkeiten genutzt, die die Textverarbeitungssysteme schon damals boten. Aber ich verwendete damals den Computer eigentlich wie eine besonders komfortable Schreibmaschine und hatte weder Lust, mich mit entsprechenden Indizierungsmöglichkeiten vertraut zu machen, noch wirklich Vertrauen zu diesen Möglichkeiten. Dafür war nicht zuletzt auch verantwortlich, dass der kirchenhistorische Kollege von Abramowski im Bereich der kirchlichen Zeitgeschichte und der Kirchenordnung, Joachim Mehlhausen, eines Tages mit einem Band der Reihe *Konfession und Gesellschaft* aus dem Kohlhammer-Verlag zu mir kam und sagte: „Lieber Herr Markschies, schauen Sie mal den Eintrag *Jünger* aus dem Begriffsregister an". Das tat ich gleich zu Hause gehorsam in dem Band, den mir Mehlhausen mit diesen Worten überreicht hatte, und fand im Begriffsregister unter dem Stichwort *Jünger* zwei Seiten nachgewiesen, auf denen einmal von den

---

12 Vgl. Markschies, *Valentinus Gnosticus?*, S. 466–516.

Jüngern *Jesu* und ein anderes Mal von *Ernst* Jünger die Rede war.[13] Ob nun, wie Mehlhausen vermutete, die automatische Indizierung der Textverarbeitung oder die Tölpelhaftigkeit einer studentischen Hilfskraft für das Desaster des Eintrags *Jünger* verantwortlich war, muss hier nicht interessieren; es wird sich vermutlich auch gar nicht mehr aufklären lassen.

Mein letztes Beispiel stammt aus unseren Tagen. Vor einigen Monaten fragte mich Hans-Jörg Rheinberger, emeritierter Direktor am Max-Planck-Institut für Wissenschaftsgeschichte, brieflich, ob es wirklich hinnehmbar sei, dass

> die Akademie-Ausgabe der gesammelten Werke von Georg Forster auf unabsehbare Zeit ein Stückwerk bleiben wird (es fehlen noch drei Bände: 10.2, 19, 20). Die Ausgabe wurde von der Akademie zu DDR-Zeiten in die Wege geleitet und dann von der BBAW übernommen und fortgesetzt. Dass sie nun nicht zum Abschluss gebracht wird, halte ich für eine Blamage für die Akademie und eine historische Sünde. Es wird ständig über Alexander von Humboldt geredet und fleißig an seinem Nachlass gearbeitet, aber seinen Zeitgenossen und zeitweiligen Weggefährten – der keineswegs weniger wichtig ist, nur ‚diskreditiert‘ durch sein klares Bekenntnis zur Französischen Revolution – glaubt man ad acta legen zu können. Können Sie da nicht Abhilfe schaffen?[14]

Ich erkundigte mich zunächst in der Forschungsabteilung der Akademie nach dem Schicksal der Ausgabe, das mir bis dato im Unterschied zur Ausgabe selbst gänzlich unbekannt war und erfuhr, warum die Ausgabe von Georg Forster (1754–1794) im Gegensatz zu der der Briefe an Jean Paul oder der *Bibliographischen Annalen* Torso geblieben war.[15] Sie war nach der Neukonstituierung der Berliner Akademie in das von Bund und Ländern geförderte Akademienprogramm übernommen, aber im Jahr 2000 beendet worden, weil sie weit hinter dem Veröffentlichungsplan lag. Nicht veröffentlicht waren zu diesem Zeitpunkt Band 6.3 (der Abschluss- und Indexband der naturwissenschaftlichen Schriften) und Band 10.2 (der Abschlussband der Revolutionsschriften der Mainzer Republik). Ein Bandmanuskript für Band 6.3 liegt zwar im Archiv der Akademie vollständig digital als Word-File vor,

---

13 Ich verzichte aus nachvollziehbaren Gründen an dieser Stelle auf einen Nachweis; es sollten hier nur diejenigen höhnen, denen noch niemals im Leben ein Fehler beim Registermachen oder digitalen Registererstellen unterlaufen ist oder unbemerkt blieb. Ich gehöre nicht zu dieser besonderen Gruppe, verzichte aber auch hier auf Details.
14 Brief von Hans-Jörg Rheinberger an Christoph Markschies vom 17.09.2021.
15 Zur Forster-Ausgabe und den veröffentlichten Bänden siehe die archivierte Website des Akademievorhabens: https://webarchive.bbaw.de/default/20181026102907/http://forster.bbaw.de/ Ueberblick (zuletzt abgerufen: 20.04.2025). – Über Forsters kurzes, aber ereignis- und wandlungsreiches Leben informieren u. a.: Ludwig Uhlig, *Georg Forster. Lebensabenteuer eines gelehrten Weltbürgers (1754–1794)*, Göttingen: Vandenhoeck & Ruprecht, 2004; Todd Kontje, *Georg Forster: German Cosmopolitan*, University Park/PA: The Pennsylvania State University Press, 2022.

mit einem größeren Editionsteil von ca. 150 Seiten (mit einigen neu edierten Texten und Übersetzungen) und mehreren Indizes für alle drei Teilbände. Freilich hat der seinerzeitige Bearbeiter Hans-Georg Popp keine Erlaubnis gegeben, diese Datei ohne seine Zustimmung weiterzuverwenden. Es fehlt nämlich noch das Vorwort, in dem der inzwischen fast neunzigjährige Bearbeiter die gesamte Geschichte der Forster-Ausgabe mit allen daran beteiligten Kollegen samt seiner eigenen Rolle in der Ausgabe aufarbeiten und wissenschaftshistorisch einordnen wollte. Nachdem ich mir einen Eindruck von dem Stand und den Manuskripten verschafft hatte, diskutierte ich mit Rheinberger und einem Mitarbeitenden der Forschungsabteilung der Akademie das Problem. Dabei riet der Mitarbeitende zu einer – rechtlich natürlich höchst problematischen – Veröffentlichung des Editionsteils der Ausgabe als PDF an versteckter Stelle im Internet. Die Indizes müsse man ja gar nicht veröffentlichen, da das PDF ohnehin nach jedem Begriff durchsuchbar wäre. Mithin wäre an die Stelle von verschiedenen, systematisch angeordneten und in sich alphabetisch geordneten Registern lediglich die Möglichkeit getreten, etwas in den Texten zu suchen. Oder – aristotelisch gesprochen – statt des *Aktes* eines Registers lediglich die *Potenz* eines Registers. Ich gestehe gern, dass ich die inzwischen auf Homepages von Verlagen und edoc-Servern von Bibliotheken eingestellten e-books natürlich gern in dieser Weise durchsuche, aber damit die oben erwähnten komplexeren Informationen eines gedruckten und sorgfältig aufgebauten klassischen Registers – im genannten Beispiel: tatsächlich mehr Namensbelege für Abramowski als für Hengel? – und alle Komparatistik schwerer zu beschaffen ist. Der und die Benutzende sind bei der autonomen Suche im PDF oder einem sonstwie digital aufbereiteten Manuskript eines e-books erheblich freier, werden nicht durch die Registerbearbeitenden in bestimmte Richtungen gedrängt (die wie beispielsweise ich selbst sogar griechische und koptische Namen und Titel latinisieren und so implizit in das lateinsprachliche Europa ziehen). Sie sind aber zugleich auch unfreier, weil es mehr Mühe macht, Informationen zu gewinnen.

Hier endet mein Abschnitt zur anekdotischen Evidenz und ich komme zu einem magistralen Beispiel einer indizierten historisch-kritischen Edition meines Faches, das zugleich auch deutlich macht, dass meine bisherigen Erfahrungen eher auf eine etwas unterkomplexe Problemschilderung geführt haben, die noch vertieft werden kann.

2 Registermachen am Beispiel der Weimarer Lutherausgabe

Die *Weimarer Ausgabe (WA)*,[16] die nach dem einstigen Sitz des diese große, kritische Edition publizierenden Hermann Böhlau Verlages genannte kritische Gesamtausgabe der Werke Martin Luthers habe ich mir für meinen zweiten Abschnitt ausgesucht, weil in ihrem Rahmen mehrere Anläufe für Register unternommen worden sind, mehrere Typen von Registern begonnen wurden und eine sehr wechselvolle Geschichte einer Edition erheblichen Einfluss auf die jeweilige Art des Registermachens hatte. Es gibt nämlich in der *WA* nicht nur ein abschließendes großes Register[17] wie bei vielen Ausgaben, sondern eine für alle Benutzenden eher chaotische Fülle von diversen Indizierungen einzelner Bände und Bandgruppen. Um diese chaotische Fülle zu verstehen,[18] müssen wir uns zunächst die wechselvolle Geschichte der Ausgabe vergegenwärtigen, die mit einem wissenschaftlichen Autodidakten und evangelischen Landpfarrer beginnt.

Die *WA* wurde 1883 zum vierhundertsten Geburtstag Luthers begonnen und erst im Jahr 2009 abgeschlossen.[19] Mit 127 Bänden im Quartformat in vier Teilreihen[20] gehört sie zu den umfangreichsten Editionen der literarischen Hinterlassenschaft eines einzelnen Autors deutscher Sprache. Gründungsherausgeber der *WA* war der evangelische Pfarrer Joachim Karl Friedrich Knaake (1835–1905), der nach

---

16 *D. Martin Luthers Werke. Kritische Gesamtausgabe*, 127 Bde., Weimar: Hermann Böhlau/Hermann Böhlaus Nachfolger, 1883–2009. Aus Gründen der Übersichtlichkeit führe ich nachfolgend, den Gepflogenheiten der Reformations- und Lutherforschung entsprechend, die vier unterschiedlichen Bandreihen der Weimarer Ausgabe nur in den folgenden Kurzformen mit Angabe des Erscheinungsjahres an: Schriften = *WA, Deutsche Bibel* = *WA.DB, Tischreden* = *WA.TR* und *Briefwechsel* = *WA.B.*

17 *WA* 73 (2009).

18 Einen ersten Überblick – auch über vorangehende Ausgaben der Werke Luthers – verschafft Michael Beyer, „Lutherausgaben", in: Albrecht Beutel (Hrsg.), *Luther Handbuch*, Tübingen: Mohr Siebeck, ³2017, S. 2–9, hier: S. 5–7. Ein weiterhin nützliches Hilfsmittel zum Umgang mit der *WA* bietet Kurt Aland (Hrsg.), *Hilfsbuch zum Lutherstudium*, bearbeitet in Verbindung mit Ernst Otto Reichert und Gerhard Jordan, Bielefeld: Luther-Verlag, ⁴1996.

19 Zur Geschichte der Ausgabe vgl. im Folgenden: Ulrich Köpf, „Die Weimarer Lutherausgabe. Rückblick auf 126 Jahre Wissenschaftsgeschichte", in: *Lutherjahrbuch* 77 (2010), S. 221–238; Otto Albrecht, „Zur Vorgeschichte der Weimarer Lutherausgabe", in: *Lutherschriften zur Vierhundertjahrfeier des Reformators*, veröffentlicht von den Mitarbeitern der Weimarer Lutherausgabe, Weimar: Hermann Böhlaus Nachfolger, 1917, S. 29–65 sowie Gerhard Ebeling, *Umgang mit Luther*, Tübingen: Mohr, 1983 und ders., „Hundert Jahre Weimarer Luther-Ausgabe", in: *Lutherjahrbuch* 52 (1985), S. 239–251.

20 *Schriften* mit 84 (= *WA*), die *Deutsche Bibel* mit 15 (= *WA.DB*), die *Tischreden* mit 6 (= *WA.TR*) und der *Briefwechsel* mit 18 Bänden (= *WA.B*).

dem Besuch des Gymnasiums in Stendal, dem Studium der Evangelischen Theologie in Berlin und einer Zeit als Kadettenpfarrer in Potsdam (1864–1881) auf einer kleinen Pfarrstelle in Drakenstedt (heute: Drackenstedt) bei Magdeburg und ab 1902 im Ruhestand in Naumburg lebte.[21] Schon während des Studiums in Berlin wurde Knaake offenbar dazu angeregt, sich an einer neuen Ausgabe der Werke Luthers zu versuchen, durch eine entsprechende Preisaufgabe der Berliner Akademie weiter angestachelt und nutzte während seiner Potsdamer Jahre Berliner Antiquare und Buchhändler sowie die Erträge aus Nachhilfestunden, um eine staunenswert große Sammlung von Lutherschriften aufzubauen. Durch eine Rezension entstand eine Verbindung zu dem in Halle lehrenden Lutherforscher Julius Köstlin (1826–1902).[22] Köstlin brachte Knaake mit dem preußischen Ministerium in Verbindung, und auf Fürsprache der Berliner Akademiemitglieder Arthur von Auwers, Ernst Curtius, Emil du Bois-Reymond und Theodor Mommsen stellte Kaiser Wilhelm I. 40.000 Mark zur Verfügung, um die „nationale Ehrenaufgabe" einer Luther-Ausgabe zu realisieren – das Geld war für die Bezuschussung des Drucks, den Ankauf von Schriften Luthers und Reisemittel für Recherchen bestimmt.[23] Die Leitung des Projektes übernahm 1889 angesichts zunehmender Probleme aus den Händen von Knaake eine „Königliche Kommission zur Herausgabe der Werke D. Martin Luthers", die ursprünglich vom preußischen Staatsministerium für Wissenschaft, Kunst und Volksbildung auf Vorschlag der Berliner Akademie berufen wurde; Mommsen hatte darauf gedrängt, auch Germanisten in diese Kommission zu berufen und so geschah es auch. Weil man die Leistungen Knaakes zunehmend kritisch betrachtete – man warf ihm unter anderem vor, sich lediglich auf Drucke der eigenen Sammlung zu konzentrieren – wurde der Breslauer Germanist Paul Pietsch 1890 zum wissen-

---

21 Zu Knaake vgl. Ilse Zelle, *Karl Knaake – Begründer der Lutherausgabe. Hintergründe zu Person und Werk. Eine Spurensuche in Bildern, Briefen und Begegnungen*, mit einem Vorwort von Ulrich Köpf (= *Persönlichkeit im Zeitgeschehen*, Bd. 5), Berlin/Münster: LIT, 2017. – Frau Zelle arbeitete als Religionslehrerin und schrieb nach ihrer Pensionierung das Büchlein über ihren Urgroßvater.
22 Zu Köstlin vgl. Irene Dingel, „Julius Köstlin", in: Luise Schorn-Schütte (Hrsg.), *125 Jahre Verein für Reformationsgeschichte* (= *Schriften des Vereins für Reformationsgeschichte*, Bd. 200), Gütersloh: Gütersloher Verlagshaus, 2008, S. 27–35. Köstlin war nicht nur Mitbegründer des Vereins für Reformationsgeschichte, sondern trat auch als Biograph Luthers hervor; auf Knaakes Bemühungen um die Werkausgabe Luthers wurde er u. a. durch dessen „einzelne gelehrte Untersuchungen" und kritische Rezension seiner ersten Lutherbiographie (Julius Köstlin, *Martin Luther. Sein Leben und seine Schriften*, Bde. 1–2, Elberfeld: Friedrichs, 1874) aufmerksam, vgl. Julius Köstlin, „Eine Autobiographie", in: Oskar Wilda (Hrsg.), *Deutsche Denker und ihre Geistesschöpfungen*, H. 9–12, Danzig/Leipzig/Wien: Carl Hinstorff, 1891, S. 258.
23 Zum Ablauf vgl. ebd., S. 257–259. Köstlin erwähnt in diesem Kontext auch die Bezeichnung „Hohenzollern-Ausgabe" (ebd., S. 259). Zum Text des kaiserlichen Schreibens vgl. Albrecht, „Zur Vorgeschichte der Weimarer Lutherausgabe", S. 46.

schaftlichen Leiter der Kommission berufen und wirkte in diesem Amt bis 1909. Die Veröffentlichung erfolgte, wie gesagt, im Hermann Böhlau-Verlag in Weimar, zunächst mit Knaake als Hauptherausgeber. Der Verlag gewann insgesamt rund neunhundert Subskribenten, die zu Beginn des ersten Bandes in einer ebenso eindrucksvollen wie interessanten Liste zusammengestellt sind.[24] „Seine Kaiserliche und Königliche Hoheit Friedrich Wilhelm, Kronprinz des deutschen Reiches und von Preußen" bezog beispielsweise drei Exemplare, aber auch viele Pastoren und Kirchengemeinden bezogen ihr Exemplar der Ausgabe, darunter auch einige Pastoren aus den Vereinigten Staaten – wie aus dem Brooklyner Stadtteil *Jamaica* – und Institutionen wie das *Union Theological Seminary* in New York.[25]

Knaake wechselte, um konzentrierter an den Bänden arbeiten zu können, wie erwähnt Ende 1881 aus Potsdam nach Drakenstedt bei Magdeburg. Der erste Band der Weimarer Lutherausgabe wurde dem Kaiser am 19. Oktober 1883 in Berlin überreicht; schon bevor er erschienen war, erhielt der bisher nicht promovierte Knaake von der Theologischen Fakultät der Universität Halle im August 1883 die Ehrendoktorwürde. Ein Register ist dem ersten Band nicht beigegeben. In den folgenden Jahren veröffentlichte Knaake einzelne Bände (genauer: 2.6, Teile von 5.7 sowie 9) und schied 1897 aus der unmittelbaren Arbeit aus Gesundheitsgründen aus. Seine letzten Jahre verbrachte er ab 1901 im Ruhestand in Naumburg.

Knaake wie auch die Kommission hatten in ihren anfänglichen Planungen den Umfang der Gesamtausgabe, der mit den Recherchen, weiteren Funden sowie gestiegenen editorischen Anforderungen immer weiterwuchs, vollkommen unterschätzt. Innerhalb von zwölf Jahren, so dachte man 1881, wollte man das Werk mit 35 Bänden vollenden; der Preis für die gesamte Ausgabe sollte sich auf ungefähr 5.000 Mark belaufen. Es kam anders; Knaakes bedeutende reformationshistorischen Druck- und Buchsammlungen wurden nach seinem Tode an die Berliner Königliche Bibliothek, die Bibliothek des Wittenberger Predigerseminars und Privatpersonen verkauft (die Berliner Bestände sind leider weitestgehend durch die kriegsbedingte Verlagerung zerstört worden oder verschollen und nicht mehr in der Staatsbibliothek Preußischer Kulturbesitz zugänglich).

In der Weimarer Republik stieg die Notgemeinschaft für die Deutsche Wissenschaft, die spätere Deutsche Forschungsgemeinschaft, neben dem preußischen Mi-

---

24 Siehe *WA* 1 (1883), S. IV–XIII. Die meisten Subskribenten sind freilich für die preußischen Provinzen und einzelne Fürstentümer belegt; das „Königlich Preußische Ministerium der geistlichen, Unterrichts- und Medicinal-Angelegenheiten" wurde mit den meisten Exemplaren (nämlich 25 Stück) bedacht.
25 Siehe *WA* 1 (1883), S. XIII. Offenbar sah zudem der New Yorker Buchhändler und -verleger Ernst Steiger in den Vereinigten Staaten einen großen Absatzmarkt für die *WA* und orderte 13 Exemplare, die zweithöchste Subskriptionszahl.

nisterium in die Finanzierung der Ausgabe ein; 1930 begann mit dem Briefwechsel die letzte Abteilung zu erscheinen, während zugleich immer deutlicher wurde, dass einige zentrale Texte aus der damals nahezu abgeschlossenen Abteilung der Schriften würden neu bearbeitet werden müssen, was sich bis weit in die Nachkriegszeit hinzog – vor allem Luthers erste Wittenberger Vorlesung über die Psalmen von 1513 bis 1515.[26] Nach den großen Umbrüchen des Jahres 1945 – der seinerzeitige Leiter der Kommission zur Herausgabe der Werke Martin Luthers, der politisch durch seine Nähe zum Nationalsozialismus schwer kontaminierte Berliner Kirchenhistoriker Erich Seeberg, war 1945 gestorben (vermutlich durch Selbstmord[27]) – fand die Kommission mitsamt den Germanisten Gustav Bebermeyer und Julius Schwietering eine neue Heimat in Tübingen; seit 1962 finanzierte das Land Baden-Württemberg ein Institut, an dem die Lutherausgabe abgeschlossen werden sollte und die geplanten großen Sach-Register erstellt werden sollten. Der Kirchenhistoriker Hanns Rückert bis zu seinem Tod 1974,[28] der Systematiker Gerhard Ebeling (1912–2001)[29] und zuletzt der Kirchenjurist Martin Heckel leiteten die Kommission zur Herausgabe der Werke, die schließlich durch die Heidelberger Akademie betreut wurde, und die Kirchenhistoriker Rückert (bis zu seiner Emeritierung 1966), Heiko A.

---

26 Luthers erste Psalmenvorlesung wurde zunächst 1885–1886 in zwei Bänden (*WA* 3 und *WA* 4) publiziert. 1963 erfolgte mit *WA* 55/I der Nachtrag von Glossen zu den Psalmen 1–15; es sollte erneute zehn Jahre dauern, bis auch weitere Scholien zu den ersten fünfzehn Psalmen in *WA* 55/II veröffentlicht wurden.

27 Thomas Kaufmann, „Der Berliner Kirchenhistoriker Erich Seeberg als nationalsozialistischer Theologiepolitiker", in: ders., *Aneignungen Luthers und der Reformation. Wissenschaftsgeschichtliche Beiträge zum 19.–21. Jahrhundert*, hrsg. von Martin Keßler in Zusammenarbeit mit Marlene Pape (= *Christentum in der modernen Welt*, Bd. 2), Tübingen: Mohr Siebeck, 2022, S. 250–270, bes. S. 250 f.

28 Zu Rückert vgl. Martin Brecht, „Zum Gedenken an Professor D. Hanns Rückert", in: *Blätter für württembergische Kirchengeschichte* 73/74 (1973/74), S. 183 f. sowie Heinrich Bornkamm, „Hanns Rückert (Nachruf)", in: *Jahrbuch der Heidelberger Akademie der Wissenschaften für das Jahr 1975*, Heidelberg: Winter, 1975, S. 88–91. Leonore Siegele-Wenschkewitz, „Geschichtsverständnis angesichts des Nationalsozialismus: Der Tübinger Kirchenhistoriker Hanns Rückert in der Auseinandersetzung mit Karl Barth", in: Leonore Siegele-Wenschkewitz/Carsten Nicolaisen (Hrsg.), *Theologische Fakultäten im Nationalsozialismus* 1993 (= *Arbeiten zur kirchlichen Zeitgeschichte*, Reihe B, Bd. 18), Göttingen: Vandenhoeck & Ruprecht, 1993, S. 113–144 sowie Berndt Hamm, „Hanns Rückert als Schüler Karl Holls: Das Paradigma einer theologischen Anfälligkeit für den Nationalsozialismus", in: Thomas Kaufmann/Harry Oelke (Hrsg.), *Evangelische Kirchenhistoriker im „Dritten Reich"* (= *Veröffentlichungen der Wissenschaftlichen Gesellschaft für Theologie*, Bd. 21), Gütersloh: Gütersloher Verlagshaus, 2002, S. 273–309 beleuchten zudem kritisch Rückerts Positionen zur Zeit des Nationalsozialismus.

29 Zu Ebeling vgl. ausführlich Albrecht Beutel, *Gerhard Ebeling. Eine Biographie*, Tübingen: Mohr Siebeck, 2012.

Oberman (1930–2001)[30] und schließlich Ulrich Köpf das Tübinger Institut, zunächst *Institut für Reformationsgeschichte*, seit 1968 unter Oberman *Institut für Spätmittelalter und Reformation*. Als 1979 die großen langfristigen Editionsvorhaben von der Deutschen Forschungsgemeinschaft an die Akademien und das Akademienprogramm übergingen, übernahm die Heidelberger Akademie 1988 (nach acht Jahren Bemühungen) die Betreuung.

1973 war es erstmals zu einer in der *Frankfurter Allgemeinen Zeitung* öffentlich ausgetragenen Kontroverse gekommen, ob die WA befriedigend schnell voranschreiten würde und nicht im Grunde aufgrund gewandelter Editionsprinzipien bereits überholt sei; diese Kontroverse wiederholte sich zum hundertjährigen Jubiläum 1981.[31] Damals war das offensichtliche Chaos bei den Registern der Ausgabe, mit dem wir uns jetzt näher beschäftigen wollen, bereits offenkundig. Denn einzelne, aber nicht alle Bände wie beispielsweise die zentralen, den späteren Disputationen Luthers gewidmeten Bände WA 39/I und II, 1932 von Gustav Bebermeyer (1890–1975) herausgegeben (dem Leiter der Ausgabe bis 1969 und späteren Professor für Volkskunde in Tübingen), wiesen ein 'Wort- und Sachregister' im Umfang von 47 Seiten auf, in dem aber für die Disputations-Texte zentrale Stichworte wie *nova lingua*[32] fehlen. Bibelstellen waren hier alphabetisch unter dem Namen der Schriften ('Könige') aufgeführt, griechische Begriffe wie *Logos* in griechischen Buchstaben in das Alphabet einbezogen. Solche Wort- und Sachregister wurden seit 1913 insgesamt 18 Bänden beigegeben und seit den zwanziger Jahren des Jahrhunderts regelmäßig beigedruckt. Trotzdem arbeitete man auch an einem Gesamtregister, weil natürlich mit 18 Bänden nur ein Bruchteil der Ausgabe erschlossen war.

---

30 Oberman war Rückerts Nachfolger an der evangelisch-theologischen Fakultät in Tübingen und leitete zudem das *Institut für Spätmittelalter und Reformation*, vgl. Berndt Hamm, „Nekrolog Heiko Augustinus Oberman 1930–2001", in: *Historische Zeitschrift* 273 (2001), S. 830–834. Gerade die Beleuchtung der Übergänge und Schnittstellen zwischen den sonst in der Reformationsgeschichtsschreibung bisweilen abgegrenzten Epochen zeichneten Obermans Arbeit aus, vgl. u. a. Heiko A. Oberman, *Spätscholastik und Reformation. Der Herbst der mittelalterlichen Theologie*, Zürich: EVZ, 1965, ders., *Werden und Wertung der Reformation. Vom Wegestreit zum Glaubenskampf* (= *Spätscholastik und Reformation*, Bd. 2), Tübingen: Mohr, 1979, und ders., *The Dawn of the Reformation. Essays in Late Medieval and Early Reformation Thought*, Edinburgh: Clark, 1986.
31 Zur Kontroverse siehe Gerhard Ebeling, „Weimarer Lutherausgabe", in: *Frankfurter Allgemeine Zeitung*, 26.09.1973, S. 23; Martin Brecht, „Die Werke Martin Luthers. Eine neue Edition ist erwünscht", in: *Frankfurter Allgemeine Zeitung*, 26.02.1981, S. 27 sowie Gerhard Ebeling, „Wachstumsprozess einer Edition", in: *Frankfurter Allgemeine Zeitung*, 11.03.1981, S. 10. Vgl. hierzu Beutel, *Ebeling*, S. 383 und 465.
32 Stefan Streiff, *„Novis linguis loqui". Martin Luthers Disputation über Joh. 1, 14 „verbum caro factum est" aus dem Jahr 1539* (= *Forschungen zur systematischen und ökumenischen Theologie*, Bd. 70), Göttingen: Vandenhoeck & Ruprecht, 1993.

Vom sächsischen Pfarrer und Superintendenten Georg Buchwald (1859–1947),[33] der in verschiedensten Formen an fast der Hälfte der bis zu seinem Tode erschienenen 94 Bände mitgearbeitet hatte (und vor allem die Predigten Luthers bearbeitet hatte), wurde posthum 1948 ein *Gesamtregister* überschriebener Torso eines Registers mit 322 Seiten zu den Bänden 1 bis 54 veröffentlicht; Buchwald hatte aber weit mehr Materialien für Register zusammengetragen, die nach seinem Tode an die Tübinger Editoren Rückert und Ebeling übergeben worden waren. Im Vorwort des Verlegers „Hermann Böhlaus Nachfolger" zu diesem ersten Register-Band war knapp festgehalten:

> Die vorliegende erste Lieferung des 58. Bandes macht einen Teil des Gesamtregisters der Öffentlichkeit zugänglich. Sie enthält das Register der Angaben Luthers über sich selbst, das Personen- und das Ortsregister. Das Wort- und Sachverzeichnis sowie das Zitaten- und das Bibelstellenverzeichnis werden in absehbarer Zeit folgen; die Arbeiten sind bereits im Gange. Diese Register, deren Gesamtumfang wir auf etwa 3 Bände ansetzen, umfassen neben den Schriften im engeren Sinne auch die Deutsche Bibel und die Tischreden, nicht jedoch die Briefe, für die ein besonderes Register angelegt wird, das als 2. Hälfte des 11. Bandes der Abteilung Briefwechsel vorgesehen ist.
>
> Wenn wir uns entschlossen haben, hiermit bereits einen Teil des Gesamtregisters im Druck vorzulegen, so waren verschiedene Gründe hierfür bestimmend. Zunächst hielten wir es für zweckmäßig, die bereits fertig vorliegenden Teile des Gesamtregisters den Benutzern der Ausgabe zugänglich zu machen, um damit das große Werk in mancher Hinsicht erschließen und dem Forschenden die Arbeit erleichtern zu helfen. Zum anderen sollte mit der Ausgabe des ersten Teils des Gesamtregisters das Andenken an den verehrten Mitarbeiter Superintendent D. Dr. Georg Buchwald-Rochlitz, der in entsagungsvoller jahrzehntelanger Arbeit das Registermaterial zusammengetragen und bearbeitet hat und der die Drucklegung leider nicht mehr erleben durfte, wachgehalten werden. Zum dritten wollten wir mit dieser Ausgabe auch nach außen hin dartun, daß die Arbeit an dem großen Werk tatkräftig weitergeführt wird. Trotz aller Hemmnisse sachlicher und persönlicher Art hoffen wir es in Bälde zu einem guten Ende zu führen.[34]

Das Material im ersten Register der Selbstaussagen Luthers folgte einer rein biographischen Ordnung in einer klassischen biographischen Optik, konzentriert auf den frühen Luther bis zum Wartburgaufenthalt.[35] Die Stichworte, die gesammelt

---

33 Zu Buchwald vgl. Günter O. Neuhaus, „Georg Apollo Buchwald, Pfarrer und Lutherphilologe – 150. Geburtstag", in: *Mitteldeutsches Jahrbuch für Kultur und Geschichte* 16 (2009), S. 232–234.

34 *WA* 58 (1948), S. III.

35 Ebd., S. 1: „Weissagungen auf L[uther] – Eltern – Geburt, Kindheit und Jugend – Universität Erfurt – Eintritt ins Kloster – Novizenjahr. Profeß. Behandlung durch die andern Mönche – Der strenge Mönch – Erinnerungen aus dem Klosterleben – Christus (Furcht vor Christus) – Heiligenverehrung – Heilsungewißheit – Seelennot und Beichte – Sein ganzes Klosterleben Sünde – Jm Papsttum – Rückblick – Der Priester – Staupitz und Luther – Doktor der Theologie – Romreise –

wurden, empfand man schnell als zu willkürlich und zu knapp ausgewählt. Daher wurde die Publikation des *Gesamtregisters* von Buchwald mit dem ersten Band abgebrochen, die Arbeiten am *Wort- und Sachverzeichnis* sowie am *Zitaten- und Bibelstellenverzeichnis* begannen neu und führten allerdings nicht in absehbarer Zeit zu einer Publikation, wie 1948 vom Verlag versprochen.

Erste Registerbände zur Briefausgabe erschienen erst deutlich später, nämlich 1978/1979 (*WA.B* 15/16); diese Register waren in den Jahren 1956 bis 1976 in deutsch-deutscher Kooperation von den Arbeitsstellen Halle und Göttingen der *WA* angefertigt worden. Das Vorwort zu dieser Publikation informiert nicht nur darüber, dass das Hauptregister in Halle und das Zusatzregister in Göttingen bearbeitet wurde, sondern hält sehr ehrlich fest:

Da sich eine Auffächerung der Arbeit in die verschiedenen Abteilungen des Registers erst allmählich ergeben hat und die Mitarbeiter an dem vorliegenden Registerband sich nicht eindeutig zuordnen lassen, seien hier, was die Arbeitsstelle Halle betrifft, alle an den bisherigen Registerarbeiten der gesamten Lutheredition Beteiligten genannt (unter den Namen finden sich beispielsweise die systematischen Theologen Michael Beintker und Martin Seils, C. M.). Das Register ist streng alphabetisch gehalten:

Das PERSONEN- UND ORTSREGISTER zur Briefabteilung der Weimarer Ausgabe der Schriften Luthers verzeichnet diejenigen Stellen aller in die Ausgabe aufgenommenen Briefe und Schriftstücke, an denen von bestimmten Personen oder Orten die Rede ist.
Das HAUPTREGISTER bezieht sich auf die edierten Brieftexte selbst; die in den Vor- und Nachbemerkungen sowie in den Anmerkungen enthaltenen Personen- und Ortsnamen sind gesondert erfaßt und dem Hauptregister als ZUSATZREGISTER nachgestellt (s. S. 296 ff.).
Bei vielen Stichwörtern erfordert die Vielzahl der Stellen eine UNTERGLIEDERUNG. Dafür gilt grundsätzlich folgendes Schema:
PERSONEN – I. Zur Person selbst (allg.); II. Verhältnis zu anderen Personen; III. Beziehungen zu Orten; IV. Verhältnis zu Sachen bzw. 'Sonstiges'; V. Schriften; VI. Briefe; VII. Abhängige(s).
ORTE – I. Zum Ort selbst (allg.); II. (der Ort und) Personen; III. Gebäude, Einrichtungen; IV. Sonstiges.
Dieses Schema wird jedoch nicht starr, sondern in Anpassung an die Gegebenheiten angewandt. Je nach vorliegendem Material kann der eine oder andere Punkt wegfallen oder mit einem anderen zusammengefasst werden. Die durchgängige römische Bezifferung bleibt jedoch dabei erhalten, so daß in solchen Fällen die Zuordnung der Ziffern zu den Gliederungspunkten sich verschieben kann.[36]

Anfänge der Kritik – Was ist Reformation? – Der Ablaß – Der Angriff – Der Anfang des Kampfes – Beruf und Gottesführung – Gegen die Lehre – Trübe Erfahrungen – Ungeahnter Erfolg – Zitation nach Rom. Augsburg – Leipziger Disputation – Worms – Bann – Wartburg –".
36 Erdmann Schott/Klaus Lämmel, „Vorwort", in: *WA.B* 15 (1978), S. XI–XV, hier: S. XI f., Hervorhebungen im Original.

Band 16 enthielt ein ‚Sonderregister Luther', ‚Korrespondentenverzeichnis', ‚Bibel-stellenregister' und ein ‚Zitatenregister'. Das von Erdmann Schott (1900–1983)[37] er-stellte ‚Sonderregister Luther' wird so vorgestellt:

> Das Sonderregister Luther (SRL) ist ein *Sach*register zur *Person* Martin Luthers. Es nimmt insofern eine gewisse Mittelstellung zwischen dem Personen- und Ortsregister (POR) einer-seits und dem Theologischen und Sachregister (TSR) andererseits ein.
> Es verzeichnet zunächst die Stellen, an denen in irgendeiner Form der Name Luthers selbst erscheint, des Weiteren die, an denen von Luther indirekt (durch Pronomina, Bezeichnungen u. ä.) die Rede ist, darüber hinaus aber auch solche, wo sich Luther selbst zu einem bestimm-ten Thema äußert, das entweder einen wichtigen Aspekt seiner Person betrifft oder durch die Art und Weise der Behandlung kennzeichnend für ihn ist.
> Das SRL ist (im Unterschied zum TSR) primär nach semantischem, nicht lexischem Gesichts-punkt angelegt, d. h. die Lemmata haben vorwiegend nicht die formale Qualität von Wortein-heiten (obwohl das nicht ausgeschlossen ist, z. B. bei Titeln wie Doktor, Professor und dgl.), sondern die inhaltliche von Bedeutungseinheiten. So erscheinen etwa unter dem Stichwort „Ehe/Familie" nicht nur Stellen, an denen diese Wörter vorkommen, sondern alle Stellen, die etwas zu dem Begriffskreis der Ehe und Familie Luthers beitragen.[38]

Im 17. Band von 1983 erschien ein *Theologisches und Sachregister* zu den Briefen:

> Das Theologische und Sachregister (TSR) ist eine Kombination von alphabetischem Wort-, Begriffs- und Sachregister. Durch eine differenzierte Aufschlüsselung in lexischer wie in semantischer Hinsicht gewährleistet es eine umfassende Erschließung des in den Bänden 1–14 vorliegenden Briefmaterials. Die schon vor Jahrzehnten festgelegte Bezeichnung dieses Registerteils der Abteilung Briefe ist nicht im Sinne einer sachlichen Zweiteilung des gebote-nen Materials zu verstehen, würde dies doch an Luthers Sprachgebrauch vorbeigehen, wo in der Regel auch sogenannte „nichttheologische" Sachen in einem theologisch bestimmten Sinnzusammenhang erscheinen. Vielmehr soll damit hervorgehoben werden, daß dieses Sachregister, das sowohl den theologischen als auch den nichttheologischen Aspekt umfaßt, bei der Differenzierung des Materials einen besonderen Schwerpunkt auf den theologischen Aspekt legt. Weiterhin sind aber auch folgende Gebiete besonders berücksichtigt worden: aus der Germanistik Sprichwörter, Redensarten und besondere Wortformen; ein Gleiches gilt für die Romanistik; aus der Geschichtswissenschaft Nachrichten über besondere Ereignisse, sofern das Material nicht schon im POR geboten wird; aus der Naturwissenschaft Hinweise auf naturwissenschaftliche Vorstellungen, Nachrichten über Naturereignisse und Naturkata-strophen, Acker- und Gartenbau, Tiere und Pflanzen; aus der Philosophie- und Wissenschafts-

---

37 Zu Schott vgl. den Nachruf von Martin Seils, „In memoriam Erdmann Schott", in: *Lutherjahr-buch* 51 (1984), S. 7–9 sowie Gert Haendler, „Konziliarismus, Römischer Primat und Unfehlbarkeit. Erdmann Schott zum 80. Geburtstag", in: *Theologische Literaturzeitung* 105 (1980), S. 865–876.
38 Klaus Lämmel/Norbert Müller, „Vorbemerkungen zur Edition", in: *WA.B* 16 (1980), S. XI–XVI, hier: S. XI., Hervorhebungen im Original.

geschichte Probleme der Logik und Hermeneutik, Universitäts- und Bildungsgeschichte, Schulwesen und Erziehung [...].[39]

In Tübingen begann am 1. Januar 1961 erneut die Verzettelung der gesamten *WA* für ein Sachregister, zunächst auf Ormig-Matrizen und später auf Kopien, getrennt nach deutschen und lateinischen Begriffen auf verschiedenformatigen Karteikarten – ich entsinne mich noch gut, wie ich als junger Tübinger Assistent im Keller des *Instituts für Spätmittelalter und Reformation* Belege für die Worte 'Lamm Gottes' und '*agnus Dei*' im Rahmen der Arbeit an meinen ersten veröffentlichten wissenschaftlichen Aufsatz[40] suchte und wegen der Formatunterschiede insgesamt vier Karteikastensätze durchsehen musste (zwei für jede Sprache).

Zunächst wurde nach zehn Jahren Arbeit 1971 noch nicht ein neuer Index, sondern lediglich ein kartoniertes Büchlein unter dem Titel *Probeartikel zum Sachregister der Weimarer Lutherausgabe (Abt. Schriften)* veröffentlicht, in dem einige zentrale Stichworte von damaligen Mitarbeitenden des Tübinger Instituts (Werner Bohleber, Heiko Jürgens, Karl-Heinz zur Mühlen sowie Gottfried Rokita) behandelt wurden: '*Sol*', '*Ratio*', '*Eruditio*' und '*Aristoteles*'.[41] Der Institutsdirektor Oberman führte einleitend in die verwickelte Geschichte des Sachregisters der Weimarer Lutherausgabe ein und gab ehrlich zu, dass die Probeartikel lediglich auf Basis von einundzwanzig Bänden der Ausgabe (ca. 31 Prozent) erstellt worden waren. Außerdem machte er deutlich, dass die „vorgelegten Probeartikel [...] inhaltlich und bis zu einem gewissen Grade auch formal vier verschiedene Typen von Artikeln" repräsentierten.[42] Den Belegstellen zum Lemma *ratio* war eine Art knappe Zusammenfassung über den Wortgebrauch von drei Druckseiten samt drei weiterer Seiten Gliederung der Belege vorangestellt,[43] die zu anderen Stichworten fehlte. Zu den Belegstellen war jeweils Kontext mitgegeben, gelegentlich über zehn Zeilen.

Weil diese Arbeit bei der Fülle der Begriffe kaum in näherer Zukunft auf ein Ziel geführt hätte, wurde bald darauf das Steuer herumgerissen und lediglich noch

---

39 Norbert Müller/Christian Köckert, „Vorbemerkungen zur Edition", in: *WA.B* 17 (1983), S. IX–XVIII, hier: S. IX.

40 Christoph Markschies, „'Hie ist das recht Osterlamm'. Christuslamm und Lammsymbolik bei Martin Luther und Lucas Cranach", in: *Zeitschrift für Kirchengeschichte* 102 (1991), S. 210–230.

41 *Probeartikel zum Sachregister der Weimarer Lutherausgabe (Abt. Schriften). Luther: Sol, Ratio, Eruditio, Aristoteles*, im Auftrag der Kommission zur Herausgabe der Werke Martin Luthers unter der wissenschaftlichen Leitung von Heiko A. Oberman bearbeitet von Mitarbeitern der Abteilung „Register" am „Institut für Spätmittelalter und Reformation" in Tübingen, Bonn: Bouvier, 1971. Es handelte sich um eine Zusammenstellung von Aufsätzen aus dem „Archiv für Begriffsgeschichte" mit getrennter Paginierung.

42 Ebd., S. 172–176, Zitat S. 174.

43 Ebd., S. 192–194.

eine Dokumentation der Zahlen vorgelegt, aber keine Einleitungen zum Wortgebrauch der Begriffe und Kontexten eines Lemmas. Diese erneut umprofilierten, abgespeckten Register wurden in den Bänden 62 bis 73 in den Jahren 1984 bis 2009 veröffentlicht.[44] Im Vorwort des ersten dieser Bände fand sich eine vergnüglich zu lesende, wie gewohnt deutliche und nur partiell indirekte Polemik des aus Holland stammenden Reformationshistorikers Heiko A. Oberman:[45]

Aus bescheidenen Anfängen ist ein umfassendes Archiv gewachsen. Mehr als 2,7 Millionen Belegkarten zu sachlich relevanten deutschen und lateinischen Stichwörtern sowie zu Orts- und Personennamen liegen abrufbar bereit. Als Lutherarchiv im Tübinger Institut für Spätmittelalter und Reformation steht das gesamte Material bereits jetzt und in Zukunft der internationalen Forschung zur Verfügung. Die Artikel des hier vorliegenden Ortsregisters sowie des folgenden Personen- und Zitatenregisters erfassen den Archivbestand vollständig, die Bände des Sachregisters hingegen können aus der Fülle des Exzerpierten in den meisten Fällen nur die Auswahl des Wichtigsten bieten. Das Lutherarchiv bleibt somit auch neben den gedruckten Registern ein unersetzbares Hilfsmittel der Forschung.
Unter der Voraussetzung, daß die Arbeit im bisherigen Rahmen weitergeführt werden kann, wird der letzte Band im Jahre 2005 erscheinen. Die Gliederung der großen Registerartikel erfolgt nach systematischen Gesichtspunkten, ohne jedoch die Ergebnisse einer bestimmten Lutherdeutung festschreiben zu wollen. Es sollte kein „Tübinger Luther" registriert werden. Größeren Anlaß zur Sorge bereitet die Gefahr eines „Register-Luther", das auf dem Fundament umfassenden Belegmaterials akademisch „bewiesene" Kunstprodukt einer Registerwissenschaft ohne Quellenforschung. Das Register ist Hilfsmittel, nicht Quellenersatz; es wird seinen Dienst leisten, wenn es den – für jede Forschergeneration neu – begrenzten Kanon von Lutherschriften zu öffnen vermag, um den Reformator der Vorauswahl durch den je wechselnden Zeitgeist zu entziehen. Lutherregister und -archiv wollen vom „Kanon" umfassend zu den Quellen führen, denn nur so werden Ergebnisse auch dann Bestand haben können, wenn ihre Bewertungen sich wandeln.
Allen ist zu danken, die das kühne Unterfangen des Lutherregisters mit Kraft und Ideen vorangetragen haben. Die Exzerption der Quellen glich vielfach einer Sisyphusarbeit, und noch die Probeartikel (die der wissenschaftlichen Diskussion im Jahre 1971 bereitgestellt wurden)

44 *WA* 62 (1986): Ortsregister zur Abteilung Schriften Bde. 1–60 einschließlich geographischer und ethnographischer Bezeichnungen sowie *WA* 63 (1987): Personen- und Zitatenregister zur Abteilung Schriften Bde. 1–60; *WA* 64 (1990): Lateinisches Sachregister zur Abteilung Schriften Bde. 1–60, a–cyriologia; *WA* 65 (1993): Lateinisches Sachregister zur Abteilung Schriften Bde. 1–60, daemon–hysteron proteron; *WA* 66 (1995): Lateinisches Sachregister zur Abteilung Schriften Bde. 1–60, iaceo–nycticorax; *WA* 67 (1997): Lateinisches Sachregister zur Abteilung Schriften Bde. 1–60, o–rutilus; *WA* 68 (1999): Lateinisches Sachregister zur Abteilung Schriften Bde. 1–60, s–zythum; *WA* 69 (2001): Deutsches Sachregister zur Abteilung Schriften Bde. 1–60, A–exzitieren; *WA* 70 (2003): Deutsches Sachregister zur Abteilung Schriften Bde. 1–60, F–Häutlein; *WA* 71 (2005): Deutsches Sachregister zur Abteilung Schriften Bde. 1–60, He–Nutzung; *WA* 72 (2007): Deutsches Sachregister zur Abteilung Schriften Bde. 1–60, O–Titel; *WA* 73 (2009): Deutsches Sachregister zur Abteilung Schriften Bde. 1–60, Toben–Z.
45 Zu Oberman vgl. oben S. 120 Anm. 30

belegen das Wagnis des Projektes. Diese Probeartikel werden ihren eigenen Beitrag für die Lutherforschung weiterhin leisten, sie sind auch durch die Endgestalt der Registerartikel nicht überholt.[46]

Die staunenswerte Entwicklung der digitalen Geisteswissenschaften hat nun auch diesen Stand in gewisser Weise überholt: Die *WA* liegt inzwischen ebenfalls als elektronische Datenbank vor, die jedoch nur in einem entsprechend finanziell und technisch ausgestatteten Universitätsintranet mit installiertem Citrix ICA-Client für jene zugänglich und nutzbar ist, die als Nutzende akzeptiert worden sind. Der allgemeinen, öffentlichen Nutzung im *open access* ist damit ein Riegel vorgeschoben. Jedoch besteht die Möglichkeit bei *Internet Archive* die Werke bis Band 54 einzusehen und herunterzuladen, damit aber gerade nicht die Register. Die digitalisierende Firma Chadwyck-Healy, heute ein Imprint von ProQuest, bietet außerdem einen Gesamtzugriff auf alle Register der Ausgabe an. Im ersten Band des deutschen Sachregisters wird von Ulrich Köpf, dem damaligen Leiter des Projektes und Instituts in Tübingen, noch einmal beschrieben (der Band erschien schließlich 2001), warum die weitere Veröffentlichung trotz der digitalen Möglichkeit sinnvoll sei:

> Der vorliegende Band eröffnet die auf fünf Bände angelegte Reihe des deutschen Sachregisters Unserer Ausgabe. Wer heute, im Zeitalter digitaler Texterfassung und elektronischer Suchprogramme, noch ein gedrucktes Werkregister im Umfang und Zuschnitt des Lutherregisters erstellt, der muß die Besonderheit dieses Unternehmens erklären. In der Tat hat das Sachregister als Teil u. A. auch mit dem Fortschritt der Datenverarbeitung nicht seinen Sinn verloren. Es ist kein Wortindex, von dem eine lückenlose Materialerfassung erwartet werden könnte, will auch nicht in erster Linie philologischen Interessen dienen, ist weder ein Wörterbuch zu Luthers Schriften noch ein auf Luther zugeschnittenes Begriffslexikon. Das Sachregister stellt vielmehr die in den Schriften Luthers enthaltenen Begriffe und Sinngehalte aus einer umfassenden synoptischen Textbetrachtung heraus am Leitfaden der in den Texten u. A. vorkommenden Wörter dar und erschließt dadurch Benutzern jeder Interessenrichtung dieses umfangreiche Werk.
> Textgrundlage des deutschen Sachregisters sind die Abteilung Schriften u. A. sowie Luthers Vorreden und Randbemerkungen zur Bibelübersetzung in der Abteilung Deutsche Bibel. Dagegen werden die Abteilungen Briefe und Tischreden hier nicht berücksichtigt, da für sie bereits separate Register vorliegen.
> Von einem bloßen Index, der sich nach der vollständigen digitalen Erfassung von Luthers Werk leicht herstellen ließe, unterscheidet sich das Sachregister durch zwei Besonderheiten, die den Umgang mit dem wegen seiner Fülle wie wegen der Eigenart der Sprache des Reformators oft kaum überschaubaren Material erleichtern sollen: durch Auswahl und durch die Ordnung des Materials.
> Das Prinzip der Auswahl kommt in zwei Phasen der Registerarbeit zur Geltung. Bereits beim Exzerpieren der Belege wurde eine Auswahl der zu berücksichtigenden Wörter getroffen. Auf-

---

46 Heiko A. Oberman, „Einleitung", in: *WA* 62 (1986), S. IX–XI, hier: S. X f.

genommen wurden all jene Substantive, Verben, Adjektive, Adverbien und Zahlwörter, die sachlich-inhaltliches Gewicht haben, und zwar nicht nur für Religion und Theologie, sondern auch im Blick auf andere Lebensbereiche und Wissenschaften. Nicht aufgenommen wurden dagegen Pronomina, Partikel, Präpositionen, es sei denn, sie wären selbst Thema von Aussagen Luthers. Trotz dieser bereits beim Exzerpieren wirksamen Beschränkung umfaßt das Tübinger Luther-Archiv mehr als anderthalb Millionen deutscher Belege. Bei der Ausarbeitung der Artikel findet nun eine zweite Auswahl statt, die vor allem die Zahl der Belege betrifft. Diese muß bei Stichwörtern mit mehr als 500 Belegen allein schon aus Gründen der Benutzbarkeit verringert werden, und zwar um so stärker, je umfangreicher das Material ist, das übrigens auch nach dem Druck des Registers im Luther-Archiv vollständig aufbewahrt bleibt. Bei dieser zweiten Auswahl sollen Belege aus Luthers Originaltexten den Vorrang vor solchen aus bearbeiteten Texten haben. Außerdem wird in der Regel nur ein Beleg pro Seite gegeben, selbst wenn das Stichwort auf einer Seite mehr als einmal vorkommt. Bei besonderem inhaltlichen Gewicht können aber auch mehrere Belege pro Seite aufgenommen sein.[47]

Damit war nach so vielen Jahren, so vielen Neuansätzen und so vielen inhaltlichen Änderungen in der Konzeption die Arbeit an den Registern der *WA* zu einem Ende gekommen, der letzte Band erschien 2009 im genannten traditionsreichen Verlag, eine letzte Tagung schloss das Projekt ab.[48] Der Satz des Registers wurde auf der Basis der Karteikarten mit dem in Tübingen am dortigen Universitäts-Rechenzentrum entwickelten Textverarbeitungsprogramm TUSTEP durchgeführt.[49] Ich weiß nicht, wie viele Menschen die einstmals im Keller des Instituts aufgestellten drei Millionen Karten des Luther-Registers heute noch sehen wollen, ob überhaupt jemand noch in der letzten Zeit um Einsicht nachgesucht hat. Beworben wird dieses Monument von vielen Jahren Arbeit, an dem zudem viele später im Fach und darüber hinaus bekannt gewordene Wissenschaftlerinnen und Wissenschaftler gearbeitet haben, von der Tübinger Universität und ihrer Evangelisch-theologischen Fakultät nicht mehr. Bemerkenswerterweise fehlt der *WA* übrigens bis heute ein vollständiges Bibelstellenregister – angesichts der Bedeutung der Bibel für die Reformation und insbesondere für den Reformator und Bibelwissenschaftler Martin Luther eine etwas kuriose Leerstelle, die möglicherweise mit methodischen und

---

47 *WA* 69 (2001), S. XI f.
48 „„Luther in Tübingen. Vollendung und Zukunft eines Jahrhundertprojekts". Bericht der Abschlußtagung der Forschungsstelle ‚Luther-Register'", in: *Jahrbuch der Heidelberger Akademie der Wissenschaften für 2009*, Heidelberg: Heidelberger Akademie der Wissenschaften, 2010, S. 411. Der Festvortrag von Ulrich Köpf unter dem Titel „Die Weimarer Lutherausgabe. Rückblick auf 126 Jahre Wissenschaftsgeschichte" wurde veröffentlicht in: *Lutherjahrbuch* 77 (2010), S. 221–238 (vgl. oben S. 116 Anm. 19).
49 Ulrich Köpf/Reinhold Rieger, „Das Luther-Register. Vom Zettelkasten zum elektronischen Satz", vgl. https://www.tustep.uni-tuebingen.de/prot/prot842-lureg.html (zuletzt abgerufen: 20.04.2025).

theologischen Grundorientierungen der jeweils Verantwortlichen zu tun hat, für die die biblischen Texte weniger wichtig waren als andere textliche Autoritäten.

Ich schließe meine Beobachtungen in einem letzten Abschnitt durch einige Konsequenzen.

3 Konsequenzen

Registerarbeit kann auf sehr verschiedene Formen von Registern führen. Die eine Textpraktik führt auf sehr, sehr unterschiedliche Ergebnisse. Das macht die Arbeit an den Registern der Weimarer Luther-Ausgabe deutlich. Nicht nur Editionsprinzipien änderten sich, auch Prinzipien für Registerarbeit wechselten. Mit den Finanzmitteln in der Epoche der bundesrepublikanischen Wohlstandsgesellschaft konnte man sich kostspielige Neuverzettelungen einer seit achtzig Jahren laufenden großen kritischen Ausgabe leisten und die Registerarbeit aufgrund von öffentlicher Förderung noch einmal ganz neu aufsetzen. Gezahlt hat die öffentliche Hand, gezählt haben studentische Hilfskräfte und akademische Räte, die sie anleiteten – ein Spiegelbild akademischer Machtverhältnisse und Hierarchien. Registerarbeit ist eben nicht nur von methodischen Paradigmen abhängig. Neben ökonomischen Faktoren spielen auch technische Entwicklungen herein: Das Register ruht auf Karteikarten auf, aber wird schon in einem Textverarbeitungsprogramm satzfertig an den Verlag geliefert.[50]

Registerarbeit konstituiert Texte aus Texten, Texte über Texte, Texte, die zu Texten hinführen wollen. Lesende sollen aber auch gelenkt werden. Authentische Autorenintentionen beziehungsweise vermeidliche Intentionen sollen abgesichert werden. Jedenfalls dann, wenn sich die Nutzenden überhaupt lenken lassen, Zeit nehmen, gelenkt zu werden. Allerdings werden Register oft auch ganz anders genutzt, als dies die am Register Arbeitenden eigentlich intendiert hatten. Meine akademische Lehrerin wollte sich anhand des Registers darüber versichern, ob der Zweitbetreuer vielleicht mehr Einfluss auf die betreute Arbeit hatte als die Erstbetreuerin. Das wird man einer Frau in einem von Männern dominierten Wissenschaftsbetrieb des vergangenen Jahrhunderts kaum negativ anrechnen wollen. Ihr zeitweiliger Fakultätskollege, der (von ihr übrigens nicht sonderlich geschätzte) Heiko A. Oberman, warnte schon lange vor der Entwicklung entsprechender digitaler Möglichkeiten (und gar den Möglichkeiten, die die Künstliche Intelligenz inzwischen bietet) vor

---

50 Ich habe bewusst hier eine ausführliche Diskussion der digitalen Möglichkeiten der Registerarbeit ausgeblendet.

der „Gefahr eines ‚Register-Luther'". Damit meinte er „das auf dem Fundament umfassenden Belegmaterials akademisch ‚bewiesene' Kunstprodukt einer Registerwissenschaft ohne Quellenforschung".[51] Diese Warnung kann man auf viele, durch Register mehr oder weniger umfangreich erschlossene Autoren und Autoritäten ausdehnen: 'Register-Goethe' ist wie der 'Register-Luther' ein nicht aus Forschungsarbeit, sondern aus inflationären Belegen konstruiertes Kunstprodukt.[52] Künstlich wie die sogenannte Künstliche Intelligenz.

Die neuen digitalen Möglichkeiten machen vieles leichter. Werden sie auch das klassische Register ablösen, nachdem vielfach schon klassische Registerarbeit abgelöst ist? Die immer noch vergleichsweise neuen Möglichkeiten werden, wie mir scheint, das klassische, händisch erstellte oder händisch redigierte Register nicht vollständig ablösen können. Manche Verlage im In- und Ausland bestehen noch auf einem Register, in dem durch kluge Auswahl eine Lese-Anleitung für einen Text oder verschiedene Texte gegeben wird. Und es wäre ja auch schrecklich, wenn es keine auf Handarbeit beruhenden Register mehr gibt. Oberman sah im Register, wenn es gut geht, einen Agenten einer kritischen Aufklärung:

> Das Register ist Hilfsmittel, nicht Quellenersatz; es wird seinen Dienst leisten, wenn es den – für jede Forschergeneration neu – begrenzten Kanon von Lutherschriften zu öffnen vermag, um den Reformator der Vorauswahl durch den je wechselnden Zeitgeist zu entziehen.

Und ganz im Sinne eines als Bibelhumanisten rekonstruierten Reformators verstand er Register als Protagonisten einer Bewegung *ad fontes*, die „vom ‚Kanon' umfassend zu den Quellen führen, denn nur so werden Ergebnisse auch dann Bestand haben können, wenn ihre Bewertungen sich wandeln".[53] Damit Register so als Agenten der Aufklärung und Protagonisten einer Bewegung *ad fontes* noch (oder vielleicht gerade: wieder) wirken können, müssen die, die daran arbeiten, ebenso reflektiert arbeiten wie die, die in den Registern lesen und sie nutzen. Das macht noch einmal deutlich, dass man es bei der Registerarbeit und der Registernutzung nun ganz gewiss nicht mit mechanischen, geistlosen Vorgängen zu tun hat, sondern mit einem komplexen Geschehen von Textproduktion und Textrezeption, in das viel Interpretation eingewoben ist, einem anspruchsvollen Vorgang, der alle Aufmerksamkeit lohnt.

---

51 Vgl. Oberman, „Einleitung".
52 Für das Goethe-Wörterbuch vgl. http://gwb.uni-trier.de/de/ (zuletzt abgerufen: 20.04.2025).
53 Alle Zitate aus Oberman, „Einleitung", S. X.

Verzeichnis der zitierten Literatur

Aland, Kurt (Hrsg.), *Hilfsbuch zum Lutherstudium*, bearbeitet in Verbindung mit Ernst Otto Reichert und Gerhard Jordan, Bielefeld: Luther-Verlag, ⁴1996.

Albrecht, Otto, „Zur Vorgeschichte der Weimarer Lutherausgabe", in: *Lutherschriften zur Vierhundert-jahrfeier des Reformators*, veröffentlicht von den Mitarbeitern der Weimarer Lutherausgabe, Weimar: Hermann Böhlaus Nachfolger, 1917, S. 29–65.

Beutel, Albrecht, *Gerhard Ebeling. Eine Biographie*, Tübingen: Mohr Siebeck, 2012.

Beyer, Michael, „Lutherausgaben", in: Albrecht Beutel (Hrsg.), *Luther Handbuch*, Tübingen: Mohr Siebeck, ³2017, S. 2–9.

Bornkamm, Heinrich, „Hanns Rückert (Nachruf)", in: *Jahrbuch der Heidelberger Akademie der Wissenschaften für das Jahr 1975*, Heidelberg: Winter, 1975, S. 88–91.

Brecht, Martin, „Zum Gedenken an Professor D. Hanns Rückert", in: *Blätter für württembergische Kirchengeschichte* 73/74 (1973/74), S. 183 f.

Brecht, Martin, „Die Werke Martin Luthers. Eine neue Edition ist erwünscht", in: *Frankfurter Allgemeine Zeitung*, 26.02.1981, S. 27.

Dingel, Irene, „Julius Köstlin", in: Luise Schorn-Schütte (Hrsg.), *125 Jahre Verein für Reformationsgeschichte* (= *Schriften des Vereins für Reformationsgeschichte*, Bd. 200), Gütersloh: Gütersloher Verlagshaus, 2008, S. 27–35.

Duncan, Dennis, *Index, A History of the. A Bookish Adventure from Medieval Manuscripts to the Digital Age*, London: Allan Lane, 2021.

Ebeling, Gerhard, „Weimarer Lutherausgabe", in: *Frankfurter Allgemeine Zeitung*, 26.09.1973, S. 23.

Ebeling, Gerhard, „Wachstumsprozess einer Edition", in: *Frankfurter Allgemeine Zeitung*, 11.03.1981, S. 10.

Ebeling, Gerhard, *Umgang mit Luther*, Tübingen: Mohr, 1983.

Ebeling, Gerhard, „Hundert Jahre Weimarer Luther-Ausgabe", in: *Lutherjahrbuch* 52 (1985), S. 239–251.

Gierl, Martin, „Kompilation und die Produktion von Wissen im 18. Jahrhundert", in: Helmut Zedelmaier/Martin Mulsow (Hrsg.), *Die Praktiken der Gelehrsamkeit in der Frühen Neuzeit* (= *Frühe Neuzeit*, Bd. 64), Tübingen: Niemeyer, 2001, S. 63–94.

Haendler, Gert, „Konziliarismus, Römischer Primat und Unfehlbarkeit. Erdmann Schott zum 80. Geburtstag", in: *Theologische Literaturzeitung* 105 (1980), H. 12, S. 865–876.

Hamm, Berndt, „Nekrolog Heiko Augustinus Oberman 1930–2001", in: *Historische Zeitschrift* 273 (2001), S. 830–834.

Hamm, Berndt, „Hanns Rückert als Schüler Karl Holls: Das Paradigma einer theologischen Anfälligkeit für den Nationalsozialismus", in: Thomas Kaufmann/Harry Oelke (Hrsg.), *Evangelische Kirchenhistoriker im „Dritten Reich"* (= *Veröffentlichungen der Wissenschaftlichen Gesellschaft für Theologie*, Bd. 21), Gütersloh: Gütersloher Verlagshaus, 2002, S. 273–309.

Hofius, Otfried, *Der Christushymnus Philipper 2,6–11. Untersuchungen zu Gestalt und Aussage eines urchristlichen Psalms* (= *Wissenschaftliche Untersuchungen zum Neuen Testament*, Bd. 17), Tübingen: Mohr, ²1991.

Hofius, Otfried, *Paulusstudien*, Bd. 1 (= *Wissenschaftliche Untersuchungen zum Neuen Testament*, Bd. 51), Tübingen: Mohr Siebeck, ²1994.

Kaufmann, Thomas, „Der Berliner Kirchenhistoriker Erich Seeberg als nationalsozialistischer Theologiepolitiker", in: ders., *Aneignungen Luthers und der Reformation. Wissenschaftsgeschichtliche Beiträge zum 19.–21. Jahrhundert*, hrsg. v. Martin Keßler in Zusammenarbeit mit Marlene Pape (= *Christentum in der modernen Welt*, Bd. 2), Tübingen: Mohr Siebeck, 2022, S. 250–270.

Kontje, Todd, *Georg Forster: German Cosmopolitan*, University Park/PA: The Pennsylvania State University Press, 2022.

Köpf, Ulrich, „Die Weimarer Lutherausgabe. Rückblick auf 126 Jahre Wissenschaftsgeschichte", in: *Lutherjahrbuch* 77 (2010), S. 221–238.

Köpf, Ulrich, „‚Luther in Tübingen. Vollendung und Zukunft eines Jahrhundertprojekts'. Bericht der Abschlußtagung der Forschungsstelle ‚Luther-Register'", in: *Jahrbuch der Heidelberger Akademie der Wissenschaften für 2009*, Heidelberg: Heidelberger Akademie der Wissenschaften, 2010, S. 411.

Köpf, Ulrich/Rieger, Reinhold, „Das Luther-Register. Vom Zettelkasten zum elektronischen Satz", https://www.tustep.uni-tuebingen.de/prot/prot842-lureg.html (zuletzt abgerufen: 20.04.2025).

Köstlin, Julius, *Martin Luther. Sein Leben und seine Schriften*, Bde. 1–2, Elberfeld: Friedrichs, 1874.

Köstlin, Julius, „Eine Autobiographie", in: Oskar Wilda (Hrsg.), *Deutsche Denker und ihre Geistes-schöpfungen*, H. 9–12, Danzig/Leipzig/Wien: Carl Hinstorff, 1891.

Kunze, Horst, *Über das Registermachen*, Berlin: De Gruyter Saur, ⁴1992.

Lämmel, Klaus/Müller, Norbert, „Vorbemerkungen zur Edition", in: *WA.B* 16 (1980), S. XI–XVI.

Lichtenberg, Georg Christoph, *Georg Christoph Lichtenbergs Aphorismen*, nach den Handschriften hrsg. von Albert Leitzmann, 4. Heft, *1789–1793* (= *Deutsche Literaturdenkmale des 18. und 19. Jahrhunderts*, Bd. 123), Berlin: Behr, 1908.

Lichtenberg, Georg Christoph, *Briefwechsel*, Bd. 5.1–2, *Verzeichnisse, Sachregister*, unter Mitwirkung von Hans-Joachim Heerde hrsg. von Ulrich Joost, München: C.H. Beck, 2004.

Lichtenberg, Georg Christoph, *Gesammelte Schriften. Historisch-kritische und kommentierte Ausgabe*, Bd. 7, *Register*, bearbeitet von Albert Krayer, mit einem Vorwort „Die Edition der Vorlesungen Lichtenbergs – Rückblick und Ausblick" von Ulrich Joost/Ulrich Christensen, hrsg. von der Akademie der Wissenschaften zu Göttingen und der Technischen Universität Darmstadt, Göttingen: Wallstein, 2017.

Markschies, Christoph, „‚Hie ist das recht Osterlamm'. Christuslamm und Lammsymbolik bei Martin Luther und Lucas Cranach", in: *Zeitschrift für Kirchengeschichte* 102 (1991), S. 210–230.

Markschies, Christoph, *Valentinus Gnosticus? Untersuchungen zur valentinianischen Gnosis mit einem Kommentar zu den Fragmenten Valentins* (= *Wissenschaftliche Untersuchungen zum Neuen Testament*, Bd. 65), Tübingen: Mohr Siebeck, 1992.

Motschmann, Uta, „Von den Registern", in: Siegfried Scheibe u. a. (Hrsg.), *Vom Umgang mit Editionen. Eine Einführung in Verfahrensweisen und Methoden der Textologie*, Berlin: Akademie-Verlag, 1988, S. 225–263.

Müller, Norbert/Köckert, Christian, „Vorbemerkungen zur Edition", in: *WA.B* 17 (1983), S. IX–XVIII.

Müller, Andreas, „Vom Konversationslexikon zur Enzyklopädie: Das Zedlersche Universal-Lexicon im Wandel seiner Druckgeschichte", in: *Das achtzehnte Jahrhundert* 43 (2019), H. 1, S. 73–90.

Neuhaus, Günter O., „Georg Apollo Buchwald, Pfarrer und Lutherphilologe – 150. Geburtstag", in: *Mitteldeutsches Jahrbuch für Kultur und Geschichte* 16 (2009), S. 232–234.

Oberman, Heiko A., *Spätscholastik und Reformation. Der Herbst der mittelalterlichen Theologie*, Zürich: EVZ, 1965.

Oberman, Heiko A., *Werden und Wertung der Reformation. Vom Wegestreit zum Glaubenskampf* (= *Spätscholastik und Reformation*, Bd. 2), Tübingen: Mohr, 1979.

Oberman, Heiko A., „Einleitung", in: *WA* 62 (1986), S. IX–XI.

Oberman, Heiko A., *The Dawn of the Reformation. Essays in Late Medieval and Early Reformation Thought*, Edinburgh: Clark, 1986.

Probeartikel zum Sachregister der Weimarer Lutherausgabe (Abt. Schriften). Luther: Sol, Ratio, Eruditio, Aristoteles, im Auftrag der Kommission zur Herausgabe der Werke Martin Luthers unter der wissenschaftlichen Leitung von Heiko A. Oberman bearbeitet von Mitarbeitern der Abteilung „Register" am „Institut für Spätmittelalter und Reformation" in Tübingen, Bonn: Bouvier, 1971.

Schneider, Ulrich Johannes /Zedelmaier, Helmut, „Wissensapparate. Die Enzyklopädistik der Frühen Neuzeit", in: Richard van Dülmen/Sina Rauschenbach (Hrsg.), *Macht des Wissens. Die Entstehung der modernen Wissensgesellschaft*, Köln/Weimar/Wien: Böhlau, 2004, S. 349–363.

Schott, Erdmann/Lämmel, Klaus, „Vorwort", in: *WA.B* 15 (1978), S. XI–XV.

Seils, Martin, „In memoriam Erdmann Schott", in: *Lutherjahrbuch* 51 (1984), S. 7–9.

Siegele-Wenschkewitz, Leonore, „Geschichtsverständnis angesichts des Nationalsozialismus: Der Tübinger Kirchenhistoriker Hanns Rückert in der Auseinandersetzung mit Karl Barth", in: Leonore Siegele-Wenschkewitz/Carsten Nicolaisen (Hrsg.), *Theologische Fakultäten im Nationalsozialismus* 1993 (= *Arbeiten zur Kirchlichen Zeitgeschichte, Reihe B*, Bd. 18), Göttingen: Vandenhoeck & Ruprecht, 1993, S. 113–144.

Streiff, Stefan, „*Novis linguis loqui"*. *Martin Luthers Disputation über Joh. 1, 14 „verbum caro factum est" aus dem Jahr 1539* (= *Forschungen zur systematischen und ökumenischen Theologie*, Bd. 70), Göttingen: Vandenhoeck & Ruprecht, 1993.

Uhlig, Ludwig, *Georg Forster. Lebensabenteuer eines gelehrten Weltbürgers (1754–1794)*, Göttingen: Vandenhoeck & Ruprecht, 2004.

Zedelmaier, Helmut, „*Facilitas inveniendi*. Zur Pragmatik alphabetischer Buchregister", in: Theo Stammen/Wolfgang E. J. Weber (Hrsg.), *Wissenssicherung, Wissensordnung und Wissensverarbeitung. Das europäische Modell der Enzyklopädie*, Berlin: Akademie-Verlag, 2004, S. 191–203.

Zedler, Johann Heinrich (Hrsg.), *Grosses vollständiges Universal-Lexicon aller Wissenschaften und Künste*, 64 Bde., Halle/Leipzig 1732–1754.

Zelle, Ilse, *Karl Knaake – Begründer der Lutherausgabe. Hintergründe zu Person und Werk. Eine Spurensuche in Bildern, Briefen und Begegnungen*, mit einem Vorwort von Ulrich Köpf (= *Persönlichkeit im Zeitgeschehen*, Bd. 5), Berlin/Münster: LIT, 2017.

Johannes Paßmann

Paratext praxeologisch – am Beispiel von Online-Kommentaren, Plattform-Einheiten und Klickzahlen

Es macht einen Unterschied, ob unter einem digitalen Text, wie etwa einem Nachrichtenartikel oder einem Blogeintrag, eine Kommentarfunktion steht oder nicht. Es macht ebenso einen Unterschied, ob an einem Tweet, einer Facebook-Nachricht oder einem Instagram-Post ein Like-Zähler steht. Und es macht einen Unterschied, ob die Zahlen der Like- und View-Counter hoch oder niedrig, ob die Kommentare konstruktiv oder destruktiv sind. Welche Bedeutung diese Texte haben, die unter, neben und über den digital zirkulierenden Texten stehen, lässt sich kaum generalisieren. Dass sie aber semantisch und pragmatisch folgenreich sind, ist sicher.

Der vorliegende Text versucht, diese Phänomene mit dem Begriff des *digitalen Paratextes* zu beschreiben. Damit ist nicht gemeint, dass alles, was unter, neben und über digitalen Texten steht, automatisch digitaler Paratext sei; ein solch weiter Paratextbegriff wäre unterschiedslos, das gesamte Web würde dann zu einer Kaskade von digitalen Texten und Paratexten, die wiederum eigene Paratexte ausbildeten. Ich argumentiere im Folgenden, dass ein Begriff des digitalen Paratextes dann hilfreich ist, wenn man ihn enger fasst.

Statt einer medienontologischen Unterscheidung, wie sie in Paratext-Studien immer wieder anklingt, möchte ich einen praxeologischen Begriff des Paratextes vorschlagen, der im Grunde genau so bei Gérard Genette angelegt ist: Entscheidend für die Frage, ob Paratexte vorliegen, ist nicht bloß, wo die fraglichen Texte stehen oder was ihre materielle Verweisstruktur ist, sondern ob sie in der Textpraxis als einem Haupttext zugehörig anerkannt werden, das heißt ob ihnen zugestanden wird, nicht nur räumlich und zeitlich, sondern auch semantisch und pragmatisch einen Ort neben dem Text einzunehmen. Zentral ist mithin nicht die Unterscheidung Text/Paratext, sondern die Außengrenze des Paratextes, also die Unterscheidung Paratext/Diskurs. Diese Unterscheidung ist nicht leicht zu treffen, denn ob Online-Kommentare, View-Counter oder Like-Buttons Paratexte sind oder nicht, ist damit nicht grundsätzlich zu entscheiden, sondern immer nur empirisch.

Erst auf diese Weise kann ein Begriff des Paratextes die Komplexität erfassen, die seinen Praktiken schon immer zu eigen ist – in der Buchmedialität aber weitgehend reifiziert und der Beobachtung entzogen war. So gewinnt der Begriff diagnostische Kontur: Die Herstellung der Außengrenze des Paratextes wird zunehmend zu einer öffentlich beobachtbaren Praktik. Deshalb verliert der Begriff des

https://doi.org/10.1515/9783112224724-007

Paratextes in digitalen Praktiken gerade nicht seine Relevanz, ganz im Gegenteil gewinnt er sie, weil erst jetzt sein analytisches Potenzial sichtbar wird.[1]

1 Was ist (k)ein Paratext?

Genette bezieht seine Analysen auf „den Paratext der literarischen Werke", will den Begriff allerdings auf „[a]lle Arten von Büchern, auch solche ohne jeden ästhetischen Anspruch" bezogen wissen.[2] Seitdem wurde der Begriff kontinuierlich auf andere Medien ausgeweitet. Auf diese Weise wurden Anfang der 2000er Jahre etwa Paratexte in Film, Fernsehen und World Wide Web diskutiert.[3] Diese Forschung nahm nicht nur Websites und ihre Inhalte als Paratexte von Filmen in den Blick,[4] sondern auch „Presse und Bücher" galten als „unfreiwilliger Paratext des ‚neuen' Mediums";[5] später wurden etwa auch Algorithmen der Plattformen dem Epitext einer Lyriklesung zugeordnet.[6] Seit Mitte der 2000er Jahre werden überdies Computerspiele mit einem Paratextbegriff analysiert. Bilder auf der Verpackung, Gebrauchsanweisungen, die Ansichten beim Hochfahren der Konsole, Startmusik und vieles mehr werden dem spielerischen Peritext zugeordnet, Online-Foren, spezielle Controller bis hin zu Gegenständen wie aufblasbare Gokarts für Rennspiele dem Epitext.[7] Diese Ausweitung hat viele instruktive Analysen ermöglicht, die in der

1 Dieser Beitrag basiert in Teilen auf dem Artikel „Sorting texts out (or in). Online comment sections as indeterminate zones of ordering practices", der demnächst in *Valuation Studies* erscheinen soll. Während das theoretische Argument in beiden Texten weitgehend gleich ist, diskutiert der vorliegende Artikel ein anderes Beispielkorpus und andere empirische Arbeiten.
2 Gérard Genette, *Paratexte: Das Buch vom Beiwerk des Buches*, übersetzt von Dieter Hornig, Frankfurt/M.: Suhrkamp, ⁷2001, S. 11.
3 Klaus Kreimeier/Georg Stanitzek, *Paratexte in Literatur, Film, Fernsehen* (= *LiteraturForschung*), Berlin: Akademie Verlag, 2004.
4 Alexander Zons, *Paratexte des Films: Über die Grenzen des filmischen Universums*, Bielefeld: transcript, 2015; Vinzenz Hediger, „Trailer Online. Der Hypertext als Paratext oder: Das Internet als Vorhof des Films", in: Klaus Kreimeier/Georg Stanitzek (Hrsg.), *Paratexte in Literatur, Film, Fernsehen* (= *LiteraturForschung*), Berlin: Akademie Verlag, 2004, S. 283–299.
5 Frank Hartmann, „Vorwärts, zu den Bildern zurück? Paratextuelle Konstruktionsmomente im Netzdiskurs", Vortrag am Ars Electronica Center Linz, 20.01.1998, https://web.archive.org/web/20130705023813/https://homepage.univie.ac.at/Frank.Hartmann/Essays/Intertwined.htm (zuletzt abgerufen: 22.09.2025).
6 Jörg Döring/Johannes Paßmann, „Lyrik auf YouTube. Clemens J. Setz liest ‚Die Nordsee' (2014)", in: *Zeitschrift für Germanistik* 27 (2017), H. 2, S. 329–347.
7 Steven E. Jones/George K. Thiruvathukal, *Codename Revolution: The Nintendo Wii Platform*, Cambridge/MA: MIT Press, 2012, S. 144.

internationalen[8] und deutschsprachigen Computerspielforschung diskutiert wurden.[9]

Solche medialen Ausweitungen des Paratextbegriffs sensibilisieren für die Vielfalt der Akteure, die die Lektüre – oder allgemeiner: den Mediengebrauch – mitkonstituieren, und hier sind vom Buch über den Film zum Computerspiel eine ganze Reihe neuer Akteure hinzugekommen, die je eigene empirische Korpora ausmachen. Insofern hat sich der gegenwartsdiagnostische Befund Klaus Kreimeiers und Georg Stanitzeks zu Beginn der 2000er Jahre bewahrheitet, nämlich dass in „vielen medialen Kontexten [...] eine rasante Ausdifferenzierung paratextueller Strategien" zu beobachten sei.[10] Peter Lunenfeld konstatierte in diesem Sinne, dass die Verlagsindustrie Paratexte in einem solchen Maße aufgebläht habe, dass es mitunter unmöglich geworden sei, zwischen ihm und dem Haupttext zu unterscheiden. Digitale Formate hätten hierzu noch eine größere Affinität, da deren Grenzen noch viel fluider seien als die ihrer Vorläufer, häufig würden im Digitalen die Paratexte wichtiger als die Haupttexte.[11]

Die Ausweitung des Paratextes betrifft insofern Phänomenbereich und Begriff gleichermaßen. Teils wird der Textbegriff zurückgewiesen; auf die Gaming-Praktiken angepasst, wird mitunter von „paraplay" oder „paragaming" gesprochen.[12] Insbesondere wird kritisiert, dass eine enge Nutzung des Paratext-Konzepts eine Hierarchie herstelle zwischen dem zentral gesetzten Spiel 'selbst' und den peripheren Peri- und Epitexten, die empirisch nicht haltbar sei. Gerade im Fall von *Let's Play Videos* auf YouTube oder Praktiken des Live-Streaming des Computerspielens auf *Twitch* verkehre sich dieses Verhältnis häufig: Mal könne der Stream oder das Video als Epitext des Spiels fungieren, oft sei dies aber genau umgekehrt gelagert. Für viele Live-Streaming-Praktiken dienten die Spiele als Epitext für den Stream, dessen Rezeptions- und Kommentierpraktiken ein eigenständiges Phänomen mit

---

8 Mia Consalvo, „When paratexts become texts: de-centering the game-as-text", in: *Critical Studies in Media Communication* 34 (2017), H. 2, S. 177–183.

9 Zuletzt etwa aus der deutschsprachigen Medienwissenschaft: Benjamin Beil/Gundolf S. Freyermuth/Hanns Christian Schmidt (Hrsg.), *Paratextualizing Games: Investigations on the Paraphernalia and Peripheries of Play* (= *Studies of Digital Media Culture*, Bd. 13), Bielefeld: transcript, ¹2021.

10 Klaus Kreimeier/Georg Stanitzek: „Vorwort", in: dies. (Hrsg.), *Paratexte in Film, Literatur, Fernsehen* (= *LiteraturForschung*), Berlin: Akademie Verlag, 2004, S. VII–VIII, hier: S. VII.

11 Peter Lunenfeld, *The Digital Dialectic: New Essays on New Media*, Cambridge/MA: MIT Press, 1999, S. 14.

12 Gundolf S. Freyermuth, „Paratext | Paraplay. Contextualizing the Concept of Paratextuality", in: ders./Benjamin Beil/Hanns Christian Schmidt (Hrsg.), *Paratextualizing Games: Investigations on the Paraphernalia and Peripheries of Play* (= *Studies of Digital Media Culture*, Bd. 13), Bielefeld: transcript, 2021, S. 13–52, hier: S. 37–40.

oft nur indirektem Bezug zum Selbstspielen seien,[13] so wie etwa ein Stadionbesuch nicht notwendig der Vorbereitung des eigenen Fußballspiels dient.

Die Paratextforschung *nach Genette* ist insofern zu großen Teilen mit der Unterscheidung von Text und Paratext befasst, und die Diagnose ist stets dieselbe: Die *unbestimmte Zone* wird größer und – wenn es so etwas gibt – noch unbestimmter. Immer mehr mediale Akteure konstituieren das Lesen und andere Praktiken des immer diverseren Mediengebrauchs mit, und die Unterscheidung, die die Buchmedialität so entscheidend geprägt hat, ist in anderen Medien nicht mehr haltbar.

Lange Zeit war das eine wichtige Beobachtung. Aus Sicht der gegenwärtigen Medienwissenschaft wäre es nun allerdings trivial, dieser offensichtlichen Entwicklung noch eine weitere Beobachtung hinzuzufügen und festzustellen, dass immer neuere Medien eine Unterscheidung, die Genette auf das Buch bezogen hat, immer weiter durchkreuzen, ausweiten, aufweichen oder umkehren.

Gegenwärtig relevanter ist ein Thema, das Genette nicht weniger beschäftigt hat: die Grenze des Paratextes zum Diskurs. Aber wo verläuft die Außengrenze des Paratextes? Allein die Einleitung von *Paratexte* gibt hierzu einige Hinweise. Hier findet sich zwar zum einen die zumindest auf den ersten Blick frappierende Bemerkung, dass „die halbjüdische Abstammung Prousts und seine Homosexualität […] unweigerlich als Paratext zu jenen Seiten seines Werkes [werde], die sich mit diesen beiden Themen befassen".[14] Zum anderen stehen hier allerdings drei aufschlussreiche Beschreibungen. Erstens schreibt Genette, Buchbesprechungen in der Presse zum Beispiel gehörten „nach unseren Regeln im Allgemeinen nicht zum Paratext […], der definitionsgemäß der Absicht des Autors entspricht."[15] Zweitens schreibt er, „daß der Peritext […] mitunter Elemente aufweist, die nicht zum Paratext, wie ich ihn definiere, gehören: etwa Auszüge aus allographen Buchbesprechungen […]."[16] Drittens steht dort: „Die Definition des Paratextes erfordert, daß immer der Autor oder einer seiner Partner verantwortlich zeichnet […]".[17]

All die neuen und immer neueren Medien, deren Peripherien als Paratexte verstanden worden sind, implizieren also nicht nur eine starke Ausweitung des Textbegriffs, sondern auch des Autorbegriffs auf seine „Partner", zu denen Genette in erster Linie die Verlage zählt. Im Falle der Computerspiele ließe etwa der Fall des aufblasbaren Gokarts es dann als Ausweitung und nicht Überschreitung des Paratextbegriffs auffassen, wenn der Spielehersteller für das Gokart „verantwortlich

---

13 Vgl. Consalvo, „When paratexts become texts".
14 Genette, *Paratexte*, S. 15.
15 Ebd., S. 11.
16 Ebd., S. 13.
17 Ebd., S. 16.

zeichnet" – was auch immer das heißen mag; ob er es hergestellt haben muss, oder ob es reicht, nicht juristisch gegen den Verkauf solcher Gegenstände vorzugehen.

Diese Ausweitung des Begriffs beschreibt auch schon Vinzenz Hediger im Fall des Films und seiner als Paratexte verstandenen Peripherien als problematisch, weil Plakate, Trailer und andere Paraphernalia des Films „[...] in der Regel nicht der Intention des Regisseurs oder der Drehbuchautoren" entsprächen, sondern „alleine von den Produzenten verantwortet" würden.[18] Mehr noch: Häufig seien Teile des Films von vornherein mit Blick auf die damit möglichen Trailer produziert; die „Absicht" müsse sich mithin ökonomischen Bedingungen unterwerfen und Hierarchien seien oft auf den zweiten Blick anders gelagert als die Unterscheidung von „Werk" und „Beiwerk" nahelegt.[19]

2 Praktiken des Paratextes

Die Unterscheidung zwischen Paratext und Diskurs führt insofern genauso wie die zwischen Text und Paratext in Kontroversen über die Differenzierung von Fragen der „Zurechnung"[20], wie etwa: Was ist (k)ein Autor? Was ist (k)ein Text? Oder: Was ist (k)eine Absicht? Aus praxeologischer Perspektive gilt es nicht, sich selbst an diesen Kontroversen zu beteiligen und der Aushandlung über begriffliche Unterscheidungen einen weiteren Vorschlag hinzuzufügen, sondern vielmehr, die Kontroversen selbst als das ernst zu nehmen, was sie sind: Praktiken der Unterscheidung und Zurechnung.

Was „der Absicht des Autors entspricht und von ihm verantwortet wird",[21] müssen nicht die Wissenschaften entscheiden, weil Autorinnen und Autoren dies selbst die ganze Zeit definieren, um- und redefinieren – oft mit Hilfe der Literatur- und Medienwissenschaften, in jedem Fall aber mit ihren „Partner[n]".[22] Seine Umstrittenheit macht den Paratext zu einer Zone, die selbst ihre eigenen Ordnungspraktiken hervorbringt. Mit Bruno Latour gesprochen haben „*Kontroversen* [...] die nette Eigenschaft, sich selbst zu ordnen."[23]

---

18 Hediger, „Trailer Online", S. 288.
19 Ebd.
20 Till Dembeck, *Texte rahmen. Grenzregionen literarischer Werke im 18. Jahrhundert (Gottsched, Wieland, Moritz, Jean Paul)* (= *Quellen und Forschungen zur Literatur- und Kulturgeschichte*, Bd. 46), Berlin/Boston: De Gruyter, 2012, S. 14.
21 Genette, *Paratexte*, S. 11.
22 Ebd., S. 16.
23 Bruno Latour, *Eine neue Soziologie für eine neue Gesellschaft: Einführung in die Akteur-Netzwerk-Theorie*, übersetzt von Gustav Roßler, Frankfurt/M.: Suhrkamp, ¹2007, S. 91, Hervorhebung i. O.

Eine – wenn nicht gar die – entscheidende Textpraktik ist jene, die sich an der Unterscheidung versucht, was zum Text dazugehört und was nicht. Ist der Regisseur die Instanz, die die Zugehörigkeit zum Film und dessen Paratext definiert? Ist es ein Kollektiv aus Regisseur, Produzent und ökonomischen Bedingungen?

Aus einer solchen Perspektive ließen sich die Zurechnungen als „Reinigung" verstehen.[24] Der Produzent gerät dabei möglicherweise auf die Innenseite der Unterscheidung, die ökonomischen Bedingungen auf die Außenseite. Bei den in Frage stehenden Paraphernalia des Computerspiels können die Unterscheidungspraktiken wieder andere, vielleicht weitere sein, im Fall der Literatur herrschen eher strengere Unterscheidungspraktiken.

Für die wissenschaftliche Textpraxis ist dies gut erforscht, in gewisser Hinsicht war dies einer der zentralen Gegenstände – wenn nicht der zentrale – der Science Studies: Die Publikationen werden von der „Kontamination"[25] ihrer nicht-öffentlichen Herstellungspraktiken gereinigt[26] und so als Leistung einzelner Menschen attribuiert. In der Folge können sie mit Urheberrechten kodifiziert werden.[27] Im wissenschaftlichen Publikationswesen verläuft diese Reinigung im Wesentlichen entlang der Differenz öffentlich/nicht-öffentlich. Das praxeografisch zu präferierende Untersuchungsobjekt ist deshalb in der Regel „knowledge incorporated in daily events and activities rather than knowledge articulated in words and images and printed on paper".[28] Gerade die öffentlichen Artikulationen sind in dieser Perspektive von der Hybridität ihrer Herstellung gereinigt.

In ihrer Kritik der Akteur-Netzwerk-Theorie hat Marilyn Strathern solche Grenzziehungspraktiken als „cutting the network" beschrieben. Sie tut dies etwa am Beispiel naturwissenschaftlicher Forschung mit vielen Autorinnen und Autoren an Publikationen und einem Patent, das daraus abgeleitet und nur einigen wenigen zugesprochen wurde: „The social networks here are long; patenting truncates them."[29]

---

24 Bruno Latour, *Wir sind nie modern gewesen – Versuch einer symmetrischen Anthropologie*, übersetzt von Gustav Roßler, Frankfurt/M.: Suhrkamp, ¹2008, S. 19.

25 Karin Knorr Cetina, „Das naturwissenschaftliche Labor als Ort der ‚Verdichtung' von Gesellschaft", in: *Zeitschrift für Soziologie* 17 (1988), H. 2, S. 85–101, hier: S. 85.

26 Karin Knorr Cetina, *Die Fabrikation von Erkenntnis: Zur Anthropologie der Naturwissenschaft*, Frankfurt/M.: Suhrkamp, ²2002; Jochen Gläser, *Wissenschaftliche Produktionsgemeinschaften: Die soziale Ordnung der Forschung*, Frankfurt a. M./New York: Campus Verlag, ¹2006, S. 120.

27 Marilyn Strathern, „Cutting the Network", in: *The Journal of the Royal Anthropological Institute* 2 (1996), H. 3, S. 517–535.

28 Annemarie Mol, *The Body Multiple: Ontology in Medical Practice*, Durham: Duke University Press Books, 2002, S. 32.

29 Strathern, „Cutting the Network", S. 524.

Während mit dem Patent trunkiert wird, bildet der Paratext allerdings eine „unbestimmte Zone", eine „Übergangszone zwischen Text und Nicht-Text".[30] In den Science- and Technology-Studies wurden häufig wissenschaftliche und technologische Kontroversen beschrieben; die blieben in der Regel eine Zeit lang „interpretativ flexibel", wurden dann aber „geschlossen" („closure").[31] Die Randzonen der meisten Texte zeichnen sich jedoch dadurch aus, dass „closure" ein eher unwahrscheinlicher Vorgang wäre. Sie sind per definitionem der Ort, dessen Zurechnung „flexibel" bleibt.

Gerade das macht den Diskurs um den Paratext empirisch so reichhaltig: Die Unterscheidung ist konstitutiv kontrovers. Wo die von den Science Studies beschriebenen Textpraktiken des Labors mehr oder weniger sauber kontaminierte und gereinigte Bereiche unterscheiden, ist der Paratext die *messy play area*, in der nie ganz klar ist, was auf welche Seite gehört, weshalb hier immer wieder mit Ordnungsvorschlägen experimentiert werden kann, auch durch die Literatur- und Medienwissenschaft, die sich an diesen Praktiken des Paratextes beteiligt, wenn sie vorschlägt, diesen oder jenen peripheren 'Text' vom Buchdeckel bis zum Game-Controller der einen oder anderen Seite zuzurechnen.

Aus praxeografischer Sicht ist der Paratext deshalb sozusagen gefundenes Fressen; er ist der Ort der Kontroverse. Textpraxeologischen Untersuchungen müsste man insofern in Anlehnung an all die ethnografischen Imperative von Bronisław Malinowski bis George Marcus oder Bruno Latour empfehlen: *Follow the paratexts!* – ob es nun um eine „Praxeologie der Geisteswissenschaften"[32] geht oder um literarische Textproduktion. Die Herstellung all dieser Unterscheidungen ist in praxeologischer Hinsicht eine „[...] Leistung der Akteure selbst",[33] und Genettes Arbeiten zum Paratext sind dabei ein ganz entscheidender Akteur.

Das Buch *Paratexte* wäre als Versuch lesbar, eine solche Ordnung herzustellen, sozusagen als Ethnophilologie, und große Teile der Paratextforschung hätten dann diese Ordnungspraktiken fortgeführt, mit dem Ergebnis, dass sich die Autor-Netzwerke immer weiter ausgebreitet haben. In Literatur- und Medienwissenschaft wird dieser „Zwischenraum" meist aus Rezeptionssicht verstanden, als eine Zone,

---

30 Claude Duchet und Antoine Compagnon, zitiert in Genette, *Paratexte*, S. 10.
31 Wiebe E. Bijker/Thomas Parke Hughes/Trevor Pinch, *The Social Construction of Technological Systems. New Directions in the Sociology and History of Technology. Anniversary edition*, Cambridge/ MA: MIT Press, 2012, S. 6.
32 Steffen Martus/Carlos Spoerhase, *Geistesarbeit: Eine Praxeologie der Geisteswissenschaften*, Berlin: Suhrkamp, 2022.
33 Latour, *Eine neue Soziologie für eine neue Gesellschaft*, S. 319.

„die man passieren muss, um Zugang zum Text zu erhalten".[34] Er ist aber aus Sicht des Text-Netzwerks genauso eine unbestimmte Zone, die sich nicht so leicht 'cutten' oder trunkieren lässt und deshalb kontinuierlicher Bestimmungsversuche bedarf, die sich zur Beobachtung anbieten.

Es ist insofern kein Zufall, dass Genette auf die Strittigkeit der Unterscheidung Paratext/Diskurs hinweist, nicht nur durch Beispiele wie Prousts Homosexualität, sondern insbesondere durch eine Unterscheidung, die die von öffentlich/nicht-öffentlich durchkreuzt, nämlich die zwischen offiziell und offiziös:

> *Offiziell* ist jede paratextuelle Mitteilung, die vom Autor und/oder dem Verleger offen einbekannt wird und für die er die Verantwortung nicht leugnen kann. [...] *Offiziös* ist der Großteil des auktorialen Epitextes, der Interviews, Gespräche oder vertraulichen Mitteilungen, für die der Autor die Verantwortung immer mehr oder weniger ablehnen kann, indem er etwa beteuert „So habe ich mich nicht ausgedrückt", oder: „Das waren improvisierte Stellungnahmen", oder: „Das war nicht zur Veröffentlichung bestimmt [...]".[35]

Genette geht auf die Dimension des Offiziösen mit weiteren Beispielen ein, in denen bestimmten Texten die Bedeutung abgesprochen werden kann, unter anderem auch deshalb, weil die Texte „allograph" sind, also von anderen als dem Autor oder der Autorin selbst geschrieben, auch wenn sie auf ihre Veranlassung hin verfasst worden sind (z. B. Vorworte). Mit dem Offiziösen beschreibt Genette also Praktiken, die Texten ihre qua Veröffentlichung naheliegende Rolle als Paratexte abzusprechen versuchen. Was zur „Absicht" dazugehört, wer „Partner" ist und mit anderen Worten: was Paratext ist und was nicht, ist also auch für Genette eine Frage praktischer Aushandlung, die oft gerade auch öffentlich stattfindet.

3 Digitale Paratexte

Als eine unbestimmte Zone lassen sich Online-Kommentare verstehen, wie sie etwa unter Blogposts, Nachrichtenartikeln und je nach Definitionspraktik auch unter Social-Media-Posts erscheinen. Hierbei handelt es sich um ein grundlegend kontroverses Medium, das selbst von jenen, die sie vermarkten, mal als Schmutz beschrieben wird, in dem „Goldnuggets" zu finden seien, mal als Ort „toxischer Kommunikation", an dem eine „gesunde Community" vor Kontamination zu schützen

---

34 Uwe Wirth, „*Paratextualität und Parergonalität: Der Rahmen als Zwischenraum*", in: Claudia Benthen/Gabriele Klein (Hrsg.), *Übersetzen und Rahmen. Praktiken medialer Transformationen*, Paderborn: Brill, 2017, S. 59–72, hier: S. 67.
35 Genette, *Paratexte*, S. 17.

sei.[36] Die Unterscheidung zwischen dem der Sache Zuträglichen und dem Abfall wird also in den Technologien und ihren Praktiken selbst verhandelt; Herstellerfirmen von Online-Kommentarfunktionen, aber auch Social-Media-Plattformen befassen sich zu großen Teilen damit, 'Abraum' von „Goldnuggets" zu trennen, gesunde vor den kranken, giftige von den schützenswerten Texten. Bereits der Wandel der Metaphern, die die Herstellerfirmen nutzen – von den „Goldnuggets" mit ihrem notwendigen, aber harmlosen Schmutz hin zum vergifteten, schädlichen Müll – demonstriert einen Wandel, der sich Mitte der 2010er Jahre verorten lässt.[37]

Das vielleicht wichtigste Fachmagazin *WIRED* beobachtete bereits 2015 eine Tendenz zur Schließung von Online-Kommentarfunktionen, die es mit einer „History of the End of Comments" beklagte.[38] Die Kommentare sind zwar sicher nicht an ihr Ende geraten, aber ihr Status wurde so grundlegend kontrovers, dass ihre Veröffentlichung mitunter gänzlich ausgeschlossen wurde und einige große Medienorganisationen ihre Kommentarfunktionen komplett abschafften. In Genettes Vokabular wären Online-Kommentare allographe Peritexte; eine Konstellation, die er als Beispiel für Peritexte nimmt, die „mitunter" nicht zum Paratext gehören.[39]

Die Schließung, Abschaffung oder Löschung von Kommentarfunktionen wäre dabei allerdings nur die brutalste Methode, den Kommentaren den Status als Paratext zu versagen und ihren Ort jenseits der „unbestimmten Zone" zu bestimmen. In der Regel sind die Methoden komplexer, etwa dann, wenn über Online-Kommentare gesprochen wird. So äußern sich die Journalistinnen Margarete Stokowski (Spiegel Online) und Andrea Diener (FAZ) je unterschiedlich zu Online-Kommentaren – zwei praxeografisch hochrelevante Fälle, die Franzen zusammengetragen hat.[40] Stokowski schreibt, die Kommentare seien wie eine Sonnenfinsternis: „Schon faszinierend, aber man sollte nicht hingucken, weil es ernsthafte Schäden geben kann". Diener konzediert, „ab und an" Kommentare zu lesen, um sich nicht „vollkommen" abzuschotten. Letztlich aber gehöre es zum professionellen Habitus, die Kommentare nicht zu lesen.[41]

---

36 Johannes Paßmann/Anne Helmond/Robert Jansma, „From healthy communities to toxic debates: Disqus' changing ideas about comment moderation", in: *Internet Histories* 7 (2023), H. 1, S. 6–26.
37 Ebd.
38 Klint Finley, „A Brief History of the End of the Comments", in: *Wired*, https://www.wired.com/2015/10/brief-history-of-the-demise-of-the-comments-timeline/ (zuletzt abgerufen: 23.06.2025).
39 Genette, *Paratexte*, S. 13.
40 Johannes Franzen, „Wertungsautorität und Wertungskonkurrenz. Nutzerkommentare als feuilletonistische Kommunikation", in: Oliver Ruf/Christoph Winter (Hrsg.), *Small Critics. Transmediale Konzepte feuilletonistischer Schreibweisen der Gegenwart*, Würzburg: Königshausen & Neumann, 2022, S. 69–83.
41 Ebd., S. 70 ff.

Im Kontext des DFG-Projekts „Historische Technografie des Online-Kommentars" beforschen wir Akteure solcher Textordnungspraktiken. Mal sind dies Softwares, wie Kommentarfunktionen selbst, die wir über das *Internet Archive* untersuchen, mal sind dies Personen, die Spezialwissen über Kommentierpraktiken haben. Ein von uns interviewter Informant, der seit etwa 15 Jahren für den Kommentarbereich einer der größten deutschen Tageszeitungen zuständig ist, behauptete im Interview mit Lisa Gerzen und mir: „Also die Redakteure lesen ja die Kommentare – obwohl sie die ganz schrecklich finden, lesen sie alle von ihnen oder viele."[42]

Online-Kommentare sind bei den Medienorganisationen also sowohl medientechnisch hinsichtlich der Frage umstritten, ob sie als Paratexte anzuerkennen sind. Sie werden dementsprechend ständig geupdatet, an- und abgeschaltet oder an- und abgeschafft. Sie sind aber auch diskursiv umstritten, da zum einen die zuständige Abteilung des Hauses behauptet, die Journalisten läsen alle Kommentare, und da zum anderen die interviewten Journalistinnen selbst in ihren öffentlichen Äußerungen beinahe schon das Gegenteil sagen. Und das mal – wie im Fall Andrea Dieners – als Ausnahme und mal – wie im Fall Margarete Stokowskis – in Form einer Verlockung, der man widerstehen solle. Medientechnik (etwa durch die Gestaltung der Kommentarfunktionen) und der Diskurs über Online-Kommentare durch Journalistinnen und Kommentarverantwortliche verhandeln insofern beide die Frage, ob – und wenn ja welche – Online-Kommentare als Paratexte anerkannt werden sollten oder nicht.

Methodisch ist es hier wichtig, zwischen Praktiken und ihren Äußerungen zu unterscheiden.[43] Die Äußerungen selbst sind wiederum Teil eigener Diskursivierungspraktiken. Wenn wir Interviews führen, sammeln wir nicht neutral Daten ein, sondern erzeugen gemeinsam mit den Interviewten Daten für uns. Und wenn Stokowski und Diener sich über ihr Kommentar-Lesen äußern, sind dies auch keine neutralen Datenübertragungen durch den Kanal der Öffentlichkeit, sondern Darstellungen journalistischer Praktiken für eine Öffentlichkeit.

Praxeologische Forschung ist dabei nicht daran interessiert, sozusagen detektivisch herauszufinden, ob die Journalistinnen und Journalisten die Kommentare lesen oder nicht. Von Interesse ist die dabei sichtbar werdende Kontroverse: Ob die Kommentare von den Autorinnen und Autoren gelesen werden, ist eine umstrittene Frage. Mal werden sie im Sinne demokratischer Inklusion als die „Goldnuggets" des digitalen Diskurses beschrieben, mal als 'Giftmüll', der nicht nur nicht zum Text

---

42 Interview vom 10. November 2022, Minute 0:59–1:00, Transkript auf Anfrage verfügbar.
43 Davide Nicolini, „Articulating Practice through the Interview to the Double", in: *Management Learning* 40 (2009), H. 2, S. 195–212.

dazugehört, sondern dessen Nähe auch zu vermeiden ist; mal als Verlockung, mal als demokratische Pflicht.

Mit anderen Worten: Online-Kommentare *sind* nicht einfach Paratexte, selbst dieselben Kommentare würde vielleicht der Verlag als dem Text zugehörig betrachten, die einzelne Journalistin aber nicht. Online-Kommentare bilden eine *unbestimmte Zone*, in der die Frage der Zugehörigkeit zum Text, das heißt die Frage, ob es sich um Paratexte handelt, zur Debatte steht. Die andere Frage dabei wäre natürlich, ob bei Online-Kommentaren in einem philologischen oder auch journalistischen Sinne von *Kommentaren* zu sprechen wäre – diesen Gedanken kann ich hier leider nicht weiterverfolgen.

Bei dieser Aushandlung jedenfalls, *was wo hingehört*, kommt der Medientechnik eine besondere Macht zu: Wenn die Kommentare unter den Texten stehen, sind sie da. Die öffentlichen Schreib- und Sprechpraktiken der Journalistinnen haben nur noch die Möglichkeit, sie nachträglich umzudeuten. Hier von ‘Aushandlungen’ zu sprechen, bedeutet mithin nicht, dass die Frage der Zugehörigkeit der Kommentare für alle Beteiligten in gleicher Weise aushandelbar wäre.

Vielmehr gibt es auch noch eine ganze Reihe wesentlich weniger sichtbarer Akteure, die sich in einem praxeografischen Sinne nicht so leicht *voicen* lassen wie die öffentlich operierenden Journalistinnen: All jene Menschen, die die Kommentare unsichtbarerweise moderieren. Den materialisierten Entscheidungen, welche Texte wo hingehören, sind sie noch viel stärker ausgesetzt. Der methodische Zugriff ist hier deshalb nicht trivial: Die öffentliche Unsichtbarkeit der Moderatorinnen und Moderatoren lässt sie auch empirisch leicht in den Hintergrund treten, weil kaum öffentliche Dokumente ihrer Praktiken vorliegen. Dabei sind sie diejenigen, die entscheiden, welche Äußerung unter den journalistischen Haupttext gehört und somit die Chance hat, als Paratext anerkannt zu werden. Auch wenn diese Arbeit nicht selten von Subunternehmen gemacht wird, so sind sie doch in der Regel durch konkrete *Guidelines* und *Best Practices* von den Verlagen explizit legitimiert, über die Außengrenze des Textes zu wachen.

Jene, die den Haupttext verfassen, behaupten also öffentlich eher Praktiken des Nicht-Lesens und arbeiten so eher der Aberkennung des Paratext-Status zu. Aus der Kommentar-Abteilung hören wir hingegen vielmehr gegenteilige Beschreibungen. Das Ergebnis ist, dass sie auch in der Forschung leicht unsichtbar werden können – etwa deshalb, weil man sie nicht so leicht für ein Interview anfragen kann wie die Journalistinnen. Doch auch hier gibt es ein öffentliches *Voicing* dieser Akteure – allerdings wieder in einer etwas komplexen Datensorte.

In *Berlin Prepper* (2019) von Johannes Groschupf, verlegt bei Suhrkamp und auf dem Buchdeckel selbst als „Thriller" ausgewiesen,[44] moderiert der Protagonist den Kommentarbereich einer Berliner Tageszeitung. Über den gesamten Roman hinweg tauchen immer wieder all die Hasskommentare auf, die er zu Tausenden wegmoderieren muss und die ihm immer wieder mehr oder weniger unvermittelt und unmotiviert vor Augen zu stehen scheinen. Die Kommentare in ihrer Regelmäßigkeit durchdringen ihn und seine Wahrnehmung, denn sie sind da, ob er will oder nicht. Mehr noch: Er muss dafür sorgen, dass die schlimmsten unter ihnen gerade nicht unter den Haupttext gelangen. Er muss entscheiden, was als möglicher Paratext erscheinen darf und was nicht. Es handelt sich deshalb um eine interessante Quelle, weil der Autor des Buchs selbst User-Kommentare bei einer großen deutschsprachigen Tageszeitung moderiert hat.

Der Protagonist wird von einem Redakteur auf die Lesepraktiken angesprochen:

> „Um deinen Job beneide ich dich nicht", sagte er. „Dieser Hass ist doch ekelhaft."
> „Das perlt an einem ab", sagte ich.[45]

Die Moderatoren vergleicht er mit den Reinigungskräften der Zeitung:

> Content Moderatoren galten hier etwa so viel wie die Putzkolonne […]. Es waren vier ausgezehrte Frauen, die mich immer mit einem breiten Lächeln begrüßten. […] Sie waren nicht unterzukriegen, davor hatte ich Respekt.[46]

Die *Aushandlung*, was Paratext sein darf, ist also auch affektive Arbeit, körperlich auszehrend, und die Praktiken der textuellen Unterscheidung üben sich darin, die Kommentare abperlen zu lassen – zumindest im Roman des *Insiders*. Metaphern des Flüssigen, in dem es zu überleben gilt, prägen die Erzählung. Anders als die Journalistinnen kann der Moderator es sich nicht erlauben, Praktiken des Nicht-Lesens zu kultivieren. Vielmehr muss er Techniken entwickeln, Körpertechniken, mit denen er alles lesen kann, aber dennoch nichts in ihn eindringt, weil alles von ihm *abperlt* (was im Roman freilich nicht gelingt).

Die Differenz zwischen Paratext und dem (aus Sicht des Haupttextes) irrelevanten Diskurs erscheint hier als Differenz zwischen dem gesunden und dem kontaminierten Körper: Latours Reinigungsarbeit ist omnipräsent – als Psychohygiene der Moderatoren, als Putzkolonne des öffentlichen Diskurses und eben als Defini-

---

44 Johannes Groschupf, *Berlin Prepper*, Berlin: Suhrkamp, 2019. Ich danke Malte Kleinwort für den Hinweis auf dieses Buch.
45 Ebd., S. 18.
46 Ebd.

tor der textuellen Ordnung: Die Reinigungskräfte müssen dafür sorgen, dass keine kontaminierten Paratexte auf der Website der Zeitung landen. Diese Ordnung ist eine Konstruktionsleistung, und diese Konstruktionsleistung muss von jemandem erbracht werden. Auch die textuelle Ordnung ist hier Ergebnis körperlicher und psychischer Arbeit, die immer wieder verrichtet werden muss.

4 Plattform-Paratexte

So wie die digitalen Zeitungsartikel Kommentarbereiche haben, finden sich auch bei Social-Media-Posts Randzonen: Antwort- und Kommentierfunktionen, aber auch etliche *Counter*, deren paratextueller Status ähnlich unklar zu sein scheint wie im Fall der Online-Kommentare. *Tweets* auf der Plattform Twitter (heute X) zum Beispiel sind immer mit Countern verknüpft, die zumindest in Ansätzen an so manchen „verlegerischen Peritext" erinnern, wie etwa „das jeweilige ‚Tausend' der Auflage".[47] Sie zeigen eine Anzahl von *Likes* (deutsch: „Gefällt mir"-Angaben), *Retweets* (also Akte des Weiterleitens eines Tweets an die eigenen *Follower*) und *Quote Tweets* (deutsch: zitierte Tweets). Außerdem hat jeder Tweet einen *Timestamp*, der Datum und Uhrzeit der Publikation anzeigt.

Hier ließe sich im Sinne Genettes deshalb grundsätzlich von Paratexten sprechen – oder genauer: von *automatisierten Peritexten* –, weil man, sobald man auf einer Plattform zu schreiben beginnt, mit ihr gewissermaßen den Pakt eingeht, dabei auch like-, retweet- und kommentierbare Texte zu schreiben. Wenn oben im Fall der Filme und Computerspiele sichtbar wurde, dass diese Hierarchie fluider als im Fall des Buchs sei, wäre die Lage hier eher andersherum: Die Struktur zwischen Haupttext und automatisiertem Peritext wäre ähnlich strikt gekoppelt wie beim Buch – eher sogar strikter. Man kann grundsätzlich keine Tweets ohne solche Counter schreiben, sie sind immer schon da. Sie, und auch ihre Position in der Hierarchie als „Beiwerk" des Posts, sind grundsätzlich ein *a priori* des Schreibens auf Plattformen. Eine unhinterfragbare Anerkennung als Paratexte für die Kommentare, Likes, Retweets und ähnliches bedeutet dies allerdings nicht.

Interessant wird dieses Verhältnis deshalb da, wo der paratextuelle Status dann doch kontrovers wird. So wird etwa in politischen Auseinandersetzungen immer wieder das Argument hervorgebracht, dass es Verantwortlichkeiten dafür gebe, wer die eigenen Tweets likt und retweetet. Dies geschieht mitunter bei Personen, deren politische Zuordnung in Frage steht. Sahra Wagenknecht zum Beispiel wurde schon lange vor ihrer Parteigründung vorgeworfen, eine *Querfront* herzustellen,

---

47 Genette, *Paratexte*, S. 30.

und belegt wurde dies oft dadurch, dass sie häufiger von Figuren des rechten, teils auch verschwörungsideologischen Spektrums retweetet worden sei als von ihrer eigenen Partei.[48]

Hier geht es natürlich einerseits darum, dass das Retweeten eben auch selbst ein Akt der Textdistribution ist, das im Peritext 'bloß repräsentiert' wird. Gleich unter Wagenknechts Tweets fanden sich aber in der Folge all die Namen und Profilbilder des 'anderen Lagers' – oft mit Gesicht und, einen Klick weiter, eigenen Texten. Ausgehandelt wurde dabei interessanterweise nicht nur, wo die möglichen Paratexte der Randzonen hingehören, sondern wo der Haupttext hingehört: Sind Wagenknechts Texte nicht vielmehr *rechts* zuzuordnen als *links*?

Diese Methode ist freilich selbst umstritten. So wird dem Verfahren häufig vorgeworfen, eine 'Kontaktschuld' herzustellen.[49] Insofern lässt sich die Auseinandersetzung als eine Kontroverse um die Frage reformulieren, ob Wagenknechts erhaltene Retweets ein legitimes Mittel der Interpretation ihrer Tweets sind, oder mit anderen Worten: ob die Retweets Paratexte sind (so Wagenknechts oben zitierter Kritiker) oder nicht (so ihr Verteidiger).

Kontrovers wird die Frage des paratextuellen Status also insbesondere dort, wo, wie im Fall des Online-Kommentars auch, allographe Peritexte verfasst werden. Damit ist der Grundmodus der Randzonen der öffentlichen Internet-Texte benannt, auf den Plattformen wie auch auf Nachrichten-Websites oder Blogs: Es sind allographe Peritexte, und in der Folge ist ihr paratextueller Status ambivalent. Für Genette ist dieser Peritext, der nicht unbedingt Paratext ist, noch die Fußnote zur berühmten Formel „Paratext = Peritext + Epitext".[50] Für die hier in Frage stehenden digitalen Texte ist es der alltägliche *modus operandi*.

Dabei rückt aber auch mehr und mehr das Kopplungsverhältnis selbst in den Blick, das die Lage zwischen Randzone und Haupttext regelt. Es wird selbst bedeutungskonstitutiv, wenn es seinerseits nicht bloß Ergebnis eines 'stillschweigenden Pakts', sondern regelbar wird. Einzelne Counter lassen sich etwa – zumindest zum Zeitpunkt der hier dargestellten Kontroversen aus dem Jahr 2022 – umgehen: Stellt man etwa sein Profil auf „privat", können die Tweets nur begrenzt retweetet und kommentiert werden. Kommentierfunktionen können auf vielen Plattformen sogar

---

48 Volksverpetzer [@Volksverpetzer]: „Wer im Jahr 2022 Wagenknecht teilt, teilte in seinen letzten 200 Tweets: SWagenknecht teilten 2936 SHomburg – 2436 Tim_Roehn – 1915 nikitheblogger – 1801 george_orwell3 – 1678 manaf12hassan – 1535 /1".
49 Manaf Hassan [@manaf12hassan]: „Der Volksverhetzer macht, was er am besten kann: Lügen, Spaltung & Kontaktschuld für die da oben. Und trotzdem bin ich stolz darauf, mit Sahra Wagenknecht – einer echten Linken – die unserem Land guttut, in Verbindung gebracht zu werden. Ihr werdet uns nicht spalten. #EchteLinke https://t.co/D861Y6u9Yk" (zuletzt abgerufen: 04.07.2025).
50 Genette, *Paratexte*, S. 13.

nachträglich ausgeschaltet werden. Hier verstärken sich deshalb Verantwortlichkeiten für den Peritext.

Bei Facebook zum Beispiel gehören das Löschen[51] und Verbergen[52] von Kommentaren sowie die Deaktivierung von Kommentarfunktionen[53] zu den Standardoperationen, die jene, die dort Seiten oder Gruppen betreiben, vornehmen können. Wird ein Kommentar verborgen, ist er laut Facebook „weiterhin für den Verfasser und seine Freunde sichtbar",[54] aber eben nicht für eine prinzipiell unabgeschlossene Öffentlichkeit. Dies erschwert gleichzeitig die Skandalisierung des Eingriffs, weil die Betroffenen davon wahrscheinlich nichts erfahren. „Dadurch", so erklärt Facebook, „vermeidest du weitere unerwünschte Kommentare".[55]

Die Möglichkeit des Eingriffs in den allographen Peritext wird in Kontroversen um die Zurechnung der Verantwortlichkeit für die Kommentare zum Argument. Das Gegenargument der „Kontaktschuld" verliert durch die Eingriffsmöglichkeit seine Valenz. So werden etwa immer wieder Fälle von Kommentaren auf Facebook-Seiten der AfD, die nicht gelöscht werden, öffentlich skandalisiert: Unter einem Post gegen „Zwangsmaßnahmen", die der damalige Bundesgesundheitsminister Karl Lauterbach laut AfD-Account geplant haben soll, fanden sich beispielsweise einige aggressive Herabwürdigungen, teils auch Aufrufe zur Gewalt gegen den Minister. Die Recherchegruppe *Die Insider* hat die Kommentar-Auswahl veröffentlicht, mit der Bemerkung: „So tickt die Alternative".[56] Ein User zitiert den Post von *Die Insider* und bemerkt: „Da die AfD das nicht moderiert, sind ihr diese Kommentare in einem #Parteiverbotsverfahren zurechenbar".[57] *Die Insider* und der zitierte User rechnen die Kommentare also der Verantwortung der AfD zu, weil sie sie nicht löscht, obwohl die Plattform ihr die Möglichkeiten dazu gibt. Vermittelt sich durch

---

51 „Wie lösche ich auf meiner Facebook-Seite einen Kommentar zu einem Beitrag? | Facebook-Hilfebereich", https://de-de.facebook.com/help/841213946569182?helpref=faq_content (zuletzt abgerufen: 17.06.2025).

52 „Wie verberge ich auf meiner Facebook-Seite einen Kommentar zu einem Beitrag? | Facebook-Hilfebereich", https://de-de.facebook.com/help/297845860255949 (zuletzt abgerufen: 23.06.2025).

53 „Wie deaktiviere ich die Kommentarfunktion für einen Beitrag in einer Facebook-Gruppe? | Facebook-Hilfebereich", https://de-de.facebook.com/help/ipad-app/987143528046827 (zuletzt abgerufen: 23.06.2025).

54 „Wie verberge ich auf meiner Facebook-Seite einen Kommentar zu einem Beitrag? | Facebook-Hilfebereich".

55 Ebd.

56 DieInsider [@Die_Insider]: „Diese Flut an Kommentaren steht auf der offiziellen FB-Seite der AfD. Und es ist nur ein kleiner Ausschnitt. Wir hätten doppelt so viele Kommentare zeigen können. Todes- und Gewaltwünsche gegen @Karl_Lauterbach. Die #noAfD nimmt das alles in Kauf. #DieInsider https://t.co/ZvGwvVitbo".

57 Achim Jooß [@achojo]: „Da die AfD das nicht moderiert, sind ihr diese Kommentare in einem #Parteiverbotsverfahren zurechenbar. #afdverbotJETZT".

Nicht-Löschung eines Peritextes eine „Absicht des Autors", der auf diese Weise den Hass-Kommentar zum Paratext promoviert?

Diese Zurechnung peritextueller Verantwortung ist in der Tat eine juristisch relevante Frage. Im Gutachten des Bundesamtes für Verfassungsschutz, das Grundlage dafür war, Teile der Partei zum „Verdachtsfall" zu erklären und die Gesamtpartei zum „Prüffall",[58] wird genau ein solches Beispiel beschrieben: Der AfD-Landesverband Schleswig-Holstein habe demnach im Oktober 2018 eine Grafik der Tagesschau gepostet, die auf eine hohe Zahl von auf der Flucht ertrunkenen Menschen aufmerksam machte; hierfür habe der AfD-Verband Hilfsorganisationen mitverantwortlich gemacht, die sich der „illegalen Schlepperei" schuldig gemacht hätten. Das Verfassungsschutzgutachten schreibt dazu: „Unter dem Beitrag findet sich eine Vielzahl von Kommentaren anderer Facebook-User, die zum Teil als menschenverachtend zu bezeichnen sind und wochenlang ungelöscht und unkommentiert unter dem Beitrag verblieben".[59] Es kommt allerdings zu dem Ergebnis: „Aufgrund [...] der Urheberschaft nicht weiter bekannter Internetnutzer sind diese Aussagen der AfD aber letztlich nicht zurechenbar".[60]

Auch wenn die Peritextpolitik der Partei nicht explizit zur Begründung des „Verdachtsfalls" herangezogen wird, so erwähnt das Gutachten das Ausbleiben der Moderation doch. Die offene Frage ist hier mithin nicht, ob der Partei für die menschenverachtenden Kommentare Verantwortung zugerechnet werden kann, sondern ob diese Verantwortung *eindeutig genug* zurechenbar ist, um sie zum Teil der juristischen Begründung einer Einstufung als „Verdachtsfall" heranzuziehen.

Genettes Unterscheidung zwischen dem Offiziellen und Offiziösen erfasst diese Differenz: Im Bereich des Offiziösen befinden sich die allographen digitalen Peritexte grundsätzlich. Das Gutachten des Verfassungsschutzes stellte zur Debatte, ob das Nicht-Löschen oder allgemein das Nicht-Moderieren der Kommentare sie vielleicht sogar in den Bereich des Offiziellen verschiebt. Dieses Risiko, Offizialität für allographe Peritexte zu behaupten, ist man nicht eingegangen, und dies mag auch deshalb der Fall sein, weil es im Gutachten etliche Fälle von einschlägigen Texten gibt, die klar offiziellen Charakter haben, darunter auch Facebook-Kommentare

---

58 Ronen Steinke, „Gutachten über AfD vom Verfassungsschutz", in: *Süddeutsche.de* (21.01.2019), https://www.sueddeutsche.de/politik/gutachten-verfassungsschutz-afd-hoecke-1.4295585 (zuletzt abgerufen: 23.06.2025).
59 Gutachten des Bundesamts für Verfassungsschutz zur Prüfung der AfD vom 15. Januar 2019, Kap. 4.1.3, zitiert nach Andre Meister/Anna Biselli/Markus Reuter, „Wir veröffentlichen das Verfassungsschutz-Gutachten zur AfD", in: *netzpolitik.org* (28.01.2019), https://netzpolitik.org/2019/wir-veroeffentlichen-das-verfassungsschutz-gutachten-zur-afd/ (zuletzt abgerufen: 23.06.2025).
60 Ebd.

führender Parteimitglieder. In diese *unbestimmte Zone* hat sich das Verfassungsschutzgutachten nicht begeben.

Die Debatte um die Kommentare unter den AfD-Posts auf Facebook zeigt insofern, dass die Frage nach der Zurechenbarkeit nicht *a priori* entscheidbar ist,
sondern Gegenstand kultureller oder sozialer – und das heißt mitunter: juristischer – Aushandlung. Ob 'Verantwortung' für die allographen Peritexte abgestritten
werden kann, ist dabei keineswegs sicher. Das demonstrieren nicht nur die oben genannten Fälle, sondern auch die Tatsache, dass die Kommentare häufig mit großem
Personal- und Technikeinsatz moderiert werden.[61] *De facto* unterscheiden sich die
Moderationspraktiken zwischen den Plattformen und Verlagen stark, prinzipiell
sind sie aber an einem Autorisierungsprozess stets beteiligt, und sei es lediglich
dadurch, dass sie sich nur mit gemeldeten Kommentaren befassen.[62]

5 Boundary Work im Peritext

Allographe Peritexte haben zwar im Journalismus mit den Leserbriefen eine lange
Tradition, sie wurden aber durch die Selektionsmöglichkeiten der Redaktionen explizit autorisiert und in ein bestimmtes Verhältnis zu den anderen Texten gestellt.
Dieses 'Gate' fehlt den digitalen Peritexten zwar grundsätzlich, wird durch Regeln
und Technologien der Moderation aber in anderer Form immer wieder neu herzustellen versucht. Deren Autorisierungspraktiken sind notwendig schwächer als die
der Leserbriefe, weil sie prinzipiell an ein weiter verzweigtes Netzwerk delegiert
werden. Was Ort und Rang der Kommentare im Peritext der Redaktionsmedien
sind, ob es dafür überhaupt einen Ort gibt, ist seitdem Gegenstand von Grenzaushandlung und Zurechnung. So wie sich die Medien- und Literaturwissenschaften an
der Aushandlung der Grenze des (im weitesten Sinne) literarischen Textes beteiligt
haben, so intervenieren die Medien- und Kommunikationswissenschaften in diese
Grenzaushandlung im Fall journalistischer Texte. Auch hier geht das wissenschaftliche Engagement in Richtung größerer Inklusion.

Diese Inklusionsbestrebungen betreffen vor allem das in den Randzonen sichtbar werdende Publikum. Obwohl es seit der explosionsartigen Verbreitung des
Radios im Westeuropa und Nordamerika der 1930er Jahren immer mehr und immer
genauere Daten über das Publikum gibt, kommen die Studien der 1940er bis 2000er
Jahre immer wieder zu demselben, in den Arbeiten oft beklagten Ergebnis, dass

---

61 Tarleton Gillespie, *Custodians of the Internet: Platforms, Content Moderation, and the Hidden Decisions That Shape Social Media*, New Haven: Yale University Press, 2018.
62 Ebd.

Journalismus eine erstaunliche Resilienz gegenüber den diversen Erscheinungs-
formen des Publikums zeige.[63] Mitunter wurde eine „deliberate, technologically
enabled ignorance of audience wants" als Teil des journalistischen Berufsethos beschrieben.[64] Dies änderte sich Ende der 2000er Jahre. Die Publika des Journalismus
und ihre „actual audience preferences",[65] wie teils normativ befürwortend fest-
gestellt wird, könnten nun nicht mehr „paternalistisch" ignoriert werden.[66]

Die Gründe hierfür sind divers: Unter all den Professionen, die in der zweiten
Hälfte des 20. Jahrhunderts mehr und mehr unter Druck gerieten, seien journalistische Professionalitätsbegriffe durch digitale Medien und digitale Kultur auf
ganz besondere Weise erschüttert worden.[67] Zudem sei nachrichtlich relevante
Information durch das Aufkommen der vielen „parajournalists",[68] die auch unter
Etiketten wie „participatory-", „citizen-" oder „open-source-journalism" diskutiert
wurden,[69] keine knappe Ressource mehr. Diese neuen Akteure zwangen zu einer
Neuaushandlung journalistischer Qualitäts-, Autoritäts- und Professionalitätsbegriffe. Zum zentralen Ort dieser „boundary work" wurden, wie Robinson ethno-
grafisch untersucht hat, die Kommentarbereiche der Nachrichtenwebsites.[70] Dies
ist durch die sich wandelnden *Policies* für das Kommentieren sichtbar und führte

---

63 Siehe etwa Ithiel De Sola Pool/Irwin Shulman, „Newsmen's Fantasies, Audiences, and Newswriting", in: *Public Opinion Quarterly* 23 (1959), H. 2, S. 145–158; Walter Gieber, „How the ‚Gatekee-
pers' View Local Civil Liberties News", in: *Journalism Quarterly* 37 (1960), H. 2, S. 199–205; Ruth C.
Flegel/Steven H. Chaffee, „Influences of Editors, Readers, and Personal Opinions on Reporters", in:
Journalism Quarterly 48 (1971), H. 4, S. 645–651; Herbert J. Gans, *Deciding what's news: a study of CBS
evening news, NBC nightly news, Newsweek, and Time*, Evanston: Northwestern University Press,
2004 (= *Visions of the American press*); Philip M. Napoli, *Audience Evolution: New Technologies and
the Transformation of Media Audiences*, New York: Columbia University Press, 2011. In Ansätzen
ist dies aber auch bereits in der berühmten Studie über „Mr. Gates" beobachtbar, der in der Folge
zur Metapher wurde – schon White zeigt sich erstaunt über den konkreten und doch empirisch
falschen Begriff des Publikums, der in der Redaktion vorherrsche: David Manning White, „The ‚Gate
Keeper': A Case Study in the Selection of News", in: *Journalism Quarterly* 27 (1950), H. 4, S. 383–390.
64 Chris W. Anderson, „Between creative and quantified audiences: Web metrics and changing
patterns of newswork in local US newsrooms", in: *Journalism* 12 (2011), H. 5, S. 550–566, hier: S. 553.
65 Edson C. Tandoc, „Journalism is twerking? How web analytics is changing the process of gatekeeping", in: *New Media & Society* 16 (2014), H. 4, S. 559–575, hier: S. 561.
66 Anderson, „Between creative and quantified audiences", S. 554.
67 Seth C. Lewis, „The Tension Between Professional Control and Open Participation", in: *Information, Communication & Society* 15 (2012), H. 6, S. 836–866, hier: S. 837–838.
68 Ebd., S. 850.
69 Ebd.
70 Sue Robinson, „Traditionalists vs. Convergers: Textual Privilege, Boundary Work, and the Journalist – Audience Relationship in the Commenting Policies of Online News Sites", in: *Convergence*
16 (2010), H. 1, S. 125–143.

zumindest in den 2010er Jahren innerhalb von Redaktionen zu sozialen Gruppenbildungen zwischen „traditionalists" und „convergers".[71]

Damit ist nicht gemeint, dass es sich hierbei notwendig um einen Kampf darum handelt, wem nun mehr oder weniger Macht zugesprochen wird, ‘dem Publikum' oder ‘dem Journalismus', wem mehr oder weniger Autorität, ‘dem Haupttext' oder ‘dem Peritext', sondern nur, dass sich diese Begriffe neu konstituieren. Die jüngere Mediengeschichte ist deshalb voll von Experimenten, mit diesem Wandel umzugehen.

Die *Süddeutsche Zeitung* (nachfolgend *SZ*) hat hier etwa eine Zeit lang einen besonderen Weg gewählt: Auf ihrer Website erschien von Januar 2015 bis Juni 2022 nicht etwa unter den Artikeln eine Kommentarfunktion, und die Artikeldiskussionen wurden auch nicht sozusagen epitextualisiert, indem sie in ein gesondertes Forum verschoben werden. Vielmehr wurden bei der *SZ* nur *Themen* diskutiert, die vorher im Meinungs-Ressort selbst von der Zeitung kommentiert worden worden waren, und zu denen ihre Artikel informieren, die aber nicht selbst primärer Diskussionsgegenstand sind.[72]

Während Online-Kommentare also allographe Peritexte sind, handelt es sich bei diesen Publikumsbeiträgen der *SZ* grundsätzlich nicht um Peritexte zu journalistischen Haupttexten. Zu dieser Funktion schrieb deshalb der zuständige Teamleiter, Kommentare „unter oder neben Artikeln" würden häufig als ein „notwendiges Übel" behandelt, um „Klicks zu generieren"; zugleich würden diese Beiträge und jene, die sie verfassten, abgewertet. Der *SZ* gehe es aber um einen „Dialog auf Augenhöhe".[73]

Diese Augenhöhe soll also dadurch hergestellt werden, dass man die eigenen Artikel grundsätzlich nicht in eine Struktur von eigenem Haupttext und allographem Peritext einlässt, sondern sich von vornherein nicht zur Diskussion von *Texten* verabredet, sondern von *Themen*. Da es sich um jene Themen handelt, die die Zeitung vorher selbst kommentiert hat, kehrt der Begriff des Kommentars sozusagen zu seinem journalistischen Textsortenbegriff zurück: Leserinnen und Leser kommentieren nicht mehr gleichsam philologisch Texte und ihre Stellen, sondern das nachrichtliche Geschehen. ‘Das Publikum' kommentiert nicht in der Randzone des autorisierten Textes, sondern in der des öffentlichen Diskurses.

71 Ebd.
72 *Süddeutsche Zeitung*, „Leserdialog: Leserdiskussionen auf SZ.de", in: *Süddeutsche.de*, https://www.sueddeutsche.de/service/debatte-sz-welche-regeln-gelten-hier-1.1359960 (zuletzt abgerufen: 23.06.2025).
73 Daniel Wüllner, „Leserkommentare: Alles wie bisher – nur besser", in: *Süddeutsche.de* (30.01.2021), https://www.sueddeutsche.de/projekte/artikel/digital/artikel-e598235/ (zuletzt abgerufen: 23.06.2025).

Wie auch immer dies in der Praxis funktioniert, soll hier nicht beurteilt werden. Es gilt aber festzustellen, dass hier eine textuelle Struktur gewählt wird, die die ansonsten übliche Differenz zwischen Text und Peritext auflöst. Medium der Aushandlung zwischen Journalismus und seinem Publikum ist das Verhältnis von Text und Peritext (das in diesem Fall aufzulösen versucht wird).

Diese Beobachtung, dass die Kopplungsweise von Text und Peritext selbst Austragungsort des Verhältnisses zwischen Journalismus und seinen Publika geworden ist, lässt sich auf die automatisierten Peritexte ausweiten: Neuere *Newsroom Ethnographies* befassen sich in der Regel nicht nur mit den Online-Kommentaren, sondern auch mit dem Einzug der artikelbezogenen Popularitätskennzahlen in die Redaktionen. Die an journalistischen Eigenpräferenzen orientierten Publikumsbegriffe des 20. und frühen 21. Jahrhunderts hätten die Kennzahlen der Publikumsvermessung stets entschärft, neuere Messtechnologien lieferten allerdings grundlegend andere Daten in bis dato ungekanntem Ausmaß.[74]

Hierbei werden in unterschiedlichen Redaktionen unterschiedliche Praktiken beschrieben. Tandoc berichtet etwa von einer US-amerikanischen Zeitung, die unter den 50 reichweitenstärksten des Landes ist, dass die Kennzahlen zum quantitativen Erfolg der einzelnen Artikel manchen Journalistinnen und Journalisten eine neue Form von Sicherheit in Zeiten der Instabilität ihres kulturellen, symbolischen und ökonomischen Kapitals gibt. Er zitiert exemplarisch einen Redakteur, der beschreibt, wie er die Performance eigener Artikel beobachtet. Dies vergleicht er mit einem Drogenrausch: „You can sit here and watch it, popping all night".[75] Die Online-Redakteure hätten ganztags auf ihren Bildschirmen ein Fenster mit den Analytics-Daten geöffnet, dessen Daten sich ständig ändern und so in ihrem Verlauf beobachtet werden können.[76]

Für eine andere Redaktion, die ebenfalls zu einer der 50 reichweitenstärksten US-amerikanischen Zeitungen gehört, beschreibt Tandoc, wie leitende Redakteure die Social-Media-Manager fragen, welche Artikel auf Social-Media-Plattformen häufig geteilt und kommentiert würden, um dann in diesem Sinne 'erfolgreichen' Artikeln *follow-ups* anzuschließen oder auch Themen zu bedienen, die dort gerade *trenden*.[77] Einige Softwares schlügen auf Grundlage der Popularitätskennzahlen vor, wo welche Texte auf der Zeitungs-Website positioniert werden sollten, welche offline gestellt und welche prominenter platziert werden müssten.[78]

---

74 Anderson, „Between creative and quantified audiences", S. 554.
75 Tandoc, „Journalism is twerking?", S. 567.
76 Ebd.
77 Ebd.
78 Ebd., S. 568.

Während User-Kommentare in der Regel abgewertet würden – ein Redakteur bemerkt „[i]t will make you sad for humanity – just the worst of the worst are usually who comment" – würden hohe Zugriffszahlen für Artikel mehr und mehr zu einem zentralen Indikator für Erfolg.[79] Die Redakteure sprächen in Interviews zwar häufig von ihrer professionellen Beurteilung von Nachrichteninhalten, und davon, dass sie ihrem Publikum eine „ausgewogene Diät"[80] präsentieren wollten, Tandocs teilnehmende Beobachtung habe aber andere Praktiken bezeugt: „The only consideration routinely invoked is the metrics displayed in the web analytics software splashed on their computer monitors all day."[81]

Andere Studien beschreiben eine etwas differenziertere Lage. Anderson kommt zwar auch zu dem Ergebnis, dass sich Begriffe von journalistischer Professionalität insofern gewandelt hätten, als sie Autonomie verlören und mit einer zunehmenden Abhängigkeit von Publikumsmetriken arbeiten müssten.[82] Hier gebe es aber einerseits, wie auch Robinson feststellt,[83] unterschiedliche Gruppen, von denen eine ein kreativeres Publikum fördern möchte (beide Studien wurden um 2010 erstellt). Andererseits beobachtet Anderson unterschiedliche Praktiken des Umgangs mit Popularitäts-Kennzahlen. Zwar beschreibt auch er Vorbehalte gegenüber Kommentaren, mit denen oft auch ein negativer Publikumsbegriff verbunden werde, und diese Ambiguität löse sich dann auf, wenn das Publikum nur noch als Quantität erscheine. Die Journalistinnen und Journalisten seien genauso wie ihre Vorgesetzten „obsessed with ‚traffic'"[84]. Dennoch gebe es Zeitungen, die Popularitätskennzahlen und journalistisches Schreiben voneinander trennten: „[T]he editors seemed to keep website data from the newsroom."[85]

Hier werden also Verhältnisse zwischen Texten und Kennzahlen bewusst in Distanz zueinander gehalten, um das Schreiben nicht zu sehr an Popularität zu orientieren. Die räumliche Distanz wird nicht nur dadurch hergestellt, dass die Kennzahlen nicht – wie bei den Tweets – unter den Texten stehen, sondern auch dadurch, dass sie erst gar nicht in den *Newsroom* gelangen. Zu den (para-)textuellen Praktiken gehört hier also auch die Frage, welche Daten die 'Editors' im Redaktionsraum als relevant rahmen und welche nicht. Kommentarhäufigkeiten zum Erfolgskriterium zu machen, würde auch bedeuten, sie stärker als Paratexte anzuerkennen.

---

79 Ebd., S. 569.
80 Ebd.
81 Ebd., S. 571.
82 Anderson, „Between creative and quantified audiences", S. 552.
83 Vgl. Robinson, „Traditionalists vs. Convergers".
84 Anderson, „Between creative and quantified audiences", S. 558.
85 Ebd., S. 562.

Um Peritexte handelt es sich bei den Analytics allerdings nur in einem begrenzten Sinne, da sie eher dem internen Gebrauch als Schwelle zum Text dienen. Solche Daten können aber in Peritexte übersetzt werden, und genau das passiert regelmäßig. Die Startseite der *SZ* zeigt etwa – Stand 2022 – in der äußersten Spalte (rechtes Drittel) drei Listen. Als erstes zeitlich geordnete 'Schlagzeilen', darunter, mit dem Titel „Leser lesen" die drei derzeit am meisten gelesenen Artikel, gerankt nach aktuellen Zahlen, und darunter „Leser empfehlen", ebenfalls nach Häufigkeiten gerankt, je nachdem wie oft die Artikel „geteilt" wurden.[86]

Dies ist nur eine von mehreren Schwellen zum Text, und, da sie gewissermaßen in der Marginalienspalte steht, eher eine weniger sichtbare. Zudem erscheinen die Metriken nicht neben den Artikeln selbst. Zumindest in diesem Fall sind nicht grundsätzlich *alle* Artikel mit solchen Kennzahlen versehen, nur die populärsten. Von einem peritextuellen Status dieser Rankings ließe sich also nur in einem sehr eingeschränkten Sinne sprechen. Die Zahlen stehen nicht als Counter unter den Artikeln.

Andere journalistische Websites, wie etwa das rechtspopulistische *Breitbart. com* zeigen solche Quantitäten ganz anders. Seit einem Update im März 2012[87] zeigt Breitbart bis heute[88] schon auf der Startseite neben den Artikel-Überschriften eine Popularitätskennzahl. Wie beim Buchdeckel führt an diesem Peritext also in der Regel kein Weg vorbei. Quantifiziert wird dabei interessanterweise nicht die Anzahl von Klicks oder Teilungsakten, sondern die der Kommentare. Ihnen wird dadurch eine Bedeutung zugesprochen als Maßstab für den Rang der Haupttexte; die 'Anweisung' der Website ließe sich lesen als „beachte diesen Text, denn er hat viele Kommentare" – ein Sprechakt, bzw. Mediengestaltungsakt, der die Kommentare und ihre Zählung in den Bereich dessen rückt, was Genette „verlegerischen Peritext"[89] nennt und den Paratexten zuordnet.

In dieser Rahmung der allographen Peritexte als Paratexte wird also ein ganz anderer Begriff von Journalismus sichtbar als der der *SZ*: Hochwertig ist gerade die Tatsache, dass ein Artikel kontrovers diskutiert wird. Hier ließe sich möglicherweise ein populistischer Begriff journalistischer Qualität ausmachen: „Werk" und „Beiwerk", Journalismus und sein Publikum, müssen nahezu ununterscheidbar werden, das Publikum wird durch die Quantität seiner Kommentare zum Maß

86 Süddeutsche Zeitung, „Startseite sueddeutsche.de" (19.06.2022), in: *Süddeutsche.de*, https://web. archive.org/web/20220619023234/https://www.sueddeutsche.de/ (zuletzt abgerufen: 23.06.2025).
87 Breitbart.com, „Startseite Breitbart" (05.03.2012), in: *Breitbart.com*, https://web.archive.org/ web/20120305032923/http://www.breitbart.com/ (zuletzt abgerufen: 23.06.2025).
88 Breitbart.com, „Startseite Breitbart" (22.06.2022), in: *Breitbart.com*, https://web.archive.org/ web/20220622231736/http://www.breitbart.com/ (zuletzt abgerufen: 23.06.2025).
89 Genette, *Paratexte*, S. 30.

der Dinge. Was die Medien- und Kommunikationswissenschaften seit den 1950er Jahren gefordert haben, die konsequente Ausweitung der Außengrenzen von Text und Autorschaft, ist hier erfüllt – vermutlich aber anders, als seit den 1950er Jahren erwünscht.

6 Schluss

Im Vergleich zu ihren gedruckten Vorläufern lässt sich auf digitalen Plattformen und Websites eine Proliferation allographer Peritexte beobachten. Ob es sich um Paratexte handelt, ist deshalb konstitutiv kontrovers. Dabei hat sich nicht nur die Grenze des Öffentlichen ausgeweitet und verunklart, sondern auch die des Offiziösen. Der Begriff des Paratextes ist insofern gegenwartsanalytisch nicht so sehr deshalb relevant, weil er immer weitere Ausweitungen zu beschreiben hilft, sondern weil mit ihm die kontroversen Außengrenzen des Textes in den Blick geraten. Denn einerseits geht all den Blogposts, digitalen Zeitungsartikeln und Plattform-Texten der 'Pakt' voraus, dass unter ihnen automatisierte Peritexte erscheinen. Andererseits bleiben diese Texte (die oft nur Ziffern sind) offiziös. Wenn insofern für die 1990er, 2000er und vielleicht auch noch 2010er Jahre die Ausweitung des Paratextbegriffs diagnostisch fruchtbar war, so gilt dies in der Gegenwart für einen begrenzten Paratextbegriff, der sich entlang der oben erwähnten (k)-Fragen orientiert: Was ist (k)ein Autor? Was ist (k)ein Text? Oder: Was ist (k)eine Absicht?

Diese Fragen müssen nicht Literatur-, Kommunikations- und Medienwissenschaften entscheiden, vielmehr ist dafür zu plädieren, die Herstellung und Nutzung solcher Unterscheidungen praxeologisch nachzuvollziehen. Hierzu sind die Randzonen des Textes geradezu prädestiniert, weil es sich um Kontroversen handelt, die nicht – wie häufig für (natur-)wissenschaftliche Kontroversen in den *Science and Technology Studies* beobachtet worden ist – geschlossen werden. Sie bleiben interpretativ flexibel und bilden dadurch die Zone, in der Textpraktiken untersuchbar werden.

Verzeichnis der zitierten Literatur

Anderson, Chris W., „Between creative and quantified audiences: Web metrics and changing patterns of newswork in local US newsrooms", in: *Journalism* 12 (2011), H. 5, S. 550–566.

Beil, Benjamin/Freyermuth, Gundolf S./Schmidt, Hanns Christian (Hrsg.), *Paratextualizing Games: Investigations on the Paraphernalia and Peripheries of Play* (= *Studies of Digital Media Culture*, Bd. 13), Bielefeld: transcript, ¹2021.

Bijker, Wiebe E./Parke Hughes, Thomas/Pinch, Trevor, *The Social Construction of Technological Systems. New Directions in the Sociology and History of Technology. Anniversary edition*, Cambridge/ MA: MIT Press, 2012.

Consalvo, Mia, „When paratexts become texts: de-centering the game-as-text", in: *Critical Studies in Media Communication* 34 (2017), H. 2, S. 177–183.

Dembeck, Till, *Texte rahmen. Grenzregionen literarischer Werke im 18. Jahrhundert (Gottsched, Wieland, Moritz, Jean Paul)*, (= *Quellen und Forschungen zur Literatur- und Kulturgeschichte*, Bd. 46), Berlin/ Boston: De Gruyter, 2012.

Döring, Jörg/Paßmann, Johannes, „Lyrik auf YouTube. Clemens J. Setz liest ,Die Nordsee' (2014)", in: *Zeitschrift für Germanistik* 27 (2017), H. 2, S. 329–347.

Flegel, Ruth C./Chaffee, Steven H., „Influences of Editors, Readers, and Personal Opinions on Reporters", in: *Journalism Quarterly* 48 (1971), H. 4, S. 645–651.

Franzen, Johannes, „Wertungsautorität und Wertungskonkurrenz. Nutzerkommentare als feuilleto-nistische Kommunikation", in: Oliver Ruf/Christoph Winter (Hrsg.), *Small Critics. Transmediale Konzepte feuilletonistischer Schreibweisen der Gegenwart*, Würzburg: Königshausen & Neumann, 2022, S. 69–83.

Freyermuth, Gundolf S., „Paratext | Paraplay. Contextualizing the Concept of Paratextuality", in: ders./ Benjamin Beil/Hanns Christian Schmidt (Hrsg.), *Paratextualizing Games: Investigations on the Paraphernalia and Peripheries of Play*, Bielefeld: transcript, 2021, S. 13–52.

Gans, Herbert J., *Deciding what's news: a study of CBS evening news, NBC nightly news, Newsweek, and Time*, Evanston: Northwestern University Press, 2004 (= *Visions of the American press*).

Genette, Gérard, *Paratexte: Das Buch vom Beiwerk des Buches*, übersetzt von Dieter Hornig, Frankfurt/M.: Suhrkamp, ⁷2001.

Gieber, Walter, „How the ,Gatekeepers' View Local Civil Liberties News", in: *Journalism Quarterly* 37 (1960), H. 2, S. 199–205.

Gillespie, Tarleton, *Custodians of the Internet: Platforms, Content Moderation, and the Hidden Decisions That Shape Social Media*, New Haven: Yale University Press, 2018.

Gläser, Jochen, *Wissenschaftliche Produktionsgemeinschaften: Die soziale Ordnung der Forschung*, Frankfurt a. M./New York: Campus Verlag, ¹2006.

Groschupf, Johannes, *Berlin Prepper*, Berlin: Suhrkamp, 2019.

Hartmann, Frank, „Vorwärts, zu den Bildern zurück? Paratextuelle Konstruktionsmomente im Netzdiskurs", Vortrag am Ars Electronica Center Linz, 20.01.1998, https://web.archive.org/ web/20130705023813/https://homepage.univie.ac.at/Frank.Hartmann/Essays/Intertwined.htm (zuletzt abgerufen: 22.09.2025).

Hediger, Vinzenz, „Trailer Online. Der Hypertext als Paratext oder: Das Internet als Vorhof des Films", in: Klaus Kreimeier/Georg Stanitzek (Hrsg.), *Paratexte in Literatur, Film, Fernsehen* (= *Literatur-Forschung*), Berlin: Akademie Verlag, 2004, S. 283–299.

Jones, Steven E./Thiruvathukal, George K., *Codename Revolution: The Nintendo Wii Platform*, Cambridge/ MA: MIT Press, 2012.

Knorr Cetina, Karin, „Das naturwissenschaftliche Labor als Ort der ,Verdichtung' von Gesellschaft", in: *Zeitschrift für Soziologie* 17 (1988), H. 2, S. 85–10.

Knorr Cetina, Karin, *Die Fabrikation von Erkenntnis: Zur Anthropologie der Wissenschaft*, Frankfurt/ M.: Suhrkamp, ²2002.

Kreimeier, Klaus/Stanitzek, Georg, *Paratexte in Literatur, Film, Fernsehen*, Berlin: Akademie Verlag, 2004.

Kreimeier, Klaus/Stanitzek, Georg, „Vorwort", in: dies. (Hrsg.), *Paratexte in Film, Literatur, Fernsehen* (= *LiteraturForschung*), Berlin: Akademie Verlag, 2004, S. VII–VIII.

Latour, Bruno, *Eine neue Soziologie für eine neue Gesellschaft: Einführung in die Akteur-Netzwerk-Theorie*, übersetzt von Gustav Roßler, Frankfurt/M.: Suhrkamp, ¹2007.

Latour, Bruno, *Wir sind nie modern gewesen – Versuch einer symmetrischen Anthropologie*, übersetzt von Gustav Roßler, Frankfurt/M.: Suhrkamp, ¹2008.

Lewis, Seth C., „The Tension Between Professional Control and Open Participation", in: *Information, Communication & Society* 15 (2012), H. 6, S. 836–866.

Lunenfeld, Peter, *The Digital Dialectic: New Essays on New Media*, Cambridge/MA: MIT Press, 1999.

Martus, Steffen/Spoerhase, Carlos, *Geistesarbeit: Eine Praxeologie der Geisteswissenschaften*, Berlin: Suhrkamp, 2022.

Mol, Annemarie, *The Body Multiple: Ontology in Medical Practice*, Durham: Duke University Press Books, 2002.

Napoli, Philip M., *Audience Evolution: New Technologies and the Transformation of Media Audiences*, New York: Columbia University Press, 2011.

Nicolini, Davide, „Articulating Practice through the Interview to the Double", in: *Management Learning* 40 (2009), H. 2, S. 195–212.

Paßmann, Johannes/Helmond, Anne/Jansma, Robert, „From healthy communities to toxic debates: Disqus' changing ideas about comment moderation", in: *Internet Histories* 7 (2023), H. 1, S. 6–26.

Robinson, Sue, „Traditionalists vs. Convergers: Textual Privilege, Boundary Work, and the Journalist – Audience Relationship in the Commenting Policies of Online News Sites", in: *Convergence* 16 (2010), H. 1, S. 125–143.

Sola Pool, Ithiel de/Shulman, Irwin, „Newsmen's Fantasies, Audiences, and Newswriting", in: *Public Opinion Quarterly* 23 (1959), H. 2, S. 145–158.

Strathern, Marilyn, „Cutting the Network", in: *The Journal of the Royal Anthropological Institute* 2 (1996), H. 3, S. 517–535.

Tandoc, Edson C., „Journalism is twerking? How web analytics is changing the process of gatekeeping", in: *New Media & Society* 16 (2014), H. 4, S. 559–575.

White, David Manning, „The ‚Gate Keeper': A Case Study in the Selection of News", in: *Journalism Quarterly* 27 (1950), H. 4, S. 383–390.

Wirth, Uwe, „Paratextualität und Parergonalität: Der Rahmen als Zwischenraum", in: Claudia Benthen/Gabriele Klein (Hrsg.), *Übersetzen und Rahmen. Praktiken medialer Transformationen*, Paderborn: Brill, 2017, S. 59–72.

Online-Beiträge

Achim Jooß [@achojo]: „Da die AfD das nicht moderiert, sind ihr diese Kommentare in einem #Partei-verbotsverfahren zurechenbar. #afdverbotJETZT".

Breitbart.com, „Startseite Breitbart" (05.03.2012), in: *Breitbart.com*, https://web.archive.org/web/20120305032923/http://www.breitbart.com/ (zuletzt abgerufen: 23.06.2025).

Breitbart.com, „Startseite Breitbart" (22.06.2022), in: *Breitbart.com*, https://web.archive.org/web/20220622231736/http://www.breitbart.com/ (zuletzt abgerufen: 23.06.2025).

DieInsider [@Die_Insider]: „Diese Flut an Kommentaren steht auf der offiziellen FB-Seite der AfD. Und es ist nur ein kleiner Ausschnitt. Wir hätten doppelt so viele Kommentare zeigen können. Todes- und Gewaltwünsche gegen @Karl_Lauterbach. Die #noAfD nimmt das alles in Kauf. #DieInsider https://t.co/ZvGwvVitbo".

Finley, Klint, „A Brief History of the End of the Comments", in: *Wired*, https://www.wired.com/2015/10/brief-history-of-the-demise-of-the-comments-timeline/ (zuletzt abgerufen: 23.06.2025).

Manaf Hassan [@manaf12hassan]: „Der Volksverhetzer macht, was er am besten kann: Lügen, Spaltung & Kontaktschuld für die da oben. Und trotzdem bin ich stolz darauf, mit Sahra Wagenknecht – einer echten Linken – die unserem Land guttut, in Verbindung gebracht zu werden. Ihr werdet uns nicht spalten. #EchteLinke https://t.co/D861Y6u9Yk" (zuletzt abgerufen: 04.07.2025).

Meister, Andre/Biselli, Anna/Reuter, Markus, „Wir veröffentlichen das Verfassungsschutz-Gutachten zur AfD", in: *netzpolitik.org* (28.01.2019), https://netzpolitik.org/2019/wir-veroeffentlichen-das-verfassungsschutz-gutachten-zur-afd/ (zuletzt abgerufen: 23.06.2025).

Steinke, Ronen, „Gutachten über AfD vom Verfassungsschutz", in: *Süddeutsche.de* (21.01.2019), https://www.sueddeutsche.de/politik/gutachten-verfassungsschutz-afd-hoecke-1.4295585 (zuletzt abgerufen: 23.06.2025).

Süddeutsche Zeitung, „Startseite sueddeutsche.de" (19.06.2022), in: *Süddeutsche.de*, https://web.archive.org/web/20220619023234/https://www.sueddeutsche.de/ (zuletzt abgerufen: 23.06.2025).

Süddeutsche Zeitung, „Leserdialog: Leserdiskussionen auf SZ.de", in: *Süddeutsche.de*, https://www.sueddeutsche.de/service/debatte-sz-welche-regeln-gelten-hier-1.1359960 (zuletzt abgerufen: 23.06.2025).

Volksverpetzer [@Volksverpetzer]: „Wer im Jahr 2022 Wagenknecht teilt, teilte in seinen letzten 200 Tweets: SWagenknecht teilten 2936 SHomburg – 2436 Tim_Roehn – 1915 nikitheblogger – 1801 george_orwell3 – 1678 manaf12hassan – 1535 /1".

„Wie deaktiviere ich die Kommentarfunktion für einen Beitrag in einer Facebook-Gruppe? | Facebook-Hilfebereich", https://de-de.facebook.com/help/ipad-app/987143528046827 (zuletzt abgerufen: 23.06.2025).

„Wie lösche ich auf meiner Facebook-Seite einen Kommentar zu einem Beitrag? | Facebook-Hilfebereich", https://de-de.facebook.com/help/841213946569182?helpref=faq_content (zuletzt abgerufen: 23.06.2025).

„Wie verberge ich auf meiner Facebook-Seite einen Kommentar zu einem Beitrag? | Facebook-Hilfebereich", https://de-de.facebook.com/help/297845860255949 (zuletzt abgerufen: 23.06.2025).

Wüllner, Daniel, „Leserkommentare: Alles wie bisher – nur besser", in: *Süddeutsche.de* (30.01.2021), https://www.sueddeutsche.de/projekte/artikel/digital/artikel-e598235/ (zuletzt abgerufen: 23.06.2025).

Martínez Marina, Francisco 4
Mechthild von der Pfalz 27
Melanchthon, Philipp 91, 101
Mommsen, Theodor 117
Moritz von Sachsen (Herzog) 95
Motschmann, Uta 110
Müntzer, Thomas 96, 101

Núñez de Vela, Blasco 14, 17

Oberman, Heiko Augustinus 120, 124 f., 128 f.
Ohly, Friedrich 26, 33

Philipp II. 1 f.
Philipp von Hessen (Landgraf) 96
Pico della Mirandola, Giovanni 89
Pietsch, Paul 117
Pizarro, Gonzalo 14–17

Ranke, Leopold von 2
Reuß, Jeremias David 59
Riemer, Friedrich Wilhelm 42
Robinson, Sue 150, 153
Rückert, Hanns 119–121
Rudolph, Johann Christoph 42, 48 f., 55 f.

Salvadori, Stefania 93
Sancho IV. 8
Schiller, Johann Christoph Friedrich von 56, 60

Schmid[t], Ernst August 42, 53
Schnauß, Christian Friedrich 41, 43
Schrettinger, Martin 58
Schwietering, Julius 119
Seeberg, Erich 119
Seils, Martin 122 f.
Spilker, Christoph Ferdinand 42–44, 46, 48 f., 51, 53, 55 f., 60–62
Stanitzek, Georg 135
Steiger, Ernst 118
Stein, Charlotte Albertine Ernestine Freifrau von 42
Stokowski, Margarete 141 f.
Strathern, Marilyn 138
Strohm, Christoph 97, 103

Tandoc, Edson C. 152 f.
Thurneysser, Leonhard 25, 38

Vendraminos, Francesco 2
Voigt, Christian Gottlob von 41–45, 54, 58 f., 61
Vulpius, Christian August 42, 44 f., 48 f., 54 f., 60

Weber, Max 3, 18

Zedelmaier, Helmut 111
Zelle, Ilse 117
Zwingli, Huldrych 91, 94

Register

https://doi.org/10.1515/9783112224724-009